エリア・スタディーズ 153

ヒストリー

スペインの歴史を知るための50章

立石博高
内村俊太（編著）

明石書店

はじめに

スペイン史を概観する本書は全50章からなる。大部分は時代順の通史だが、末尾では現在の自治州国家の歴史的背景として、「スペイン」とそのなかの諸地域がどのような関係をたどったかがテーマ史として扱われる。なぜ、このような構成なのか。それは、スペインという枠組みはけっして所与のものでも不変のものでもなく、カスティーリャ、カタルーニャ、バスクなどの個性豊かな諸地域が歴史をつうじて協働と対立をくりかえすなかでゆっくりと立ち現われたものであること、そしてスペインという国家とそのなかの諸地域との関係は今なお重い意味をもっていることを明示したいからである。

20世紀末から、歴史学のなかでは国民国家《ネーション・ステイト》（さしあたり、「アイデンティティを共有する一つの国民からなる主権国家」と定義しておきたい）の自明性が疑問に付され、国民国家を単位として歴史を描いてきた従来の歴史学の発想は二つの方向から相対化されている。第一に、現在の国境線を越えて人々が形成していた歴史上の広域圏やネットワーク状のつながりが注目されている。たとえば、地中海などの海を媒介として結びついた場に注目する海域史研究は前者の、国家の枠を越えて商業や金融を営んだユダヤ人などのネットワーク研究は後者の例である。第二に、国民国家のなかで、あるいは複数の国民国家をまたいで、言語面をはじめとして独自の存在感をもつ地域の歴史が注目されている。一つの均質的な国民からなる国民国家という理念はあくまでイデオロギーにすぎず、ある国民国家の実態はそのなかの地域のあり方に応じて複雑なものであることが再認識された結果だといえよう。イギリスのスコットランドやウェールズ、カナダのケベックなどがその例である。

国民国家イメージをこのように相対化してきた歴史学の流れを意識すると、スペインほど示唆に富む歴史を歩んできた国はないといえる。まず、現在のスペインの国境とは無関係に展開していた、歴史上の事象をいくつか挙げてみよう。

巻頭の地図にあるようにイベリア半島は、3000メートル級の険峻な山々を含む北東のピレネー山脈によって、それ以北のヨーロッパと区切られているようにみえる。しかし、その両端ではフランス側にもカタルーニャ語圏とバスク語圏が広がっており、古くから人々の往来が盛んであったことがわかる。南でも、ヨーロッパの南西端であるスペインをアフリカと隔てるジブラルタル海峡の幅は15キロに満たず（津軽海峡よりも狭い）、むしろ両大陸の交流を促してきた。711年にこの海峡を越えたイスラーム教徒はイベリアを広大なイスラーム世界に組み込み、スペイン史に他のヨーロッパ諸国とは異なる魅力を与えた。

一方、地中海では古代から多くの民族が興隆したが、中世のカタルーニャは地中海の覇権を争う一大勢力であった。また、1492年にスペインを追放されたユダヤ教徒のなかには、地中海を渡ってオスマン帝国に移り住み、そこから地中海とヨーロッパ各地に商業ネットワークを広げた一族すらいた。大西洋も、中世から交易路として、あるいはイングランドや北欧からサンティアゴ・デ・コンポステーラ巡礼をめざす「海の道」として、船の往来が絶えなかった。そして、スペインが先駆けとなった大航海時代にはアメリカとアフリカを含む環大西洋世界が誕生し、大陸を越える人の移動が否応なく進むことで、近代以降のグローバル化された世界史が展開していったのである。

では、「地域」はスペイン史のなかではどのような存在なのだろうか。この点を考える前提として、自然環境の特徴を2点だけみておきたい。

第一に、スペイン内には対照的な気候が併存している。大西洋岸のガリシアからピレネー山脈にかけての北部地帯は湿潤スペインと呼ばれ、年間降水量が1500ミリを超える地点もあり、日本列島のそれに匹敵する。その他の地域は乾燥スペインと呼ばれ、地中海沿いはやや緩和されるものの、一般に年間をつうじて雨が少なく、夏冬の温度差が激しい。第二に地形としては、メセータという巨大な台地が国土の中央部を占めていることが特徴である。メセータの上にはいくつかの山脈が走っているが、たとえばマドリードに飛行機で降り立つと、平坦な土地が広がっていると感じる。しかし、実はその標高（655メートル）は東京の高尾山の山頂（599メートル）よりも高い。このため、沿岸部と内陸部の標高差が大きく、前近代における重要な輸送手段であった河川交通がスペインではほとんど発展せず、経済統合には不利な条件であった。このようにスペイン内部の自然環境は、一つの国としてのまとまりに適したものとはいいがたい。

しかし、それは各地に個性豊かな地域が育まれる背景にもなった。ただし、風土や地形はその一因にすぎず、古代以来の人間社会が歩んできた歴史的な道のりこそが重要な意味をもった。本書で論じられるように、中世から近世にかけて各地にはカスティーリャ王国やアラゴン連合王国などの固有の国家が存在し、スペイン全体としての制度上の統一国家は容易には確立しなかった。この点が、スペイン全体と地域の関係性が現在にいたるまでスペイン史が展開する軸の一つになる歴史的な背景になっている。

一方、スペインにおける言語状況をみると、多様な地理的環境と、そこに到来した諸民族の交錯と融合の結果として、各地域にさまざまな言語や方言が誕生し、現在でも「スペインにおける言語的様態の豊かさ」が地域の特色のなかでも最たるものになっている（詳しくはコラム12を参照）。この言葉は現行のスペイン憲法（1978年制定）第3条にある表現だが、地域固有の言語の尊重を謳うその規定にもとづき、六つの自治州においてバスク語、カタルーニャ語、ガリシア語などが、スペイン全体の公用語であるスペイン語とならぶ州内公用語とされている。なおスペイン語は、元々はメセータ北部のカスティーリャ地方発祥の言語のため、カスティーリャ語とも呼ばれている。

これらの諸言語は、先ローマ期からバスク系住民が守ってきたバスク語を除けば、すべてラテン語から派生したロマンス系言語であるため、相互の意思疎通は比較的容易だとされている。しかし、スペイン史を学ぶ際に覚えておきたいのは、これらはスペイン語（カスティーリャ語）とその「方言」の関係にあるのではなく、それぞれが中世以降の歴史のなかでラテン語から成長してきた、いわば姉妹同士の対等な「言語」だという点である。

その一方で言語とは、それ自体の内的なメカニズムだけで成長するのではなく、中世以来の諸国家の発展が各語圏の消長に影響を与えたように（コラム12の地図を参照）、政治や経済も関わる歴史的なダイナミズムのなかで変化するものである。そのため、イスラーム文明がもたらしたアラビア語がレコンキスタとその後の宗教統一政策をへてスペインから消滅したことや、フランコ独裁のような中央集権体制の下では非カスティーリャ諸語が抑圧されたことも、史実として覚えておきたい。今日のスペインにおける地域色豊かな多言語社会は、そのような歴史をへた上で、貴重な遺産として現在と未来に手渡されたものだといえよう。

さてスペイン史では、このような言語的な多様性や、工業化以降に拡大した地域間での経済格差を背景として、「地域ナショナリズム」と呼ばれる事象が19世紀から現れる（第33章、第47章、コラム12を参照）。一般にナショナリズム《ナシオナリスモ》というと国民国家単位のそれを連想しがちであるが、スペイン語でナショナリズムというときには、文脈によって二つの意味あいが使い分けられている。

一つはスペイン・ナショナリズムであり、宗教や伝統文化を根拠として国民的一体性を強調する傾向にある右派的なものであれ、国民全体としての権利拡充などを求める左派的なものであれ、スペインという国民国家としての統合を志向する。もう一つが地域ナショナリズムであり、具体的にはカタルーニャ、バスク、ガリシアなどの独自色の強い地域がみずからの権利を主張する運動だといえる。この現象は、他地域に先んじて工業化を遂げたカタルーニャとバスクで19世紀後半から始まった。しかし、経済的な要求にとどまらずに政治的な自治権（論者によってはスペインからの独立）の主張にまでいたったのは、たんに経済力が強いからだけでなく、固有の言語と文化をもつ人間集団であるというアイデンティティがこの時期に強く意識され始めたからであろう。現行憲法では、このような固有の言語と文化をもつ地域を表すためにとくに「民族体《ナシオナリダー》」という語が用いられており、その重要性を雄弁に物語っている。

さて現在、スペインとそこに暮らす人々はいくつかの変化と向きあっている。居住人口の1割以上を占めるようになった外国籍の移民（2011年時点で525万人以上）をどのように社会に迎え入れるのか。若年層の高失業率をどう改善するのか。その若者をはじめとする現状に不満をもつ人々の投票行動によって、1980年代から続いてきた中道的な二大政党制は本当に突き崩されるのか。そして、固有の言語と強い経済力をもつカタルーニャにおいて近年高まりをみせている、スペインからの分離独立論はどのような帰結に向かうのか。これらは今日的な事象であるが、同時に、その意味するところはスペインとその諸地域の歴史的な歩みについての知識なしには理解できない。

また、対立する主張があるときに、どちらか一方に心情的に一体化してしまうのではなく、あるいは感情的に反発するのでもなく、外国人であることをむしろメリットとして、虚心坦懐に事実を学ぶためにも歴史に関する知識は欠かせない。イデオロギーが拠って立つところを歴史上の事実にもとづいて批判的に分析する歴史学の眼差しは、スペイン・ナショナリズムにも地域ナショナリズムにも同時に向けられなければならない。スペインという国民国家へのアイデンティティが原初的に存在したのではなく、長い紆余曲折のなかで形成されたものであるのと同じように、地域や民族体《ナシオナリダー》へのアイデンティティもまた、とくに近代以降の歴史のなかで構築されてきたものだと考える必要があるだろう。このことは、スペインで、あるいはその諸地域で、さまざまな思いや望みを抱きながら暮らしている人々に愛着を感じることと矛盾するものではないはずである。

冒頭で述べたように、本書は六つの部からなり、第Ⅴ部までは時代順の通史になっている。それをうけて第Ⅵ部では、「スペイン」という枠組みと各地域の関係性をテーマ史として扱い、現在の自治州国家がどのような歴史的背景のなかで形成されたかを論じている。また、適宜コラムを配置し、「歴史スポット」などを論じることで、本文では十分に扱えなかったスペイン史の諸相を紹介した。さらに巻末には、参考文献案内と、インターネット上でアクセス可能なデータベースの紹介を載せてある。本書をつうじて読者が、「スペインにおける歴史的様態の豊かさ」に触れて、多元的スペインへのさらなる関心と興味を抱いていただければ、幸いである。

内村 俊太

現在のスペイン

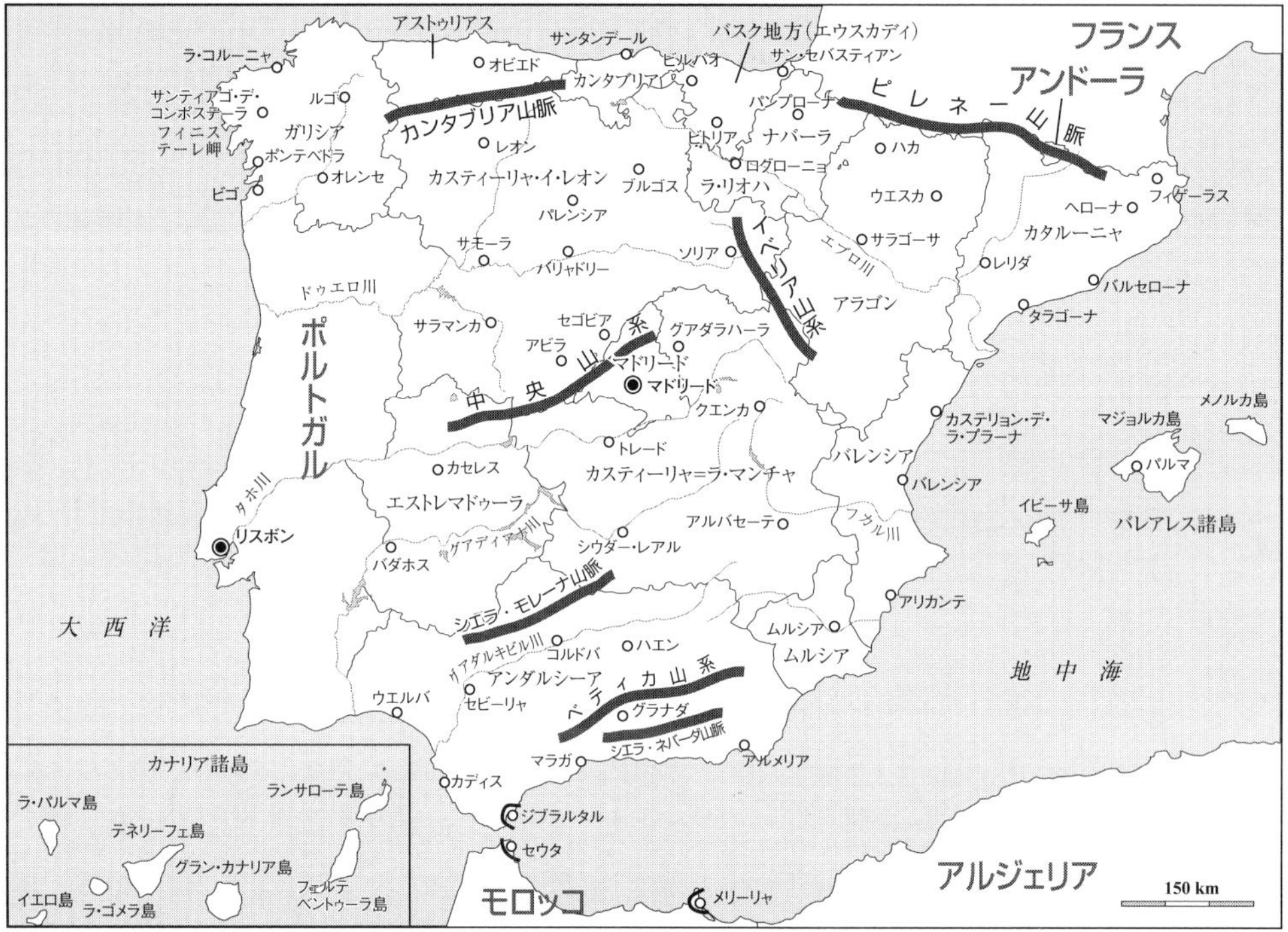

出所：立石博高編『スペイン・ポルトガル史』山川出版社、2000年、5頁より作成。

スペインの歴史を知るための50章

目次

第Ⅲ部　近世のスペイン帝国

第Ⅴ部　現代のスペインへ

第Ⅵ部　自治州国家の歴史的背景

※本文中、特に出所の記載のない写真については、執筆者の撮影・提供による。

第Ⅰ部

古代から中世へ

1 ポエニ戦争とイベリア半島
――アルタミラからローマによる征服まで

旧石器時代に描かれたアルタミラの洞窟壁画で知られるように、豊かな鉱物資源や農作物に恵まれたイベリア半島には古くから人類の痕跡が残されている。前1000年頃にはピレネー山脈を越えて来たケルト人が半島北部に住みつき、その一部は先住のイベリア人と混交してケルティベリア人と呼ばれるようになる。また、既にこの時期にイベリア半島と地中海諸地域との交易も始まっていた。

前9世紀から8世紀には、現在のレバノンやシリアを本拠地として活動するフェニキア人が地中海西方地域へと進出を始める。この時期の地中海東方では金属の需要が高まっており、フェニキア人はイベリア半島で産出される金、銀、錫、鉛、鉄などを現地住民から入手し、東方のアッシリアへと輸出していた。ギリシア神話では、ヘラクレスは12の功業の途中でイベリア半島南端に位置するジブラルタル海峡の両岸にヘラクレスの柱を置き、タルテッソスに立ち寄ったとされる。旧約聖書にもタルシシュという名で登場するこのタルテッソスは、現在のグアダルキビル川流域に広がっていたイベリア人の国家であり、フェニキア人との交易によって繁栄した。タルテッソスの集落からは輸入品のアンフォラや貴金属が発掘されており、交易の痕跡がはっきりと残されている。更にフェニキア人はイベリア半島における交易活動の拠点とするために、半島南部の沿岸地域に植民市としてガディル（現

前4世紀にイベリア人が制作した「エルチェの貴婦人」［スペイン国立考古学博物館蔵］

カディス）やマラカ（現マラガ）などを建設した。フェニキア人に次いでイベリア半島東部で交易を活発に行ったギリシア人も、紀元前600年頃には植民市エンポリオン（現アンプリアス）を建設している。

カルタゴの到来

フェニキア人が前7世紀からアッシリアやアケメネス朝ペルシアの興隆の中で衰退し、前332年にテュロスがアレクサンドロス大王によって陥落した後は、カルタゴが通商国家として地中海で大きな勢力を持つようになる。このカルタゴはフェニキア人の地中海交易の拠点として北アフリカに建設された植民市に起源を持ち、イベリア半島への進出も最初は交易拠点の確保が目的であった。しかし、第一次ポエニ戦争（前264～241年）でローマに敗北し、前237年にサルデーニャ島をローマに奪われると、銀を産出するイベリア半島は、傭兵を雇うための財源を必要とするカルタゴ人にとって重要な意味を持つようになる。そこで、カルタゴの将軍ハミルカル・バルカはカルタゴ軍を率いてイベリア半島へと赴く。ハミルカルは前229／228年に戦死するが、娘婿のハスドゥルバルがカルタゴ・ノウァ（現カルタヘーナ）を建設するなど、カルタゴは半島において勢力を拡大していった。これを憂慮するローマとの間に結ば

図１　第二次ポエニ戦争とハンニバル

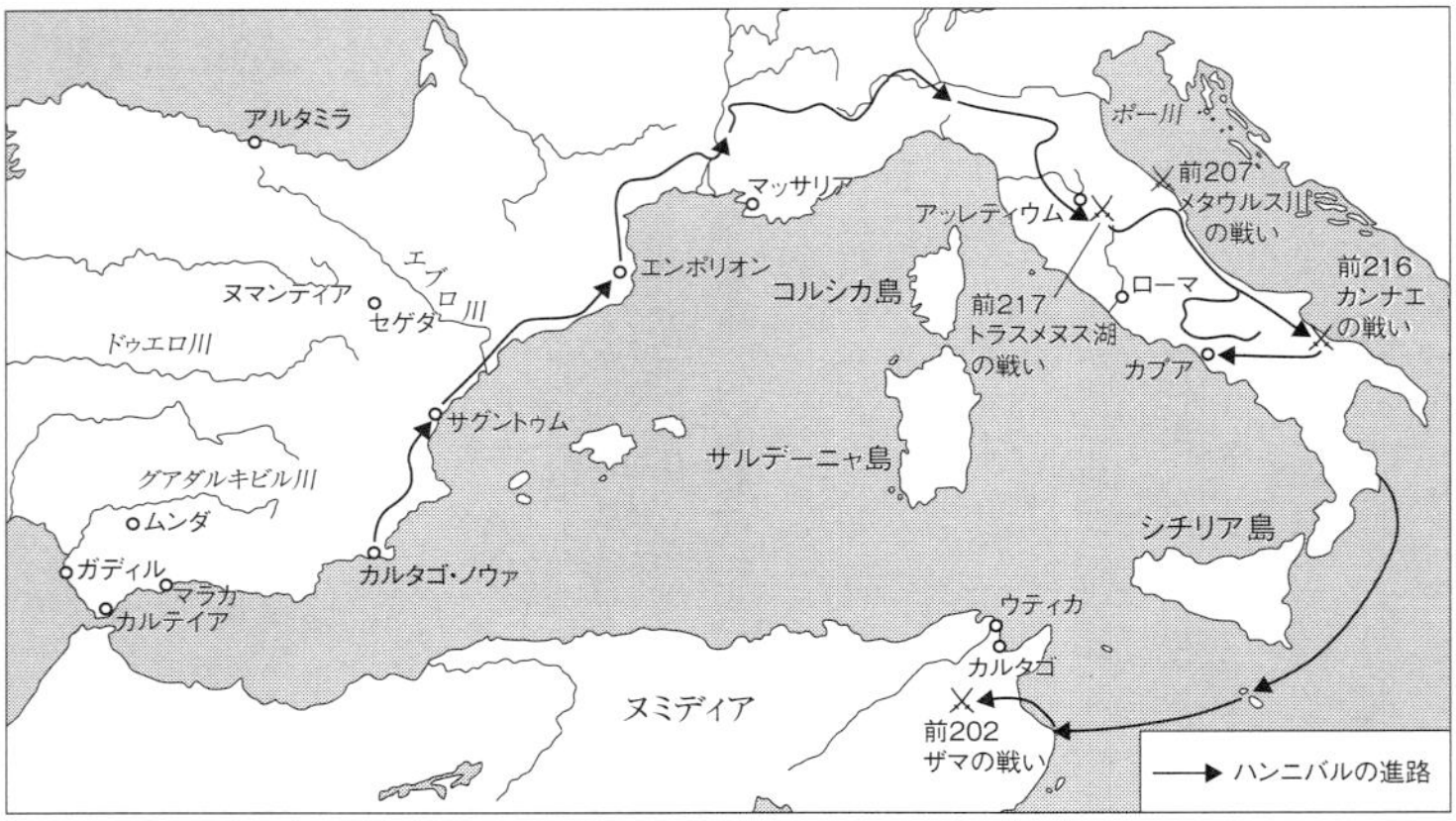

出所：『興亡の世界史9　通商国家カルタゴ』353頁を基に作成。

れたのが、前226／225年のエブロ条約であり、カルタゴは戦争を意図してイベルス川（現エブロ川）を渡ってはならないということを定めたものだった。カルタゴはイベリア半島で勢力を拡大する際、基本的には軍事力を行使していた。その一方、ハスドゥルバルやハミルカルの息子のハンニバルが地元出身の娘と結婚するなど、婚姻によってもイベリア半島との結び付きを強めている。

　前221年、ハスドゥルバルが暗殺されたことによりハンニバルが25歳の若さでイベリア半島のカルタゴ軍を率いる最高指揮官となる。彼はまずイベリア半島の諸部族に対して戦争を行い、次いでローマの同盟市であったサグントゥム（現サグント）を攻撃する。前219年にこの都市を陥落させ、兵を連れてイベルス川を越えることで父がローマと締結したエブロ条約を破ったことが明白となり、第二次ポエニ戦争（前218～201年）が始まった。彼はガリアを通り、アルプスを越えてイタリアへと兵を進め、前217年のトラスメヌス湖畔の戦いや前216年のカンナエの戦いでローマに勝利する。一方ローマは、前212年にグナエウス・スキピオが兵を率いてサグントゥムを奪回するものの、戦死してしまう。彼の同名の息子（大スキピオ）は父を継いでヒスパニアへと赴き、イベリア半島におけるカルタゴの本拠地であったカルタゴ・ノウァを陥落させ、以降も戦勝を重ねたことにより、前206年にカルタゴはイベリア半島を手放すこととなる。ハンニバルも前202年のザマの戦いで大スキピオに敗れ、前201年にローマと講和条約を結ぶ。これにより、イベリア半島の大半がローマの傘下に入ることとなった。

ローマによる征服

第二次ポエニ戦争後も、ローマはイベリア半島に駐留することでカルタゴによるこの地の奪回を防ごうとした。前197年には半島東部にヒスパニア・キテリオル、南部にヒスパニア・ウルテリオルと二つの属州が設置され、ローマから属州総督が派遣されて軍務と統治に携わるようになる。しかし、ローマの支配に対する現地住民の抵抗が頻発し、属州総督が戦死する事態も生じてしまう。この状況に対処するために、ローマは執政官であったマルクス・ポルキウス・カトーを派遣し、彼は戦勝を重ねて諸部族を鎮圧していった。前171年にはイタリア半島外で最初の植民市が半島南部のカルテイアに建設されている。

前154年にはルシタニア人による反乱が起こり、鎮圧の過程で多くの現地住民が命を落とす。これを生き延びたウィリアトゥスが指導者となって前139年に再度生じた反乱は、ケルティベリア人も彼に同調したことから大規模なものとなる。ローマから派遣された将軍も戦闘で彼を破ることは出来なかったが、買収によってローマ側に寝返ったルシタニア人によりウィリアトゥスは命を落とし、反乱は鎮圧される。このウィリアトゥスは大国であるローマに激しく抵抗した現地住民であることから、フランコ政権下で列強に対抗するスペインの象徴として称揚された人物でもある。前１５３年にはセゲダの街が行った市壁の拡張がローマが降伏都市に禁じていた都市の建設にあたると判断されたことがきっかけとなり、ケルティベリア人とローマとの間の争いも起こっている。ドゥリウス川（現ドゥエロ川）上流のヌマンティアがこの戦いの主戦場となり、前１３３年にスキピオ・アエミリアヌス（小スキピオ）がこの都市を陥落させたことによって反乱は終結する。これにより、イベリア半島は北部以外の大半がローマによって平定されることになった。

「内乱」とイベリア半島

度重なる反乱と鎮圧を経て、前1世紀になるとイベリア半島におけるローマと現地住民との争いは小規模なものとなった。しかし、今度はローマ人同士の内乱の舞台となる。前82年からヒスパニア・キテリオル属州総督を務めたクィントゥス・セルトリウスは、ローマで彼と敵対するスッラが政権を握ると、仲間とともに命を狙われるようになる。彼はヒスパニア住民を率いて反旗をひるがえすが、ローマはグナエウス・ポンペイウスを反乱鎮圧のために派遣し、ヒスパニアは再び戦場となる。結局、前72年にセルトリウスがローマ人の部下の裏切りによって命を落としたことにより、この混乱は終結する。

前60年にローマでカエサル、ポンペイウス、クラッススによる第一回三頭政治が始まると、ヒスパニアはポンペイウスが管轄する属州とされ、彼の拠点となる。前49年に三頭政治が崩壊してカエサルとポンペイウスが争うようになり、前48年にポンペイウスはエジプトで暗殺されるが、これ以降も彼を支持する人々はヒスパニアを拠点としてカエサルに抵抗する。最終的には前45年にカエサル自らが率いる軍隊がムンダ（現オスーナ）でポンペイウスの息子たちを破り、この勝利によって内乱は収束した。

前44年のカエサル暗殺後、ヒスパニアは彼の養子のオクタウィアヌスの管轄とされる。彼はライバルであるマルクス・アントニウスを破って単独統治を確立すると、前27年には元老院からアウグストゥスの称号を授与される。そして全軍団の指揮権を獲得すると、ただちに依然として未征服であったイベリア半島北部の鎮圧に着手する。前26年にはカンタブリア人との戦争、続いてアストゥリアス人との戦争に勝利する。更に前19年にはアウグストゥスの腹心のアグリッパが反抗する現地住民との戦闘を完遂したことで長期にわたる戦いに終止符が打たれ、遂にイベリア半島全域がローマの領土となった。

（福山佑子）

コラム 1

《歴史のスポット》ヌマンシアの抵抗と「スペイン人」

スペインの北東部ソリア市（カスティーリャ・イ・レオン州ソリア県の県都）の北に7キロほどの郊外にヌマンシアと呼ばれる遺跡がある。フランコ時代の歴史教育のなかで、この遺跡にまつわることは子どもたちが覚えなければならない最初の歴史的出来事であった。というのも、ラテン語でヌマンティアというこの町は、ローマ軍によるイベリア征服に激しく抗したことから、スペイン人の祖国愛の象徴と見なされていたのである。

もちろん、この出来事が起こったとされる紀元前2世紀に、「スペイン人」を語ることは時代錯誤のほかのなにものでもないし、この出来事に祖国愛を見ることは愚の骨頂である。しかし興味深いのは、スペインが帝国として興隆していた1585年頃に、後に長編小説『ドン・キホーテ』で世界的に有名となるセルバンテスによって、「ヌマンシアの包囲」として戯曲化されたこと、

ヌマンシアの廃墟

そして20世紀に入るまで繰り返しこの戯曲が上演され、外部からの侵略者へのスペイン人の不屈の抵抗を表徴する史実として参照されてきたことである。

19世紀初めのスペイン独立戦争では、まさにフランス軍に抗するなかで、ヌマンシアという言葉は勇気を奮い立たせるものとしてたびたび言及された。一方、20世紀のスペイン内戦では、反乱軍側にヌマンシア部隊が編成された。共和国派からトレードのアサーニャ村を奪還すると、共和国大統領アサーニャと同じ村の名前が唾棄されて、「ヌマンシア・デ・ラ・サグラ」へと名称を変更された。現在、この村ではもともとは中世に由来するアサーニャという名前の復活を求める動きが活発になっている。

ヌマンシアの人びとの抵抗を描いた歴史画（アレーホ・ベラ作、1881年）

さて、ヌマンティア戦争そのものは、この地に先住していたケルティベリア人がローマの支配に繰り返し抵抗した反乱で、紀元前154年に始まり紀元前133年に終結した。最後にはカルタゴ市を破壊したスキピオ・アエミリアヌス（小スキピオ）による1年間にわたる包囲戦で、ヌマンティア城塞は、ローマ軍が周囲に築いた7個の要塞を結ぶ高い壁で完全に包囲された。ローマ軍が投入した兵力は6万人で、籠城していたケルティベリア人はわずか2500人であった。抵抗していた人びとのほとんどは飢餓に追い詰められて自決したという。

ヌマンシアの廃墟は、１８８２年８月に「ナショナル・モニュメント」として指定されて、これまでにも何度かの発掘と復元の作業が行なわれている。しかしここでも遺跡破壊が危惧されている。２００７年、カスティーリャ・イ・レオン自治州はソリア市とともに、この遺跡に隣接する工業団地の建設を発表した。この動きに対しては、文化団体や歴史教育団体が猛反発した。というのも、たしかに建設案は、遺跡そのものへの影響を避けているものの、遺跡を取り囲む景観を大いに損なうからである。スペイン歴史アカデミーも声明を出して、「ソリア市の景観的遺産を貶めること」に強い懸念を示した。

ヌマンシアのケルティベリア人の住居の復元
［出所：Wikimedia Commons］

一方、ローマ軍が建設した要塞と野営の場所には、ソリア市の市域拡大と住居建設の波が押し寄せている。２００６年から歴史遺産の破壊を警告する団体「イスパニア・ノストラ」は、「危機に瀕する遺産のレッドリスト」にヌマンシア遺跡の全体を含めて、古代遺跡の保存継承を訴えている。

（立石博高）

2 ローマ帝国の属州ヒスパニア
――属州の繁栄とローマ支配の終焉

属州ヒスパニア

ローマの属州となったイベリア半島は、アウグストゥスの治世下で半島東部のタラコ（現タラゴーナ）やカルタゴ・ノウァを中心とするタラコネンシス、半島南部のバエティス川（現グアダルキビル川）沿いに広がる南部のバエティカ、半島西部のエメリタ・アウグスタ（現メリダ）を中心とするルシタニアの三つの属州に再編された。更にアウグストゥスは軍団兵にアウグスタ街道を建設させ、ガリアからピレネー山脈を経て半島東部のタラコやカルタゴ・ノウァまでが街道によって結ばれる。これは後にバエティス川流域のコルドゥバ（現コルドバ）を経てガデス（現カディス）まで延伸され、イベリア半島南部からローマへと街道を使って赴くことが可能になった。彼はカエサルの政策を引き継いで植民市の建設も多数行っており、この時期に多くの退役兵たちがイベリア半島へ入植している。

アウグストゥスに次いで積極的にイベリア半島への政策を打ち出したのが、フラウィウス朝の皇帝たちである。ウェスパシアヌスは70年頃にヒスパニアの全住民にラテン権を付与している。これにより、ヒスパニアの住民はローマ人との通商権と通婚権を獲得する。ドミティアヌス治世下の83年にはヒスパニアの諸都市にフラウィウス自治市法が発布された。都市参事会の役割や都市の運営を細かく定めたこの法律の規定には、都市で公職に就いた人物とその家族はローマ市民権を獲得できるという条文があり、植民市に居住するローマの退役兵だけでなく、ローマ支配以前から居住していた者たちにも首都ローマでの栄達の可能性が開かれることとなった。

ヒスパニアからローマへ

このフラウィウス朝の皇帝による諸都市への特権付与の遥か以前から、ヒスパニア出身者はローマで活躍を始めていた。前90年に護民官に就任したクィントゥス・ヴァリウス・セウェルスはローマで最初に公職に就任したヒスパニア出身者であり、前40年にはルキウス・コルネリウス・バルブスが執政官に就任している。さらに、このような人々の庇護を得てローマで活躍するヒスパニア出身者も徐々に増加していく。例えば、哲学者でありネロの家庭教師としても知られるセネカ、詩人のルカヌス、マルティアリス、修辞学者のクィンティリアヌスもヒスパニア出身である。98年には、バエティカの都市イタリカ出身のトラヤヌスが属州出身者として最初のローマ皇帝となり、ローマ帝国の

図1　帝政前期のヒスパニア

出所：『世界歴史大系　スペイン史』14頁。

範囲を最大にした。117年に彼を継いだハドリアヌスも同郷である。161年に即位したマルクス・アウレリウスも生まれと育ちはローマであるもののヒスパニアの家系出身であり、『自省録』を執筆するなど哲学に造詣が深い皇帝として知られている。

ヒスパニアからローマにもたらされたのは、人だけではない。ここは古くから鉱物資源を豊富に産出する土地として知られていたが、帝政期には半島北西部の鉱山（現ラス・メドゥラス）が帝国有数の金の採掘地となったほか、カルタゴ・ノウァ近郊の銀山も名声を博していた。鉱物の採掘のために水路が整備され、水力を利用した山の切り崩しや採鉱も大規模に行われている。鉱山は基本的に皇帝直轄領とされ、アウグストゥス期には年に6・5トン以上の金がイベリア半島からローマにもたらされていた。また、鉱物資源と並んで農作物も重要な輸出品であった。バエティス川流域ではオリーブ栽培が盛んであり、アンフォラに詰められたオリーブ油は船で川を下って地中海を渡り、首都ローマへと運ばれた。ローマ市のテスタッチョ地区には現在でもバエティカからローマに運ばれたアンフォラの陶片がうずたかく積み上げられている。また、ワイン、ガルム（魚醤）、小麦、亜麻布も大規模な生産が行われており、都市有力者たちがその担い手となっていた。

都市の繁栄

活発な経済活動を基盤とするヒスパニアの繁栄を下支えしたのが、属州各地の都市とそこに住む都市有力者たちである。ローマ帝国の属州統治では3～5年の任期の総督と少数の官吏のみが属州に派遣されていた。彼らの業務は巡回裁判の実施、請願への回答、徴税の監督、会計監査などにとどまり、

エメリタ・アウグスタ（現メリダ）のローマ劇場

属州運営の大半は都市有力者たちが行っていた。彼らの多くはローマ支配以前からの地元の名士であり、帝政期にはそれぞれの都市で参事会員職を務めるようになっていた。都市参事会は都市の政務官職を務めた人物で構成されており、ローマに納める人頭税と財産税の徴収業務にたずさわったほか、道路整備や公共施設の建設などの公共事業における人員の確保や経費の提供などの義務を負っていた。彼らはこれらの義務を果たすことで、その見返りとして都市の行財政など多方面で大きな影響力を行使することができた。現在でもスペイン各地には多くのローマ時代の遺跡が残されているが、神殿、浴場、円形闘技場、劇場、記念門、水道橋といったローマ的な建築の大半は、この都市有力者たちによって建てられたものである。自ら出資した建築物で都市を彩り、剣闘士競技や演劇などの見世物を開催することは、彼らの卓越性を都市住民に示すための手段でもあった。経済力を持つこのような都市有力者たちが進んで自らの都市に貢献し、都市住民をまとめることによって、属州の運営は円滑に行われていたのである。

3世紀の危機

3世紀になると帝国各地で軍事危機や経済の混乱が生じるが、ヒスパニアもその例外ではなかった。3世紀後半にはガリア方面から到来したゲルマン人がイベリア半島の東岸部を襲う。260年頃にタラコが襲撃されており、他の都市にもこの時期に破壊された建物の遺構や財産を守るために貨幣を地面に埋めた痕跡が残されている。またインフレも生じており、イベリア半島の諸都市は政治的、経済的に混乱していった。このような状況の中でヒスパニアの諸都市はその多くが衰退したとされてきたが、近年では考古学調査の結果を根拠として、都市の衰退はこれまで言われてきたほどの規模ではなかったという見方も生じている。実際、市壁、広場、劇場、浴場などの改築や修繕も行われており、都市での活動が3世紀を通じて継続的に行われていたことも明らかになっている。

帝政後期のヒスパニア

帝政後期になると、ディオクレティアヌスによって帝国の秩序は回復する。彼は様々な改革を行い、293年には属州の運営体制も道長官、管区代官、属州総督という3層構造に変更した。イベリア半島はガリア道長官の下に位置するヒスパニア管区代官のもとで五つの属州に再編され、管区首都はエメリタ・アウグスタに置かれた。半島南部のバエティカ、西部のルシタニアは維持され、東部はタラコネンシス、ガラエキア、カルタギネンシスの三つに分割された。更に現在のモロッコのタンジール周辺も属州ティンギタナとしてヒスパニア管区に加えられ、4世紀半ばにはバレアレス諸島も属州インスラエ・バレアレスとして追加されている。

この時期にもイベリア半島からは帝国に影響を及ぼす人物が現れている。異教の祭祀を禁止した皇帝として知られるテオドシウスはセゴビア近郊のカウカ（現コカ）出身であり、詩人のプルデンティウスや歴史家のオロシウスも輩出している。キリスト教は3世紀後半からイベリア半島で多くの信者を獲得するようになり、4世紀にはエルビラ（現グラナダ）とカエサル・アウグスタ（現サラゴーサ）で教会会議も行われた。4世紀末にはアビラ司教のプリスキリアヌスが説き、イベリア半島全域で多くの信者を獲得していたプリスキリアヌス派の信仰が教会によって異端と判断されてもいる。

5世紀になるとヨーロッパ各地で諸民族の移動や衝突が頻発し、イベリア半島でも混乱が生じる。4世紀末からバガウダエによる農民反乱が北部で相次いだのに加え、北方からゲルマン人も到来する。409年にはヴァンダル人がイベリア半島に侵入し、次いでアラン人とスエヴィ人も襲来する。属州タラコネンシスや主要都市ではローマの統治が維持されたものの、他の地域はこれらの人々が支配するようになった。415年にはガリア南部でローマと戦っていた西ゴート人がイベリア半島に侵入する。戦況が悪化したことを受けて彼らは416年にローマと和平協定を結び、ローマの同盟者となる。彼らはイベリア半島でヴァンダル人と戦って勝利し、後に西ゴート王国が建国される礎が築かれた。

（福山佑子）

3 西ゴート王国① アリウス派時代

――イベリア半島への進出と支配の確立

ガリアからヒスパニアへ

415年、アタウルフ王率いる西ゴート族は初めてガリアの地からイベリア半島に足を踏み入れた。その翌年にはローマ皇帝ホノリウスと同盟を結び、半島南部のヴァンダル族を攻撃した。敗れたヴァンダル族は海を渡り、北アフリカのカルタゴを首都にヴァンダル王国を築いた。416年に即位した西ゴート王ウァリアは、フランス南部のトロサ（現トゥールーズ）に本拠地を置きながらも、イベリア半島での支配を強化していった。5世紀後半の軍事に秀でたエウリック王時代には、半島北西部のスエヴィ王国を除くヒスパニアのほぼ全土が、事実上、西ゴート支配下に入ったといわれる。

しかしその支配はまったく安定したものではなかった。ここでは外的要因と内的要因に大きく分けて考えてみよう。外的要因としては、476年の西ローマ帝国の滅亡と、その後の西欧世界の支配権争いの激化があげられる。とくに507年に西ゴート王アラリック2世がヴイエの戦いでクローヴィス率いるフランク王国に敗れると、西ゴート族はガリアの支配権をほとんど失うこととなった。6世紀前半には、東ローマ（ビザンティン帝国）皇帝ユスティニアヌスが征服活動を活発に展開した結果、北アフリカのヴァンダル王国が、そのおよそ10年後にイタリアの東ゴート王国が、それぞれ滅亡した。

次いで西ゴート王国に目を付けたユスティニアヌスは、551年から西ゴートのアタナギルドが当時の国王アギラ1世に対して起こした内乱に乗じてイベリア半島南部に上陸し、マラカ（現マラガ）に総督をおいて、一時は半島南部の広大な領域を支配した。この東ローマ（ビザンティン帝国）領は、西ゴート王国との戦闘を繰り返しつつ、6世紀のイベリア半島情勢に大きな影響力を及ぼす存在となった。

内的要因としては、王権のめまぐるしい変転と、支配階層たる西ゴート人と被支配層のヒスパノ＝ローマ人の人口のアンバランスさがあった。伝統的に選挙王制をとっていた西ゴート王の周辺では、次王の座を狙う人びとが絶えず権力闘争を繰り広げた。6世紀前半を例にとると、約50年の間に即位した7人の王のうち5人が在位中に暗殺ないし廃位されたほどだった。しかし王国の統治の実務を担っていたのは、旧ローマ属州ヒスパニアの住民であるヒスパノ＝ローマ人の官僚であった。人口のわずか3～4％だったと推測されるごく少数の西ゴート人は、軍事的実権と王座を保持したが、その権威はそもそもローマ帝国との同盟に由来するものだった。西ゴート人がローマへの「寄生的支配者」と呼ばれる所以である。

西ゴート族は、ゲルマン諸民族のなかでもっとも早くからローマ帝国と接触を持った部族であり、とりわけ指導者層においてはローマ化が進展していたといわれている。410年頃、ローマ皇帝ホノリウスの妹ガラ・プラキディアが、いわばローマ側の人質としてアタウルフ王の妃となった事例にみられるように、社会上層部ではローマ人と西ゴート人が婚姻関係を結ぶこともなかったわけではない。しかしこの時代にはまだ一般的に両者の通婚は禁止されていた。そもそも西ゴート人には480年頃までに成立した「エウリック法典」、ローマ系住民には506年にまとめられた「アラリック法典」と、出自により異なる法律が適用されていたのである。

アリウス派からカトリックへの改宗

西ゴート人とヒスパノ＝ローマ人の間には、奉じる宗教にも違いがあった。西ゴート人は、ローマ侵入以前からキリスト教アリウス派を信仰し、ゴート語で典礼を行っていた。アリウス派とは、アレクサンドリアの司祭であったアレイオス（256頃〜336年）による、父なる神とその子の同一性に批判的な神学思想を受け継ぐ一派を指す。つまりアリウス派は、子に神的なものを認めつつも、父なる神の被造物と位置づけたのである。これは、父と子と聖霊の一体性を奉じるカトリックの三位一体論とは相容れないものであった。カトリック側は、コンスタンティヌス大帝治世中の325年に開催されたニケーア公会議でアリウス派を異端とし、ローマ帝国内での布教を禁止した。一方、ヒスパノ＝ローマ人たちは、313年のキリスト教公認以降、ヒスパニアでも広まったカトリックを信仰していた。ローマ帝国時代の行政区分に基づいて大司教区が編成され、その下に司教座が置かれた。カトリックの典礼はラテン語で行われた。

西ゴート王国は、これら、西ゴート人とローマ系住民を隔てる法律と宗教の違いを乗り越え、両者の融合という方向へ進んでいった。それが結果的に、ヴァンダル王国、ブルグント王国、東ゴート王国といった他のゲルマン民族国家に比べて、より長期にわたる王国の存続を可能にしたといえる。以下、その過程をみてみよう。

図１　西ゴート王国時代のヒスパニア教会

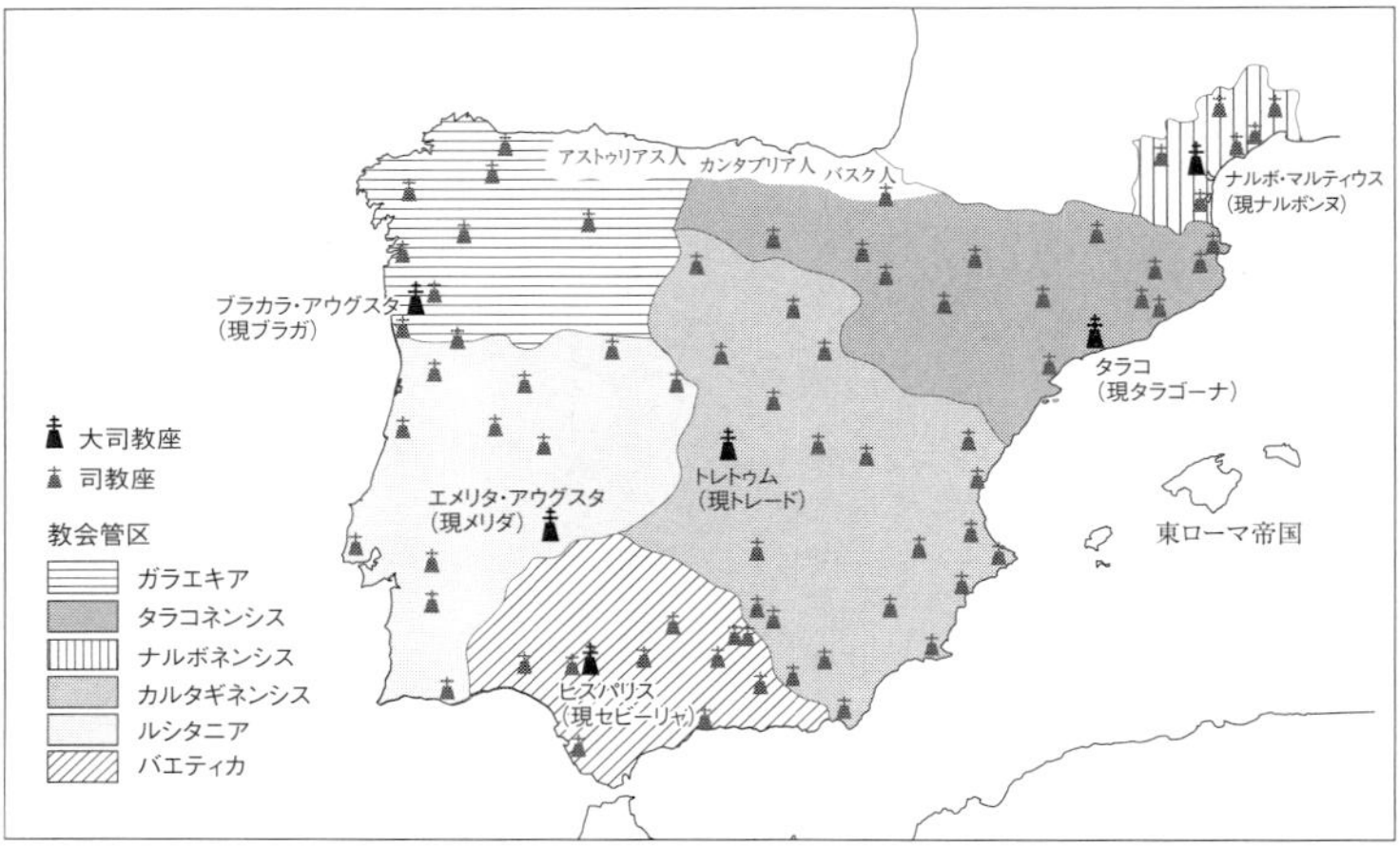

出所：García de Cortázar, F., *Atlas de Historia de España. Edición revisada y actualizada*, Barcelona, 2012.

568年、レオヴィギルド王が即位すると、その強力な軍事力により、上述のさまざまな要因から弱体化が進む一方であった西ゴート王国の立て直しを図った。首都をイベリア半島の中心部に位置するトレードに定め、そこから四方八方へ軍事遠征を展開して、王国の支配基盤を固めた。内政面では、紫衣をまとって玉座に就いたり、それまでの東ローマ皇帝像にかわって西ゴート王の肖像を刻印した硬貨を鋳造したりと、自らをローマ帝国の皇帝になぞらえるような王権強化策を推進した。

ところが、579年、レオヴィギルド王の息子ヘルメネギルドが父に対して反旗を翻した。一般的にこの事件は、西ゴート王国の宗教問題と絡めて解釈される。すなわち、ヘルメネギルドは、フランク王国の王女でカトリックだった妻イングンデとセビーリャ司教レアンデルのふたりの影響を受けて、アリウス派からカトリックへ改宗し、数の上では王国内の少数派であるアリウス派を奉じる父に対峙したといわれる。しかしながら、兵を挙げたヘルメネギルドは半島南部の東ローマ（ビザンティン帝国）軍に支援を求めたものの、あえなく見捨てられ、最後は捕らえられて、暗殺ともいわれる非業の死を遂げた。

父王レオヴィギルドは、息子の反乱の翌年、首都トレードにアリウス派の聖職者を集めて、教義をよりカトリックの教えに近いものへと改めさせた。しかしカトリックにとって三位一体説以外は認めがたい異端であることに変わりはなく、宗教的分裂を克服しようとしたレオヴィギルド王の試みは失敗した。彼は586年に病で世を去るが、グレゴリウスの『歴史十巻』によれば臨終の床でカトリックに改宗したという。

レオヴィギルドを継いで即位したヘルメネギルドの弟レカレドは、587年に私的にカトリックへ改宗した。その2年後には第3回トレード公会議が招集され、西ゴート王国全体のカトリック改宗が宣言された。こうして王国内の宗教対立は、支配層のゴート人がアリウス派を放棄し、社会の多数派を占めるローマ側に迎合する形で、はじめて乗り越えられたのである。

なお、この間、半島北西部にブラカラ（現ブラガ）を首都として展開していたスエヴィ王国では、すでに6世紀半ば頃にはカトリックへ改宗し、西ゴート王国を挟んでガリアに位置するフランク王国との結びつきを深めていた。しかし、西ゴート王レオヴィギルドが585年にスエヴィ王アンデカを捕らえ、その頭髪を剃らせた。剃髪は、当時のフランク人やゴート人の間では、聖職者になること、つまり世俗の権力や所有物の一切の放棄を意味する行為とされ、剃髪した人間には王たる資格が認められなかった。これによりスエヴィ王国は西ゴート王国に併合され、以後は西ゴート王国内の一地方と位置づけられた。ちなみにこの地域では、4世紀以降、グノーシス派やマニ教の系譜に連なるキリスト教の一派プリスキリアヌス派が浸透していたが、カトリックは561年のブラガ公会議でプリスキリアヌス派を異端と宣告してその撲滅に努めた。

半島南部の東ローマ（ビザンティン帝国）領では、いわゆる東方正教が奉じられた。また、1世紀にはすでに半島内にユダヤ教を信じるユダヤ人が存在したとされる。こうした宗教的少数派や異端は、西ゴート王国の内部あるいは隣接領域に絶えず存在し続けた。一方、とりわけ半島北部のバスクやカンタブリア、アストゥリアスなど中央から離れた地域では、地理的要因も手伝って、西ゴート王国の支配下に入ったとはいえ自立性の強い社会が存続した。西ゴート王国は、6世紀後半にゴート系住民とローマ系住民の宗教的統一を達成してもっとも顕著だった社会的亀裂を克服したが、周縁部にはなおこうした多様な異集団を含んでいた。

（久米順子）

4 西ゴート王国② カトリック時代

――7世紀の文化的繁栄と王国の滅亡

カトリック改宗以後の西ゴート王国

カトリックに改宗した西ゴート王国は、625年頃までには半島南部の東ローマ（ビザンティン帝国）軍を駆逐することに成功した。こうしてイベリア半島のほぼ全域が西ゴート王国の領土となった。

選挙王制による王権の継承問題は相変わらず続いたため、王権ひいては王国の安定を目指して、国王とカトリック教会との連携が強化された。633年の第4回トレード公会議で「王位継承に関する規定」が決議され、カトリック教会が王権をバックアップする体制が整えられた。653年の第8回トレード公会議以降は、本来、司教をはじめとする聖職者が教会内部の問題を解決するために招集される公会議が、王国の世俗的な問題をも扱う「王国会議」として機能するようになった。

654年には、レケスウィント王のもと、全12書から成る「西ゴート法典（リーベル・ユーディキオールム）」が発布され、宗教問題同様、長い間の西ゴート王国の懸案事項であった法律の一本化が達成された。その理念は「一つの体（＝社会）の上の一つの頭（＝王）、それを司る一つの魂（＝法）」という比喩に明らかである。西ゴート王国の全住民に適用されたこの法は、内容的にもゴート的伝統にローマ的伝統を組み込んだ折衷であった。なお「西ゴート法典」は、西ゴート王国滅亡後も中世キリスト教スペイン社会の法として受け継がれ、最初はラテン語で、13世紀以降はロマンス語に訳されて、「フエロ・フスゴ」の名で長期にわたり使われ続けた。

7世紀後半は、敵の手により剃髪されたワムバ王の廃位事件などがあったにせよ、大きな反乱や戦乱はなく、政治的にも文化的にも西ゴート王国の全盛期といえるだろう。しかし710年にウィティザ王が死去すると、またもや王位継承問題が混迷し、王として選出されたロデリクスに対してアギラ2世も王位を主張する事態となった。一説によればジブラルタル対岸の町セウタ総督の手引きにより、711年、ターリク率いるイスラーム勢力がジブラルタル海峡を渡ってイベリア半島へ攻め入った。ロデリクスはイスラーム勢力に敗れて戦死した。アギラ2世も抵抗を続けたもののイスラームの進軍は止まず、イベリア半島の大部分がイスラーム支配下に入った。こうして西ゴート王国時代は8世紀初頭に幕を閉じることとなった。

西ゴート時代の文芸復興と聖職者たち

カトリック教会の公会議が西ゴート王国の政治に深くかかわるようになったのは前述の通りだが、なかでも主席を務めた司教の影響力は大きかった。彼らはまた知識人としても活躍した。王国のカトリック改宗に向けて強く働きかけ、実際にアリウス派放棄を宣言した第3回トレード公会議の主席司教となったセビーリャのレアンデルは、ヘルメネギルド王に遣わされて3年間を東ローマ（ビザンティン帝国）の首都コンスタンティノープルで過ごし、のちのローマ教皇大聖グレゴリウスと親交を結んだ。レアンデルの弟で、兄の没後セビーリャ司教に就いたイシドルスは、第4回トレード公会議の主席司教を務め、カトリック教会組織の整備、司教座教会付属学校の設置と聖職者たちの教育、典礼の統一に腐心した。この時代にまとめられたヒスパニア式典礼は、西ゴート王国滅亡後もイスラーム支配下に生きたキリスト教徒（モサラベ）により継承されていく。イシドルスは、また、武闘派の多い西ゴート王のなかでは珍しく文人王の異名をとるシセブート王の師でもあったし、典礼や歴史に関する多くの著作をものした著述家でもあった。とりわけ一種の百科事典である『語源誌』は古典古代の知識の精髄として西欧で広く読み継がれた。おそらく彼の弟子筋であったブラウリオはサラゴーサの、その弟子のイルデフォンススはトレードの、それぞれ司教となった。同じくブラウリオに教えを受けたトレードのエウゲニウス2世は、トレード司教座教会付属学校で後のトレード司教ユリアヌスを教えた。こうして師弟の絆で結ばれた教会知識人たちは、王の助言者として政治の中枢にかかわりつつ、国内の主要都市で司教としてヒスパニア教会の振興に尽力し、活発な著作活動によって知の伝播と継承を図った。彼らの活動をカロリング・ルネサンスに先立つ文芸復興運動と位置づけ、西ゴート・ルネサンスないしイシドルス・ルネサンスと呼ぶ研究者もいる。

西ゴート王国の聖職者たちの一部は、711年に王国が滅亡すると半島外へ亡命し、その豊かな知識と教養を西欧世界へ伝えた。724年にドイツ南部コンスタンツ湖のライヒェナウ島修道院を創建した聖ピルミニウスは、イスラーム侵攻により半島脱出を余儀なくされた西ゴート聖職者とみなされている。カロリング・ルネサンスの立役者のひとりオルレアン司教テオドゥルフや、フランク王ルイ敬虔王（ルートヴィヒ1世）の年代記作者として活躍したトロワ司教プルデンティウスも、西ゴートの家系出身である。

西ゴート王国の美術・建築

7世紀の西ゴート王国の文化的隆盛は、教会知識人たちの著作のみならず、美術工芸品や建築によっても視覚的に理解される。ただし、首都の置かれたトレードは、その後も常に町として機能し続けたために発掘が難しく、王宮の遺構などは知られていない。

半島北部のパレンシア県に残るサン・フアン・デ・ロス・バーニョス聖堂には、レケスウィント王が661年に建立したとの銘文が残る。ローマ時代の建築技術が継承されていたことが精緻な切石積みの技法に見て取れる一方で、馬蹄形アーチで分節化された閉鎖的な空間は、古代建築とは根本的に異なる美学を観者に感じさせる。サモーラ県のサン・ペドロ・デ・ラ・ナーベやブルゴス県のキンタニーリャ・デ・ラス・ビーニャスには、キリストや使徒、聖書に題材をとったキリスト教主題の浮彫が伝わる。単純化されたモティーフが浅く平面的に彫られたそれらの作品は、立体的な人体表現を是とする古典古代の美の基準からすれば稚拙としか言いようがないかもしれない。しかし各地で出

サン・フアン・デ・ロス・バーニョス聖堂

キンタニーリャ・デ・ラス・ビーニャスの浮彫の一例

土するブロンズ製に七宝を施したベルト・バックルやブローチ、あるいは十字架、太陽、植物文様で飾られた石柱などを見ると、支配階層であったゴート人に、自然主義的な美よりも抽象的な美への志向性が強かったのではないかとの印象を免れない。

現存する遺物のなかで、西ゴート王国の栄華と趣味をもっともよく伝えるのは、金工細工だろう。なかでも特筆すべきは、グアラサールの宝物と総称される、金、貴石、真珠、水晶で飾られた鋳造ブロンズ製の王冠、奉納冠、十字架の数々である。19世紀後半にグアラサールという名のトレード近郊の畑から出土したもので、戦乱の予兆に際して首都から運ばれて隠されたのだろうと推測される。奉納冠のいくつかには、スウィンティラ王、レケスウィント王ら歴代の国王や高位聖職者、宮廷人の名前が一文字ずつ冠の環から吊り下げられている。グアラサールの宝物には質量ともに劣るとはいえ、半島南部のハエン近郊トレドンヒメーノ出土の宝物も類似の内容であり、西ゴート時代の金属工芸の技術の高さ、そして王権とカトリック教会の強い結びつきをうかがい知ることができる。

グアラサールの宝物（19世紀のイラスト）

その後のスペイン史における西ゴート王国

これまで見てきた通り、西ゴート王国は、ゴート系住民とローマ系住民を宗教的にも法律的にも統合し、カトリックを旨とする統一国家としての枠組みを整えていった。その過程で宗教的異端や異教徒は排除されていった。アリウス派やプリスキリアヌス派の問題が一段落した後、弾圧の中心的対象となったのは、ユダヤ教徒であった。「王国会議」たるトレード公会議において、589年のキリスト教徒との通婚禁止やユダヤ教徒によるキリスト教徒奴隷の所有禁止を皮切りに、7世紀に入るとユダヤ人のキリスト教への強制改宗が定められ、694年にはユダヤ人全員の財産没収と奴隷化が宣言された。これらの決議がすべて完全に実施された訳ではないにせよ、西ゴート王国の一連の反ユダヤ政策に苦しめられたユダヤ人たちは、711年にイスラーム勢力がイベリア半島に侵攻した際、直ちにイスラーム側を支持したといわれる。

いわゆるレコンキスタが開始されると、失われた西ゴート王国が理想化されたかたちで想起され、その回復がキリスト教徒たちの旗印として掲げられた。1085年のアルフォンソ6世によるトレード奪回が、レコンキスタにおけるメルクマールのひとつとしてキリスト教徒側でもイスラーム側でも大きな反響をよんだのは、トレードがヒスパニア教会の首座大司教座がおかれた町、西ゴート王国の首都だったからであった。中世以降も、現代にいたるまで、西ゴート王国はカトリック・スペインの祖型として、西ゴート王たちはスペイン最初の王たちとして、スペイン・ナショナリズムの文脈で繰り返し参照される存在であり続けている。

（久米順子）

第Ⅱ部

中世のダイナミズム

5 「イスラーム世界」としてのイベリア半島
――繰り返された文化変容

中世スペインに関連する世界遺産として有名なものを三つ挙げるとすれば、グラナダのアルハンブラ宮殿、セビーリャ大聖堂に併設されているヒラルダの塔、そして馬蹄形アーチが林立するコルドバのメスキータではなかろうか。これらに限らず、我々がスペインを旅すると、否が応でも他のヨーロッパ諸国の文化や建築様式との違いを痛感させられる。イベリア半島がかつてイスラーム世界と深く接触していたという歴史的事実こそが、現在のスペインの都市景観を特殊なものとしている原因の主たるものであろう。

しかしスペインとイスラームとの関係の歴史は、決して隔絶された過去の物語などではない。9・11以後、ムスリムと彼らの住まう地域をめぐる世界情勢が不安定化するにしたがい、スペインは自らの歴史の特殊性と、もう一度向き合わざるを得なくなったからである。自国もテロの犠牲（2004年3月11日、於マドリード）となって間もない2004年9月21日、スペイン首相ロドリゲス・サパテーロは第59回国連総会にあわせて「文明の同盟（Alliance of Civilizations）」プランを提唱した。首相の言を借りれば「多様な言語、異なる伝統そして異なる文化を保持する、古来より多様性のある国」であるスペインが主導権を発揮して、軍事行動へ訴えずに国際的なテロリズムの解決を模索することを目指す国連加盟国内の枠組みが作られた。そして当時のトルコ首相レジェプ・タイップ・エルドアンがこの「同盟」の共同提唱者として名を連ねていることも、非常に示唆的である。なぜならトルコも、東ローマ（ビザンツ）、オスマンという二大帝国を自らの歴史に抱えているからである。

7世紀に誕生したイスラームを奉ずる勢力は急速に地中海沿岸部を支配下におさめていき、711年、現在のジブラルタルに上陸した。西ゴート王国最後の王ロデリクス（ロドリーゴ）の率いる軍勢を撃破したウマイヤ朝旗下の部隊は、わずか3年たらずの間にイベリア半島の主要都市のほぼ全てを征服した。しかしこの征服活動は、むしろ併合と呼ぶべきものであった。なぜなら第一に、よく知られているようにイスラーム勢力は、その支配領域を拡大していくにあたって被征服民に寛容な条件で降伏を促したからである。イベリア半島で唯一残存する降伏協定（713年、トゥドミール協定）では、西ゴート王国有力貴族と思しきテオドミルスと彼の支配領域に居住する領民は、身体と財産が保障されるばかりか、一定額・一定量の人頭税の納入と引き換えに教会の保有、すなわちキリスト教信仰の維持も認められた。

ところで、7世紀末から8世紀初頭にかけて、既に西ゴート王国は極度の政治的混乱を伴う末期状態の様相を呈していた。苛烈な迫害を経験したユダヤ人はもとより、最後の王ロドリーゴと王位を争う派閥も、むしろイスラーム勢力の到来に期待し、容易に寝返ったと考えられる。征服者と被征服者との利害の一致が、第二の理由として考えられよう。

こうして、支配者層としてアラブ・ムスリム諸部族が少数派として君臨し、被征服者層として西ゴート王国時代から先住していたキリスト教徒とユダヤ人が信仰の自由を保障されて生活するアンダルス（アル・アンダルスとも。イスラーム・スペイン）の歴史が始まった。ここ数十年にわたる研究の進展によって、これまで考えられてきた以上にアラブ系支配者層がイベリア半島に入植・定住したことが強調されるようになってきている。それでも生粋のアラブの血をひく者は圧倒的な少数派であることに変わりはなく、続いてアンダルスに君臨した後ウマイヤ朝政権が支配を継続していくためには、未だ多数派を占めるキリスト教徒臣民（モサラベ）とユダヤ人の助力が必要不可欠となった。この点に、アンダルス史の面白さがあり、スペインの独自性がある。古代ローマの支配を受け、「ローマ」を継承したゲルマン諸部族の支配を経たイベリア半島の諸文化は、こうしてアンダルスに継承された。アンダルスは、他の西欧諸国とも、アラブ・イスラーム世界とも異なる相貌を持つスペインを生み出す場を提供したとも言えるのではなかろうか。このような断絶と連続の両局面をまず認めねばならない。

とはいえ、半島南のアンダルスの歴史の始まりは、同時に半島北のいわゆるレコンキスタの歴史の始まりでもある。周知の通り、アンダルスの支配に服さなかったイベリア半島北方の民は、その数と力を次第に増し、徐々に南下拡大運動を開始した。キリスト教徒によって専ら構成された彼らは次第に王国を形成して、アンダルスと対峙した。半島の北に割拠したキリスト教諸国は分裂・仲違い・統合を繰り返しながらも、着実にアンダルスを侵食していき、１４９２年まで半島の南北勢力は戦い続けることになる。このような史観は、我が国の世界史教科書でも、よく知られていよう。

しかしながら、我々はこのキリスト教徒によるレコンキスタの歴史にも、断絶と連続の両局面を認めねばならない。キリスト教諸国の社会がアンダルス社会と再び遭遇した時にも、文化変容（アカルチュレーション）が濃密に発生したからである。半島北のキリスト教徒らは、たとえば１０８５年のトレード征服時、1118年のサラゴーサ征服時に、イスラーム世界全域で確認されるズィンミー（保護民）に課される規定を模倣し、降伏したムスリムの残留と自治を許可している。西ゴート王国からアンダルスへ、そして再征服の結果、「西欧世界」へと所属を替える過程で、このようにイベリア半島内では文化が接触し続け、文化変容が繰り返された。この意味では、1492年に再征服を完了したキリスト教諸国もまた、イスラーム世界を間接的に継承していることになる。

この繰り返された文化変容の最たる特徴は、中世イベリア半島社会にみられる文化の多元性・複合性であろう。先に指摘したように、アンダルスはその成立当初から、異なる信仰と文化習俗を保持し自治権をもつ複数の信仰共同体のアマルガムであった。しかし支配者層の信仰であるイスラームと彼らの言語であるアラビア語の影響は、次第にアンダルスのなかで大きくなっていった。こうして西ゴート時代以来のラテン語や口語としてのロマンス語よりも、アラビア語により習熟したモサラベが誕生し、さらにイスラームへの改宗者（ムワッラド）も増加の一途をたどった。しかし旧西ゴート臣民の「イスラーム化」は、逆方向の文化変容も引き起こした。公用語としてのアラビア語は、話し言葉においてロマンス語、そしてマグリブ（北アフリカ沿岸部）のベルベル諸語の影響を受けた、地域固有の様態を呈したからである。

同様に再征服後のキリスト教諸国内部には、寛大な降伏協定によって残留を許可されたムスリム、すなわちムデハルが取り込まれることとなった。例として挙げた都市トレードは、征服後の初期において、ムデハル、モサラベ、ユダヤ人、「カスティーリャ人」、「フランス人」が混在する国際都市でもあった。同都市でモサラベは、キリスト教徒でありながらも、専らアラビア語で契約文書を作成し

コルドバのメスキータ。西ゴート時代以来の馬蹄形アーチ、モスクの名残のミフラーブを備えながら、中央にはキリスト教の祭壇が備えられている

ている。逆に中世後期（概ね13世紀後半～15世紀を指す時代区分）において、ムデハルは、自らの信仰の根幹に関わるはずのアラビア語知識を失っていく。ところで、現在の我々が用いているスペイン語は、確かにラテン語が俗語化したものである。しかしおびただしいアラビア語からの借用語が存在し、その数が4000以上にのぼっている。このことも、文化変容の明白な証拠であろう。

中世イベリア半島で展開されたイスラーム世界と西欧中世キリスト教世界との文化変容の事例は、最も対立すると思われる政治・軍事関係から、さらに衣食住に関わる日常文化に至るまで、枚挙に暇がない。既に述べたようにキリスト教諸国側は、ズィンミーという理念を模倣しながら異教徒を領域内に内包することを選択した。両勢力間の戦争においては、双方は同じ武具の利用に熟達して相争った後、遅滞なく休戦に合意するばかりか、同盟関係すら構築していった。コルドバのメスキータは、西ゴート以来の馬蹄形アーチを残しながら、モスクであった時代の名残をそのまま残したカトリックの大聖堂である。ムスリムの職工が建造した王宮で、アラビア語文様の刺繍が施されたマントを羽織ったカトリックの聖職者と、来る対アンダルス戦争の計画を練るキリスト教徒の国王の姿は、日常的に見られたことであろう。イスラーム世界から持ち込まれてイベリア半島に定着した砂糖キビや米、種々の香辛料は、そのまま現在のスペイン料理のレシピに組み入れられている。

「スペインはイスラーム世界か?」という問いを否定しようとしまいと、イスラーム文化は、既に今のスペインの血肉となってしまっている。そもそもイスラーム文化自体は、それ以前の複数の文化のアマルガムでしかありえない。この点も、我々はもう一度考え直す必要がある。イスラーム世界と深く結合していた中世スペインの複雑かつ魅力的な歴史を知ることなしに、今のスペインを深く理解することはできないのである。

（黒田祐我）

6 イスラーム諸王朝の「繁栄」

――文化的な繁栄と「非軍事化」

かつてのアンダルスの繁栄を最も体感できる都市は、間違いなくコルドバであろう。旧市街を散策すると、イブン・ハズム、イブン・ルシュド（アヴェロエス）、マイモニデスといったアンダルス支配時代のコルドバに生を受けた偉大な文人や哲学者らの彫像と出会う。古代ローマを生きた哲学者セネカの像、修復され観光地化されたばかりのローマ橋とローマ神殿を横目にしながらメスキータに詣でると、ローマ最盛期の栄光がイスラーム諸王朝のもとでそのまま維持されて、さらに発展したかのような錯覚をおぼえてしまう。

アンダルスを統治した諸王朝のなかでも最も有名な後ウマイヤ朝（756～1031年）が栄華を誇ったとされる10世紀には、コルドバの北西に新たな宮廷都市マディーナ・アッザフラーが造営された。現在、この宮廷都市は完全な廃墟と化している。なぜその繁栄は継続しなかったのであろうか。なぜ南下政策を推進するキリスト教徒の勢力を撃退できなかったのであろうか。

後ウマイヤ朝治下のアンダルスは、社会経済的そして文化的な閉塞状況にあった同時代の西欧中世世界と比較するならば、圧倒的な先進地域と言っても差し支えない。しかし「アンダルス神話」は研究の進展によって、大幅な修正を余儀なくされているのも事実である。

空前絶後の繁栄が強調されてきた後ウマイヤ朝の下では、ムスリム、ユダヤ人そしてキリスト教徒が「共存」していた。しかしこの「共存」は、度重なる社会経済的な不安定さをもたらす可能性をむしろ高めてしまった。このゆえに政権は、常に脆弱な支配体制で甘んじなければならなかった。

少数派であるムスリム支配者層が、多数派の旧西ゴート臣民のキリスト教徒を統治するという「共存」関係は、9世紀に大きく揺らいだ。支配者層の言語と文化に適応していくキリスト教徒いわゆるモサラベは、次第に「アラブ・イスラーム化」していく。さらにモサラベのなかから、支配宗教であるイスラームへと改宗する者（ムワッラド）の数が急激に増加した。しかし旧くからのアラブ支配者層とムワッラドとの間に存在する差別は解消されず、社会的な軋轢を広範に生み出した。そしてムワッラドが増えるということは、モサラベ人口が減少するということである。こうして西ゴート時代以来、大所領を形成していた教会や修道院といったモサラベ有力者層は、自らの没落に危機感を募らせる。さらに後ウマイヤ朝政権による中央集権化政策が推進されることで、不満が一度に表面化したのである。いうなれば急速に進行する「イスラーム社会形成」に伴う不満によって「殉教運動」がコルドバで生じ、名目上服していたに過ぎない北方の最前線領域（スグール）における反乱が相次ぐばかりか、政権中枢に近い場所ですら深刻なムワッラド蜂起（イブン・ハフスーンの乱）が勃発したのである。このような一斉蜂起に近い状態を幸運にも一時的に抑え込めた時期が、最盛期を現出したアブド・アッラフマーン3世（912～961年）の治世であった。

カリフ位を自称した彼とその息子ハカム2世は、確かに経済的・文化的な繁栄を謳歌し、政治的にも国内の統一を維持できた。しかし「イスラーム社会形成」は、逆説的にもアラブ正規軍の部族的紐

コルドバ郊外に位置するマディーナ・アッザフラー内のモスク跡。遠くに見えるのがコルドバ市街地である

帯の綻びを引き起こし、これに代わって外国奴隷軍人とマグリブのベルベル系部族兵が、軍事力の中核を担うこととなる。この軍制改革は、先の2名のカリフと、続く幼少のヒシャーム2世期に実権をほしいままにした侍従マンスールによって断行された。この新たな軍制は、軍事力が外部から供給され続ける限りにおいて、うまく機能するものである。そして軍事力を独占し、マンスール個人に忠誠を誓う「私兵」のごときベルベル部族兵らが、次第に発言権を増していくのも当然の理であった。

こうして1009年に父マンスールの実権を相続した息子ムザッファルが早々に亡くなると、後ウマイヤ宮廷で各々の党派の思惑が一気に爆発した。軍事を掌握していたベルベル部族兵らは自らカリフを擁立し、これに異を唱える各地方勢力、すなわちターイファ諸国（群小諸王国）がアンダルス全域に割拠して相争う時代が到来した。この11世紀を、我々は第一次ターイファ時代と呼んでいる。このアンダルスの内乱の過程で、コルドバの街は荒廃し、後ウマイヤ朝の最盛期を象徴するマディーナ・アッザフラーも灰塵に帰した。

ターイファ諸王は、後ウマイヤ朝の繁栄を継承し、己こそがその後継者であると相競い合った。そのため11世紀のアンダルスは、確かに文芸・科学の側面においては爛熟期を迎えている。しかし彼らには政治的な力、とりわけ軍事力が欠けており、先の軍制改革の影響は色濃く残っていた。そこで彼らは代わりに、軍事力として北のキリスト教諸国の力を借りることが頻繁となる。軍事力をキリスト教諸国に頼るか、あるいはマグリブのベルベル諸部族に頼るか。この二つの選択肢は、以後のアンダルスの歴史に通底するものである。

１０８５年のトレード陥落をきっかけとして、キリスト教諸国ではなく、マグリブのムラービト朝（１０５６頃〜１１４７年）に「鞍替え」したターイファ諸王であったが、当のベルベル系王朝に順次滅ぼされ、こうして海峡を挟んでマグリブ・アンダルス領域を統合した大勢力が誕生した。ムラービト朝の支配が「原理主義的」であったかはさておき、その統治期においても、「軍事」と「民事」の断絶がさらに先鋭化しているように思われる。つまりは、ムラービト朝の下に帰順したベルベル諸部族兵がアンダルスの各地に駐屯して軍事力を提供する一方、アンダルスの行政・司法を通じた実際の統治は、旧来のアンダルス有力家系が担い続けた。次第に激化する北からの侵攻を食い止めねばならないアンダルスにおいて、両者はむしろ一時的な相互依存関係にあったともいえる。

しかしムラービト朝軍が防衛を効率的に果たせなくなると、再びその軋轢が一気に表面化した。１

118年、サラゴーサをアラゴン王に占領され、1130年代にカスティーリャ・レオン王アルフォンソ7世による大規模な略奪遠征にさらされたアンダルス内で、反ムラービト感情が噴出し、再び11世紀と同じく群雄割拠の時代を迎えた（第二次ターイファ時代）。これを再び軍事力で抑え込んだムワッヒド朝（1130〜1269年）は、アンダルスを再統合することに成功する。ムワッヒド朝の採用した革新的で独自な宗教統治理念は有名であるが、やはり状況は類似しているように見える。つまりは、ムワッヒド朝軍がキリスト教諸国による攻勢を抑えきれなくなった13世紀前半に、アンダルスは内部分裂状態となり、時にキリスト教諸国と結託しながら、地方政権が相争う群雄割拠の時代（第三次ターイファ時代）を招いたのである。

実のところ、北のキリスト教諸国による征服活動が活発となり成功を収める時期は、第一次から第三次にわたるターイファ時代にほぼ限られている。後ウマイヤ朝期の「イスラーム社会形成」に伴う軍制改革は、アンダルス社会を「文民化」してしまった。これに対して北のキリスト教諸国では、「戦う者」すなわち騎士が特権階級としてキリスト教信仰と結びつきながら支配者層を形成するという、西欧型の封建社会化が進んだ。

第三次ターイファ時代に誕生したナスル朝グラナダ王国（1232〜1492年）も、やはり軍事力の面では脆弱と言わざるを得ず、ゆえに賢明にも初代君主ムハンマド1世は、カスティーリャ王の封建家臣としてアンダルスを存続させることを選択した。以後、約250年間にわたってナスル朝は確かに存続しえた。その歴史の前半期（14世紀半ばまで）は、マグリブのマリーン朝から軍事力を調達しつつ、キリスト教諸国との複雑な外交を駆使しながら生き残りを図ることができた。しかし14世紀半ばにイスラーム世界からの孤立を余儀なくされたナスル朝は、以後、深刻な内乱状態を幾度も経験している。混乱の度に「主君」であるカスティーリャ王は軍事介入し、次第にナスル朝領域は疲弊していき、1492年に息を引き取る。

大局的に眺めた場合、政治とりわけ軍事力の面で、アンダルスは後ウマイヤ朝の崩壊以後、確かに脆弱であり続けた。しかしこの事実は、アンダルスの経済や文化の面における繁栄を否定するものではない。いやむしろ、軍事的に脆弱であったからこそ、キリスト教諸国とアンダルスとの間の交流が促進された可能性もある。11世紀以後、大量のマグリブ・アンダルス鋳造金貨がパーリア（貢納金）の名の下にキリスト教諸国に流入し、カスティーリャ王アルフォンソ8世とエンリケ1世は、アラビア語とラテン語の入り混じった金貨を鋳造している。かの有名なアルハンブラ宮殿は、ナスル朝が孤立した14世紀後半の建築である。文化的・経済的には、むしろ北のキリスト教諸国は従属していたとさえ言える。

（黒田祐我）

コラム 2

《歴史のスポット》スペイン中世のユダヤの遺産、トレードのトランシト教会

首都マドリードから南方に約75キロ、三方をタホ川に囲まれ、いまなお中世の景観を保持し、1986年にユネスコ世界遺産に指定された古都トレードがある。いまでは高速鉄道AVEのおかげで、30分あまりで市外の駅に到着する。マドリードからの日帰りツアーが十分に可能で、たいへんに人気のある観光スポットになっている。なかでも、13世紀に建設がはじめられ15世紀末に完成をみた、典型的ゴシック様式のトレード大聖堂、16世紀に活躍した画家エル・グレコの傑作「オルガス伯の埋葬」が飾られるサント・トメ教会、そしてエル・グレコの住んでいた住居をほぼ復元したエル・グレコの家などが必見の場所となっている。

タホ川対岸から望む古都トレード全景［スペイン政府観光局提供］

フランコ独裁の時代には、こうしたキリスト教徒が中世に築いた文化遺産がもっぱら注目されていたが、その後はむしろ、トレードが中世においてキリスト教・ユダヤ教・イスラームの「三宗教の共存（コンビベンシア）」、つまり宗教的寛容と異文化混交とが生み出した豊かな文化遺産という側面が強調されるようになっている。カトリック・スペインを国是としたフランコ時代から、多文化・多言語の存在という多元的スペインを大切にする民主化以後の時代への変遷が、この変化を説明しているといえよう。

中世後期から近世初頭にかけて、トレード市内にあった多くのモスク（イスラーム寺院）やシナゴーグ（ユダヤ教寺院）はキリスト教寺院へと変えられてしまったが、近年、そうした建物はイスラームやユダヤの文化を今に伝える遺産として注目されている。クリスト・デ・ラ・ルス教会は、バブ・アル・マルドゥム・モスクであったことに、サンタ・マリア・ラ・ブランカ教会は、ムデハル様式のシナゴーグであったことにスポット説明の力点が置かれているのである。

かつてはトランシト教会、現在はセファルディー博物館となっている建物［出所：Wikimedia Commons］

そして、現在はセファルディー博物館となっているトランシト教会（正確にはヌエストラ・セニョーラ・デル・トランシト）も、かつてはムデハル様式のシナゴーグであった。14世紀半ば、すでに反ユダヤ的な雰囲気が広まっていたが、カスティーリャ国王ペドロ1世の許しを得て、王室財務長であったハーレヴィによって建てられたもので、シナゴーグ内部にはイスラエルの王と、「イスラエルの民の保護者」としてのカスティーリャ国王を称える言葉がヘブライ語などで刻まれている。

　ところでイスラーム教徒がイベリア半島をアンダルスと呼んだのに対して、ユダヤ教徒はセファラードと呼んでいた。その形容詞がセファルディーで、１４９２年にスペインを追放され地中海地域に離散したユダヤ教徒もこの名前で呼ばれる。トランシト教会を改装してつくられたセファルディー博物館（スペイン文化省管轄の国立博物館として１９７１年にオープン）は、このスペイン系ユダヤ人の歴史、宗教的慣習などの豊富な資料を展示しており、セファルディー文化の豊かさに存分に触れることができる。

（立石博高）

旧シナゴーグ内部の壁面と天井の豪華な装飾

7 レコンキスタの始まりとキリスト教諸王国の成長

——イベリア半島の「北」と「南」の邂逅

「このとるに足らない小山から、ヒスパニアが救済され、ゴート族の軍が再興されることを余は信じている。〔中略〕異教徒の多勢を撃退しようではないか。すこしも恐れることはない」。いわゆるレコンキスタの始まりとされるコバドンガの戦い（722年）において、『アルフォンソ三世年代記』によれば、最後の西ゴート王ロデリクス（ロドリーゴ）に与した西ゴート貴族、アストゥリアス王国の初代君主となるペラーヨは、このように旗下の軍勢を鼓舞して勝利を収めたとされる。この演説に、再征服運動あるいは国土回復運動と我が国で訳されることの多いレコンキスタの理念が凝縮されているといえる。すなわちレコンキスタとは、信仰上の敵であるムスリムによって滅ぼされた西ゴート王国を復興することであり、同時にそれは「ヒスパニア」すなわちスペインの救済でもあった。「スペイン国民」の共通の過去として、19世紀から20世紀のフランコ体制期までみられたこのように伝統的なレコンキスタ理解は、近年、大幅な修正を余儀なくされている。民主化に伴う議論の活発化、西欧諸国（とりわけフランスとイタリア）の歴史学界との交流が、その決定的な要因である。

我々はレコンキスタを、西ゴート貴族による自らの王国の復活として、または異教徒勢力によって穢されたキリスト教信仰の復権として理解してきた。しかしイスラーム勢力に対する抵抗と続く入植・征服運動は、少なくとも初期において西ゴート王国とは無関係な諸要因によるものであった。また宗教的な動機、すなわちイスラームに対する直接的な敵対意識もみられない。これらの点で、概ね研究者の意見は一致している。

それではペラーヨは、なぜウマイヤ朝勢力に反旗を翻したのか。ペラーヨの謎に包まれた出自はさておき、彼を頭領として推戴したアストゥリアス社会は、カンタブリア山麓に居住するバスク系先住民から構成されていたと考えられ、彼らはそもそも西ゴート王国の支配にすら完全に服していなかった人々であった。ローマの支配にも西ゴートの支配にも反抗的であったアストゥリアス社会では、次第に人口圧が高まっていた。新たな土地を求める社会が、名目上の貢納金を要求するウマイヤ朝の分遣隊と衝突した。これがコバドンガの戦いの実態なのではないか。

アンダルスに不服従の姿勢を見せたアストゥリアス王国は、8世紀から9世紀にかけて、その支配領域を急速に拡大していく。前章でみたアンダルスの動静と比較すると、アストゥリアス王国拡大の内実がより理解しやすくなるばかりか、なぜレコンキスタ理念が誕生したかも、手に取るように分かる。

第三代アストゥリアス王アルフォンソ1世の治世（739～757年）は、ちょうどウマイヤ朝滅亡から、後ウマイヤ朝擁立にいたる政治的混乱期に該当する。この権力の空白期に乗じて彼は自らの支配領域を拡大するばかりか、旧西ゴート臣民すなわちモサラベを取り込みながら、いまだ十全にキリスト教化されていたとは言えない社会の組織化を進めていった。

前章でみたようにアンダルスは、9世紀の急速な「イスラーム社会形成」によって、政治的ばかりか、社会経済的な大混乱に陥った。これに呼応する形で、アルフォンソ2世（791～842年）以後のアストゥリアス諸王は、南下拡大を本格化させていく。9世紀半ばに勃発したコルドバ「殉教運動」の結果、多数の亡命モサラベを抱えることになるアストゥリアス王は、むしろアンダルスで受け継がれていた「西ゴート王国の遺産」を逆輸入する形で、自らの領域支配の正統性を発見したわけである。この時期にアストゥリアス諸王は、後ウマイヤ朝内部の反乱者たち（上辺境区域のカシー家、中辺境区域のトレード都市門閥、下辺境区域のアルジッリーキー、そしてイブン・ハフスーンなど）と外交すら展開している。そしてこの世紀には、後にスペインの守護聖人となる聖ヤコブの墓が「発掘」される。西ゴート王国の伝統、キリスト教信仰の復権と拡大をイデオロギーの核とするレコンキスタ理念は、こうして9世紀という時代に固有の理念として誕生した。そして拡大を続ける王国領域の支配の正統性を後ウマイヤ朝に対して訴えかけるため、冒頭に引用した『アルフォンソ三世年代記』が10世紀の初頭に執筆されたと考えるべきなのであろう。

イベリア半島北西部でアストゥリアス王国が勢力を拡大する一方で、北東部では別のダイナミズムが発生していた。711年以後のイスラーム勢力の快進撃は北東部域にも及び、多くの都市が征服された。しかしウマイヤ朝と続く後ウマイヤ朝という「中央」は、当初から少数の守備隊を駐屯させるか、あるいは軍司令を派遣するのみで、実質上の統治は在地の旧西ゴート王国貴族が担っていた。かの地で最も有名な在地ムワッラドは、カシー家であろう。後ウマイヤ朝政権に対して幾度も反乱を起こす彼らは、ピレネー麓の都市パンプローナの支配をめぐって、有力バスク系家門とも婚姻関係を樹立した。カシー家門のムーサー・ブン・ムーサーとナバーラ王国初代君主イニゴ・アリスタ（820？～851年）の両名は異父兄弟であり、前者が後ウマイヤ朝、後者がカロリング朝フランク王国という「中央」の介入に対して抵抗し独立を維持するという点で、両者の利害は一致していた。こうしてナバーラ王家とカシー家との間の盟友関係が9世紀の半ばまで継続した。政治と宗教を超えた利害が錯綜する中でナバーラ王国が誕生した点は、強調されるべきである。

北東部でも地中海に面した領域、かつてはタラコネンシス属州としてローマ化が著しい地域（現在のカタルーニャ自治州に相当）の状況も、固有の地政学的諸条件に規定されている。ここではさらにピレネー以北の政治情勢と深く関連しながら事態が推移しており、8世紀から9世紀初頭にかけて、カロリング朝の影響下で「ヒスパニア辺境領」が形成された。バルセローナ伯ギフレ1世（878～897年）の時代以後、事実上フランク王国からの独立を達成したとされるものの、政治・外交関係においても文化面においても、とりわけ南仏地域との親縁性が強いままであり続けた。

9世紀末から10世紀前半にかけて、半島北西部のアストゥリアス王国はドゥエロ川流域までの入植を果たし（以後、レオン王国と呼ばれる）、このレオン王国の最前線領域にカスティーリャ伯領（後のカスティーリャ王国の前身）が配置された。半島北東部では、ピレネーの麓にナバーラ王国が、地中海沿岸部にカタルーニャ諸伯領が割拠する。キリスト教諸国ごとに動機や要因は異なるものの、こうして着実に南へ向けての勢力拡大が推進された。著名な中世スペイン史家ガルシア・デ・コルタサルによれ

レオン大聖堂（13世紀のアルフォンソ10世時代に起源をもつ）。レコンキスタ理念と深く結びついた場である。12世紀のカスティーリャ・レオン王アルフォンソ7世はこの場で皇帝戴冠式を挙行したといわれる

ば、こうして10世紀になって初めてキリスト教諸国とアンダルスとが本格的な接触を開始するのだという。むしろ社会の成熟過程で、自社会の外に存在する「他者」を顕在化させたというべきであろうか。しかし政治・軍事的衝突をも辞さない南北の社会は、それぞれ異なる対応を採った。

南のアンダルスでは、前章で扱ったように「イスラーム社会形成」の結果、軍制改革が進行した。とりわけ侍従マンスールは、自らの権勢維持のために「私兵」としてベルベル部族兵を大量に導入し、大規模なジハード（聖戦）をキリスト教諸国に対して断行した。10世紀の後半、マンスールの攻勢に対し適切に対処できなかった最大の理由は、レオン王国内部で「封建変動」あるいは「封建革命」と呼ばれる王権と貴族との間の軋轢が頂点に達し、事実上の内乱状態に陥っていたからとされる。急速な領域拡大に伴って顕在化したこの社会変動を乗り切るにあたってキリスト教諸国は、時期的な差はあるものの、封建社会形成へと舵を切ったのである。封建社会を定義する際の要素は多岐にわたるものの、本章で重要なのは、自らの領地支配に基盤を持つ軍事貴族層が成熟したという点であろう。こうして、「西欧」型の封建社会と「東洋」に特有のアンダルス貢納社会という、異なる構造をそれぞれ保有する社会が、イベリア半島の南北を分かつことになった。

後ウマイヤ朝が滅亡して第一次ターイファ時代にはいると、水面下で進行していた軍事化した封建社会と、非軍事化したアンダルス社会との格差が一気に表面化した。動員兵力が恒常的に不足していることを理解しているターイファ諸王は、当初はパーリア（貢納金）を支払いながら、キリスト教諸国の軍事力を積極的に利用していた。しかし、この「蜜月関係」が維持できなくなった時、キリスト教諸国はかつての「雇い主」に牙をむいたのである。

（黒田祐我）

コラム
3

《歴史のスポット》
コバドンガの戦いと「レコンキスタ」の創造

スペイン北部、カンタブリア海に面するアストゥリアス地方の沿岸から20キロほど内陸に入ったところにピコス・デ・エウロパ自然公園が広がっている。豊かな動植物と自然景観に彩られた公園で、その眺望は驚異的とすらいえる。

この公園の一角にアストゥリアス王ペラーヨが初めてイスラーム軍を破ったとされる、「スペインの原点」ともいうべきコバドンガという場所がある。イスラームのイベリア半島侵入後、西ゴート貴族のペラーヨは、カンタブリア山中に逃れ、この地の先住民アストゥリアス人により国王に選出された。そしてコバドンガの戦いで、７２２年頃、わずか３００人の兵士で、18万以上のイスラーム軍を破ったというのだ。

もちろんこの数に誇張がみられることはいうまでもない。イスラーム側の史料によれば、ベライと呼ばれた野蛮な愚か者がわずか３００人で抵抗を試み、30人ほどに兵を減らしたという記述がある。いずれにせよ、この地でなんらかの小競り

ピコス・デ・エウロパ自然公園の景観

合いがあり、ここでペラーヨがイスラーム軍の先遣隊に勝利したことは間違いないだろう。

　その後にレコンキスタ（国土回復運動）を進めていくキリスト教徒にとって、そのための起源神話が大切であったのだ。しかもキリスト教徒にとっては聖母マリアのご加護が不可欠であった。この戦いの中でイスラーム兵たちは投石機を使って聖母マリアの祭られていた「神の洞窟」を攻撃したが、放たれた石はすべて投げ戻されて、イスラーム兵を殺《あや》めたというのである。このコバドンガの聖なる洞窟（サンタ・クエバ）には、コバドンガの聖母（別名でラ・サンティーナ）が祭られ、ペラーヨの遺骨（その信憑性は疑わしいが）が安置されていて、アストゥリアス地方でもっとも聖なる場所とされてきた。

聖なる洞窟のコバドンガの聖母像

［出所：Wikimedia Commons/Frobles］

聖なる洞窟のペラーヨの墓

　ところで、国民国家の起源神話を最大限に高めようとしたのは、19世紀末から20世紀初めの「モニュメントの時代」であった。1877年から1901年にかけて、聖なる洞窟に隣接して新ロマネスク様式の大寺院バジリカが建立されて、この聖地には荘厳さが増した。そして1918年9月、国王アルフォンソ13世夫妻の臨席のもと、コバドンガの戦いの1200周年が前倒して祝われた。718年は、イスラーム支配の庇護民ズィンミーに課せられた人頭税ジズヤの支払いを拒んで、反乱の旗印を明確にした年であった。こうして、レコンキスタ開始の聖地としてのコバドンガの地位は不動のものになった。合わせてこの年には、コバドンガの聖母の戴冠式が行なわれるとともに、この一帯が国立公園に指定された。

なお、コバドンガでひときわ目立つドン・ペラーヨの銅像は1964年、エドゥアルド・サラゴーサが制作したもので、フランコ時代のレコンキスタ神話の要請に応えるものであった。ちなみにこの頃の国定教科書では、「コバドンガ」は子どもたちが覚えるべき必須の言葉の一つであった。

（立石博高）

国王アルフォンソ13世の列席のもとコバドンガ大寺院で、コバドンガの戦い1200周年を祝う行事の光景（1918年）

8 カスティーリャ王国の台頭
――アブ・ノーマルな「封建社会」

9世紀にレコンキスタ理念を掲げて「皇帝」を自称しながら、アストゥリアス王アルフォンソ3世（866～910年）は自領の急速かつ大幅な拡大を成し遂げた。彼の死後、宮廷はアストゥリアスから、より南部のレオンへと移された。この南下拡大の一途をたどる王国の最前線領域として、伝説化されたフェルナン・ゴンサレス（932～970年）を初代伯に仰ぎ、カスティーリャ伯領が誕生する。

その名が示す通り対アンダルス防衛の城砦《カスティーリョ》群を核として形成された伯領は、10世紀半ばから激化するレオン王国内部の政治的混乱状態をむしろ好機ととらえ、時に侍従マンスールをめぐる政争に関与しながら、アンダルスからの略奪遠征に対処し、レオン王家のみならずナバーラ王家との婚姻外交を独自に展開、事実上独立した政治単位へと昇格した。

レオン王国の王権・貴族関係の不安定化、そして領主・領民関係における後者の従属化をよそに、最前線領域であるカスティーリャでは、逆説的にも自由農民層が存続する余地が残された。上層の自由農民は、後述する平民騎士（民衆騎士）として下級血統貴族に類する身分を与えられ、この軍事力を伯が統率することとなった。こうして伯権力の下に力を凝集させていくカスティーリャは、アンダルス情勢の激変にも即座に対応することができた。1009年、コルドバで突如勃発した内乱に、伯サンチョ・ガルシアはベルベル部族軍が擁立したカリフ、スライマーンの側に与して兵を提供し、この対価としてドゥエロ川沿いに位置する諸拠点を獲得している。

伯の男系が断絶し、伯の義兄弟ナバーラ王サンチョ3世大王による「監督」を挟んだ後、１０３５年、彼の次男フェルナンドがカスティーリャ領域を独立の王国として相続した。フェルナンドは義兄弟にあたるレオン王ベルムード3世を敗死させて、ここにカスティーリャ・レオン王国が誕生（１０３７年）する。カスティーリャとレオンは、着実にアンダルスの征服と、続く入植を推し進めながらも分裂と再統合を繰り返し、１２３０年、フェルナンド3世の下で最終的な統合が成し遂げられた。以後、王国領域は分裂することなく、これをもってカスティーリャ王国《コローナ・デ・カスティーリャ》が完成した。

さて、この中世盛期（11〜13世紀前半頃を指す中世の時期区分）におけるカスティーリャ王国の成立と発展の歴史は、当然であるがアンダルス史の変遷と直接に関連しあっていた。地域的な差はあれ10世紀から11世紀前半にかけてのキリスト教諸国内では、戦争を生業とする貴族層が台頭し、公権力たる王権や伯権を脅かそうとした。ちょうどこの不安定な時期に、第一次ターイファ時代を迎えた弱体なアンダルスから、貢納金という形で、あるいは略奪や征服という形の搾取によって、王権は貴族層の奉仕に報いることができた。しかし11世紀末にムラービト朝がアンダルスを吸収したことで軍事力のバランスが拮抗したため、「収入」が途絶えた貴族同士の内部抗争が生じた。トレードを征服した英雄アルフォンソ6世（レオン王１０６５〜１１０９年、カスティーリャ王１０７２〜１１０９年）の治世末期から、娘ウラーカ女王（１１０９〜１１２６年）、そして彼女の息子アルフォンソ7世（１１２６〜１１５７年）の治世初期にあたる11世紀末から12世紀前半にかけて、王国内部はたびたび混乱状態に陥っている。

逆に12世紀中頃の第二次ターイファ時代前後には、アルフォンソ7世は「ヒスパニア皇帝」を自称して、一時的にコルドバから地中海岸の要衝アルメリーアまでを一気に征服することに成功した。しかしムワッヒド朝の介入を招き再び軍事力が拮抗した12世紀後半、カスティーリャ・レオン両国の王位は分離し（1157年）、大貴族二家門（ララ、カストロ両家）の間の党派抗争を軸に、再度大混乱に陥っている。そして最後に13世紀前半の第三次ターイファ時代には、カスティーリャ王国が最終的に確立するとともに、武人王フェルナンド3世（カスティーリャ王1217～1252年、レオン王1230～1252年）が生涯をかけて「大レコンキスタ」を遂行し、グラナダ、マラガ、アルメリーア地方を除くアンダルシーアの征服がほぼ完了した。

このように中世盛期におけるカスティーリャ王国の劇的な拡大には、アンダルス情勢の変化に呼応しながら、次に挙げる諸要因が決定的な役割を果たしたと考えられる。

まず、10世紀から継続する貴族と王権との間の絶えざる駆け引きである。先述の流れを見れば明らかなように、アンダルスとの力関係が拮抗する時期、王権・貴族関係は悪化しているのである。逆に考えれば、王権が戦争の陣頭指揮を執って征服を成功させ、戦利品と領地を貴族に分配する限りにおいて、彼らは従順な状態に留まるとも言えよう。

当然ながらカスティーリャ・レオン王権は自らの王国統治者としての権威と正統性を強化し、貴族の専横を抑止しようとする。ここでもう一つの要因として、レオン王国から継承したレコンキスタ理念の定着と発展を考慮せねばならない。西ゴート王国時代の首座トレードを征服した後、歴史叙述においても西ゴート王国の正統なる後継者たることを宣伝しながら、天使や聖ヤコブの対アンダルス戦争への介入を「捏造」して、この征服事業が神により祝福されたものであることが訴えられた。正戦であり、聖戦でもあるこの征服事業の内実についてはアンダルスの民もよく知っていたようであり、たとえば11世紀のターイファ諸王の一人であるグラナダのアブド・アッラーは、自身の回想録において「アンダルスは、もともとはキリスト教徒のものだ。〔中略〕今や強くなり実力をつけたキリスト教徒は、力ずくで失ったものを奪還しようと考えている」という、アルフォンソ6世の宰相シスナンドが述べた言葉を引用している。

ここで今一度確認しておきたいことは、レコンキスタ理念があくまでカスティーリャ王国内において発展・継承させられたイデオロギーであるという歴史的事実である。レコンキスタが中世スペインのキリスト教諸国全体の悲願であったと我々は考えてはならない。次章で述べるように、スペイン形成のもう一つの主役となるアラゴン連合王国や、ピレネーの麓で独立を維持したナバーラ王国は、カスティーリャとは異なる思惑を抱いていた。

さて、互いに対立しあい、かつ依存しあう王権・貴族関係であったが、さらに征服活動の主体的な担い手たちが加わり、彼らが先の王権と貴族との関係の「調整役」となるところに、カスティーリャの独自性がある。この担い手こそ、平民騎士と騎士修道会であった。

11世紀から12世紀にかけての対アンダルス最前線領域であるドゥエロ川以南のフロンティアには、家畜放牧と戦利品獲得に社会経済基盤を置く好戦的な「都市社会」が成立した。この社会の中核を成したのが、スペイン中世史の泰斗サンチェス・アルボルノスのいう「カスティーリャ的自由」を体現する平民騎士である。彼らは、防衛と侵攻が主任務となるフロンティアを常に保持し続けたことに

12 世紀のフロンティア都市であるアビラ。今でも最前線であった時代を偲ばせる城壁で有名な町である

よって必然的に生じる、カスティーリャ社会の流動性の高さの象徴でもあった。彼らは後背地に君臨し権力闘争に明け暮れる王や高位貴族をよそ目に、ムラービト・ムワッヒド両王朝による度重なる侵攻を撃退するのみならず、自律的に遠征を計画し、アンダルスの奥深くまで進撃することに成功している。たとえば12世紀半ばに執筆された『皇帝年代記』では、「トレード、セゴビア、アビラ、サラマンカその他の都市民兵が日常的にハガル人達［＝アンダルス・ムスリム］の領域を破壊していく」ことが、アンダルス内で反ムラービト朝感情を爆発させたきっかけとなったと語られている。

平民騎士の主導するフロンティア都市民兵に、12世紀後半からは騎士修道会が加わった。十字軍運動の影響を強く受けて、この時期に複数の騎士修道会が創設された。とりわけカラトラーバ騎士団とサンティアゴ騎士団は、カスティーリャ王国前線拠点の守護に特化し、１２１２年のラス・ナバス・デ・トローサの戦いにおいて活躍するばかりか、「大レコンキスタ」においても征服活動で主導権を発揮しているのである。

自立した領地を形成し子飼いの兵力を有する聖俗所領貴族に加え、平民騎士を中核とする都市民兵、そして王の尖兵としての性格が強い半島固有の騎士修道会を、レコンキスタ理念の下に統括する歴代のカスティーリャ・レオン王は、確かにかつて強調されたように、西ヨーロッパの他の封建君主とは少々異なる特徴を備えていたと考えるべきである。カスティーリャにおいては貴族の家門意識の登場は、他の西欧諸王国と比べて遅く、王権は貴族に世襲の領地や役職を与えることにも長らく消極的であった。当初は中世西欧型の封建社会を形成していこうとするレオン王国であったが、固有の地政学的要素を持つカスティーリャと合併することによって、アブ・ノーマルな封建社会が誕生したのである。この延長線上で、中世後期、そして近世以降のカスティーリャ王国史、あるいはスペイン史を考えていかねばならない。

（黒田祐我）

9 アラゴン連合王国の地中海進出

——陸と海のはざまで

カスティーリャ王国史がメセータを中心とした陸地におけるレコンキスタの歴史であるとするならば、アラゴン連合王国《コローナ・デ・アラゴン》の形成史は、まさにピレネー山麓から地中海へと向かっていく、陸と海を連結させた歴史と考えることができる。その名が示す通り、この王国は複数の政治領域単位が「連合」して誕生した。このなかで中核となるのが、アラゴンとカタルーニャである。中世の初期においてイベリア半島の北東部領域は、北からはフランク王国の、南からは後ウマイヤ朝の影響を受けながらも、ピレネー山麓のナバーラ王国、エブロ川流域を支配するムワッラド系勢力、そしてカタルーニャ諸伯らが自立し、鎬を削りあいながらも互いに共生する場であった。アンダルスの中心で激変が生じ、また西欧世界全体が拡大に転じる時期である11世紀、これらに呼応する形で半島北東部も変容を遂げ始めた。

1035年、アラゴンはナバーラ王サンチョ3世大王の庶子ラミーロの下で独立した政治単位となり、兄弟でカスティーリャを継承したフェルナンドと同じく、ターイファ諸王が乱立するアンダルスへの介入を試みた。ラミーロの子息サンチョ・ラミレス（1063〜1094年）は、1080年代から本格的に直接征服活動へと移行し、都市部・農村部を問わずムデハルを内に取り込みながら、サラゴーサ近郊の肥沃なエブロ川流域を支配下に収めることに成功した。他方でカタルーニャではバルセローナ伯の優位が決定的となり、同伯の主導のもとで南仏オクシタニア方面への勢力伸長と同時に、地中海側への拡大を目論む。この両勢力は1137年、バルセローナ伯ラモン・ベレンゲール4世（1131～1162年）がアラゴン王ラミーロ2世の娘を娶ることで、同君連合への足がかりが成立した。

第二次ターイファ時代からムワッヒド朝による支配の初期（12世紀半ば）に、混乱に乗じてアラゴン連合王国はエブロ川下流域（レリダ、トルトーサ）の征服を完了させるとともに、さらに南のテルエル方面への拡大を達成する。しかし「再封建化」を経験するばかりか、内地アラゴンと、海と南仏に面したカタルーニャという志向性の異なる地域の貴族層を束ねることは非常に困難であった。貴族・王権関係の緊張、王庫の逼迫に加えて、オクシタニアへの勢力伸長はアルビジョワ十字軍の快進撃を前にして断たれてしまう。こうして1213年、ミュレの戦いで敗死したペドロ2世の後を継いだ幼子ハイメ1世（1213～1276年）以後、アラゴン連合王国は地中海方面への勢力拡大の可能性を模索していくのである。

本格的な地中海進出の第一段階は、イベリア半島内の地中海沿岸部の征服と、カタルーニャ近隣の島嶼部への勢力拡大を達成する時期（13世紀前半）である。これは、カスティーリャにおける「大レコンキスタ」の時期とほぼ一致しており、マグリブ・アンダルスでのムワッヒド朝の瓦解に伴う政治的混乱期とも一致している。ハイメ1世は1230年代から1240年代にかけてバレアレス諸島を支配下に収めた後、半島の地中海沿岸部を征服しながら南下し、バレンシア王国を創建して連合下に組み入れた。アリカンテ以南の領域支配権はカスティーリャとの間で長らく係争が続き、国境線の画定には14世紀を待たねばならない。なお、この国境線の画定と同時期にアラゴンはナスル朝グラナダ王国の最重要海港都市アルメリーアの包囲を試みるものの征服に失敗している。これをもって、アラゴンは半島内での勢力拡大をほぼ断念することとなった。

唯一半島に残存したアンダルス勢力、ナスル朝グラナダ王国との間の中世後期における関係は、アラゴンの政策傾向を如実に示している。アラゴン王はナスル朝君主と頻繁に外交書簡の遣り取りを維持し、休戦協定も締結しているが、ここでの最大の懸案事項は和平そのものというよりもむしろ、如何に交易・通商関係を維持するかであった。この点で、陸路でアンダルスと境を接し、レコンキスタを完遂したいカスティーリャとの大きな利害の不一致があるように思う。

さて、イベリア半島内での領域拡大を断念したアラゴン連合王国は、本格的に西地中海圏全域への勢力拡大を開始し、さらに東地中海圏をも視野に収めた拡張政策を実行に移す。これが地中海進出の第二段階（13世紀後半）と言えよう。しかし、ここでの勢力拡大とは直接の領土征服というよりも、むしろジェノヴァやヴェネツィアに代表される北イタリアの海洋都市国家型の覇権を意味する。地中海各地の政権から外交あるいは戦争を介して獲得した居留地という複数の点をネットワーク化させ、交易を促進させる形での勢力拡大なのである。

この前段階は、既に12世紀から見られ、カタルーニャ貴族レヴェルテルはマグリブに何らかの理由で渡り、ムラービト朝君主に仕えていた。13世紀のムワッヒド朝の下でもキリスト教徒の傭兵軍団が活躍し、聖職者のいる教会もマラケシュで維持されていた。実際にはカタルーニャだけではなく、カ

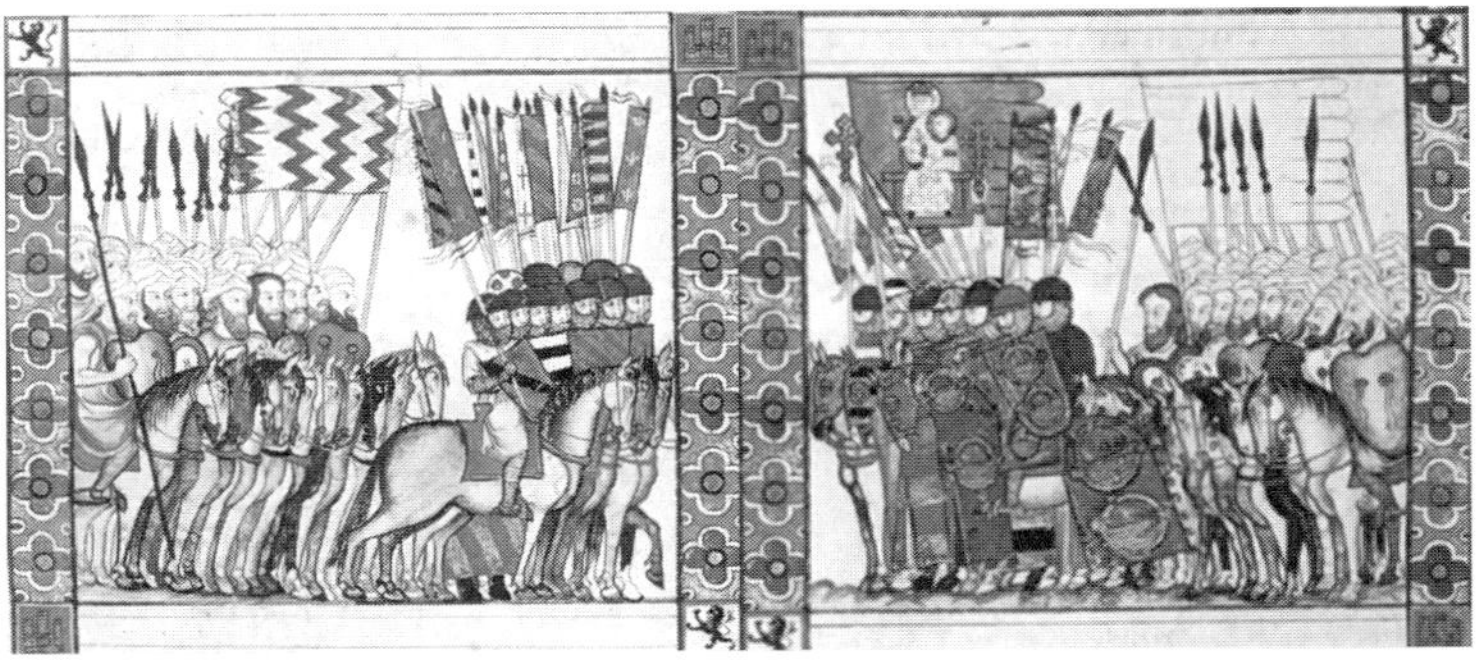

『聖母マリア頌歌集』第181節の挿絵。13世紀半ばのマラケシュをめぐるマリーン朝軍（左）とムワッヒド朝軍（右）の戦いを描いている。双方の軍の前列には、キリスト教徒の騎士が相対峙している

スティーリャ王国からも、南仏域からもキリスト教徒の騎士たちが、金の流入ルートにあたるマグリブ現地のムスリム諸王朝のもとで「出稼ぎ」をしていた。これは、『聖母マリア頌歌集』第181節の図像資料からも分かる。

1254年、アラゴン王ハイメ1世によりマグリブ諸王国での傭兵活動が正式に許可された後、チュニスを首座とするハフス朝、トレムセンのザイヤーン朝、そしてフェスのマリーン朝というマグリブ諸王国のムスリム君主に仕えるキリスト教徒が多く史料に登場し始める。当初は自発的であったと思しきアラゴンからの「出稼ぎ」は、さらに現地政権との和平協定の締結によって、交易と同じくアラゴンの「国家事業」となった。多数残存している協定文書を一瞥すると、アラゴン連合王国は和平を締結して平穏な交易関係を保障すると同時に、治外法権を持つ居留街区の設置許可を取り付けて、先の傭兵活動を管轄する権限も得ている。このような協定文書は休戦という形をとっており、休戦期間は5年から15年と非常に長期にわたるものである。これは、ジェノヴァやヴェネツィアあるいはピサが、マグリブ・アンダルスの諸政権と

11世紀以来締結している和平協定内容に酷似している。

イタリア海洋都市国家の雄ジェノヴァのみならず、フランス王、アンジュー伯、そしてローマ教皇の思惑が錯綜する西地中海での「帝国」建設を目論むアラゴンは、1282年の有名なシチリア晩禱事件に介入して、同島の征服に成功した。さらに東地中海への進出を視野に入れて、たとえば1292年にはマムルーク朝君主との間に和平を締結する。

東西の地中海世界に張り巡らされたネットワークを用いたアラゴンの地中海交易は以下のようなものであった。まず西地中海圏では、直接支配あるいはアラゴンの強い影響下にあるサルデーニャ島、シチリア島から、小麦や塩がもたらされた。バルセローナ、マジョルカ島、バレンシアとマグリブとの間の交易では、主に金・奴隷・小麦・羊毛が輸入され、ワインやオリーブ、手工業品などが輸出された。東地中海圏とは、香辛料をはじめとする奢侈品や奴隷を輸入し、農産物・手工業品を輸出する交易関係が成立した。

しかし先のマムルーク朝との和平協定が、両者間の軍事同盟のごとき性格を持っている点は示唆的である。というのもアラゴンは当時、西欧世界内で孤立を深めていたと考えられるからである。地中海世界におけるアラゴンの急速な権益拡大は、フランス王とその「傀儡」たるローマ（アヴィニョン）教皇のみならず、「地中海帝国」の先駆者ジェノヴァとヴェネツィア、さらには力を増しつつあったフィレンツェといったイタリア諸都市の強い反発を招かざるを得ず、支配領域の分散が逆に仇となって泥沼の様相を呈するようになる。この時期にちょうど黒死病が大流行し、アラゴン連合王国の「地中海帝国」の夢は脆くも潰えた。

14世紀後半以後のアラゴン連合王国の歴史は、カスティーリャとの戦争、財政破綻、貴族との反目といった、暗い面がどうしても強調されてしまう。特に没落が著しいのは15世紀後半に地域内戦の勃発により追い打ちを受けたカタルーニャであろう。13世紀から14世紀前半にかけて「地中海帝国」の実質上の主役であったカタルーニャに代わって、15世紀にはバレンシアが人口と経済の面で主役となりつつあった。

とはいえ、15世紀にはアラゴン王フェルナンド1世と息子アルフォンソ5世が再び地中海進出路線を採り、南イタリアのナポリが連合王国へと組み込まれた。同名の王の孫にあたるフェルナンド2世が、カスティーリャ女王イサベルと結婚することで、大西洋側と、地中海側の双方への野心を抱く「スペイン帝国」が現実の選択肢として、浮かび上がってくるのである。

（黒田祐我）

10 三宗教の共存
——中世スペインを超えたテーマ

現在のスペインと深く関連するアンダルスの歴史とその文化遺産をどのように評価するかをめぐって、学術レベルを超えた議論がなされている。第5章でも紹介したように、現代政治すら巻き込んで展開されるこの議論において最も争点となっているのは「三宗教の共存」に対する評価であろう。混迷を極める「ヨーロッパ・イスラーム関係」を背景として、次第に現実味を帯びようとしている排他的な宗教戦争を回避するための歴史的教訓を与えてくれると思うからこそ、中世スペインの歴史は現代世界において、にわかに注目を浴び始めているのである。

故マリア・ロサ・メノカルをはじめとして、多数の研究者らが強調してきているように「ユダヤ人、キリスト教徒、ムスリムが軒を連ねて生きる」「複雑きわまりない寛容の文化」を、中世スペインは育んだのであろうか。育んだとすれば、それはいかなる性質のものであったのか。本章では、中世スペインの宗教・社会的寛容の具体事例として、代表的なトピックに限定しながら、史料的な知見と研究状況を簡単に紹介していきたい。

「三宗教の共存」テーゼ、あるいは「アンダルス神話」は、次の三つの歴史的経緯の解釈を前提としているように思う。①ウマイヤ朝によるイベリア半島征服から後ウマイヤ朝にかけてのアンダルス支配（8～10世紀）のもとで、三宗教を奉ずる臣民が平和裏に共存し、繁栄を謳歌した。②しかし11世紀にアンダルスでは後ウマイヤ朝が瓦解、続いてマグリブ両王朝（ムラービト朝、ムワッヒド朝）による「原理主義的」な外部支配のもとで共存が損なわれた。他方で南下拡大と征服活動を開始したキリスト教諸国の統治下で、多数のムデハル、ユダヤ人が暮らし、三宗教の共存はからくも維持されて、多元的な文化を花開かせた。③中世後期にも、たとえばカスティーリャ王ペドロ1世の建造させたアルカサルや半島各地で花開いたムデハル芸術など美術・建築様式の面で文化変容が見られる。しかしこれはあくまで例外であり、西欧中世世界全体の潮流と歩調を合わせるかたちで、キリスト教諸国内部における対異教徒認識は悪化の一途をたどる。この到達点が1492年のグラナダ陥落とユダヤ人追放であり、これは同時に「不寛容」な近世スペインの幕開けを意味した。

まずはこの解釈の第一、すなわち10世紀までのアンダルスにおける「三宗教の共存」は事実と言えるのであろうか。断片的な史料ながらも、イスラーム勢力によるイベリア半島の征服過程が、キリスト教徒、ユダヤ人からなる旧西ゴート臣民を広範に取り込んでいったことは間違いなく、後ウマイヤ朝支配の初期、確かに「三宗教の共存」は実現していたはずである。しかし誤解してはならないのは、「共存」が決して平等を意味するわけではないという厳然たる事実である。税制をはじめとする社会経済的地位においても、また宗教実践の面においても、キリスト教徒とユダヤ人はあくまで被支配者層であり、いわば「二級市民」であった。であるからこそ、9世紀にはイスラームへの改宗者（ムワッラド）が急激かつ大量に発生し、これにより生じた社会的軋轢が、「殉教運動」あるいはイブン・ハフスーンをはじめとするムワッラドによる大規模反乱に直結したのである。逆説的にも後ウマイヤ朝の最盛期を現出させたアブド・アッラフマーン3世の治世は、アンダルスで「イスラーム化」が概ね完成したことによって安定化したのである。

解釈の第二段階、すなわちキリスト教治下における「三宗教の共存」は、どうであろうか。11世紀以後の再征服・南下拡大運動の進展に伴ってムスリムが征服後に残留を選択し、キリスト教諸国内の各地でムデハル共同体が登場するのは明らかである。ユダヤ人も同様にその数を増やした。「三宗教の共存」の町として最も名高いのは、1085年に征服されたトレードである。この都市内でいわゆる「12世紀ルネサンス」の根幹をなすアラビア語写本からラテン語への多数の科学・哲学書の大翻訳運動が展開されたことは我が国でも有名であろう。

しかしながら、「トレードに本当にムデハルが長らく留まったのか否か?」をめぐって未だに研究者の間で議論が絶えない。トレード征服直後には、早くも「宗教対立」が起きている。降伏協定で合意がなされた規約に反して、大モスクが強制的に教会として用いるべく接収されているのである。さらにムラービト朝軍による侵入と包囲を頻繁に被ったトレード近郊のムデハル達は、早々にアンダルスへと大挙して逃れたと考えるべきなのであろう。あるいは、大規模にキリスト教への改宗がなされて、ムデハルがその痕跡を消したのかもしれない。なお、接収された大モスクは「ムハンマドの穢れ」が払拭された後、そのまま教会として用いられ続けた。大モスクは13世紀にゴシック様式の大聖堂として大幅に改築され、今に至っている。

大翻訳運動に関してであるが、我々は既に、翻訳の実態を概ね復元できている。アラビア語からラテン語への翻訳は、必要に応じて中世ロマンス諸語を介しながら、西欧キリスト教徒、モサラベ、ユ

トレード大聖堂。現在の建築（ゴシック様式）は13世紀前半、トレード大司教ヒメネス・デ・ラーダの命によって建造された

ダヤ教徒、あるいはイスラームやユダヤ教からの改宗者によって構成される翻訳グループが遂行していた。よってムデハルが関与する機会は非常に少なかったと言わざるを得ない。ちょうど翻訳が活発化する時期（12世紀後半）とは、マグリブ・アンダルスでムラービト朝からムワッヒド朝への王朝交代劇が展開した時期である。先にも引用した『皇帝年代記』は「この頃、〔ムラービト朝君主〕アリーと彼の息子ターシュフィーンの家に属するキリスト教徒の騎兵と歩兵らが、自身の司教と多くの聖職者を引き連れて、海を渡ってトレードへとやってきた」と述べる。ムワッヒド朝がアンダルスで「モサラベと呼ばれているキリスト教徒、太古の時代から居住しているユダヤ人を殺害し、彼らの妻、家屋、富を強奪」しており、生き残った者らも大挙してアンダルスとの国境域に面する都市トレードに亡命した可能性がある。大翻訳運動は、このような政治・社会情勢の激変の中で偶然にも条件が整ったからこそ花開いたのである。もう一つ指摘しておくべきは「原理主義的」とレッテルの貼られることの多いムラービト、ムワッヒド両王朝のもとでも、キリスト教徒が確実に共同体を維持しているという事実である。これからの更なる研究が期待される分野である。

最後に第三段階、すなわち中世後期に本当に「三宗教の共存」が破綻したのかどうかを考えてみたい。この時期、ローマ教皇の主催する公会議において異教徒臣民の差別措置が訴えられ、カスティーリャでもアラゴンでも、ユダヤ人とムデハルに対する差別条項が世俗法において設けられたのは事実である。しかし理念と現実が常に乖離していたことは、条文が15世紀まで繰り返し出され、遵守を命じられ続けていることからも明らかである。

また確かに、中世後期には西欧全域で反ユダヤ暴動が激化したことも事実である。既に14世紀の前半からアラゴン連合王国内では暴動が度々起きていたが、1391年にはセビーリャを「火元」として半島全域に飛び火した大規模なポグロムが発生した（この過程で、改宗ユダヤ人すなわちコンベルソが多数誕生することとなる）。しかし常に暴動の原因は都市内部での社会経済的な軋轢、あるいは政治状況なのであって、信仰の差異は迫害と虐殺を後付けで正当化するための言い訳に過ぎなかったと考えられる。これを証明するかのように、反ムデハル暴動はアラゴン連合王国では間欠的に生じたものの、カスティーリャ王国では起こることがなかった。カスティーリャでムデハルは政治・社会・経済のどの面においても、ユダヤ人とは異なり有力者層を形成することは稀であり、妬みと憎悪の対象とはなり得なかったからである。

それではイベリア半島で「三宗教の共存」は存在したのか。アンダルスにおいても、キリスト教諸国においても、異なる信仰を保持する民と社会が並存しているという意味ならば、ほぼ常に「共存」していたと言える。しかし異なる信仰に対する蔑視と社会的差別は常に存在していたことも忘れてはならない。とはいえ、信仰が異なるからといって、それが争いに直結するわけではない。差別や蔑視が異教徒の有する文化全般に適用されるわけでもない。彼らは一度たりともキリスト教徒の保有していた文化、あるいはアンダルスの保持していた文化自体に敵意を向けることはなかった。我々がむしろ学ぶべきは、彼らのしたたかで、ごく当たり前の振る舞いなのかもしれない。

（黒田祐我）

11 中世西ヨーロッパ世界のなかのスペイン

――自らのアイデンティティを探る歴史

19世紀以来、中世スペインの歴史に対する評価をめぐって論争が繰り広げられてきた。最も有名なものは、1950年代にアメリカ大陸へと亡命を果たしたカストロとサンチェス・アルボルノスとの間の論争であろう。敢えて要約すれば、カストロが前章でみた中世的共存関係の中で「スペイン」が誕生すると主張したのに対して、サンチェス・アルボルノスは古代から変化することのない永遠なる「スペイン気質」の継承こそが歴史の本質であると激しく反論した。後者によれば、アンダルス社会はイスラームを受容したため憎むべき対象ではあったものの、その「スペイン性」が完全には損なわれなかったからこそ、後ウマイヤ朝下に繁栄を極めることができたのである。「スペインとは何か?」をめぐって激しく論壇で戦った二人であったが、中世スペインが西欧世界の中で、極めて特殊かつ独自の地位を保持していたのだという一種の誇りは共有していた。繰り返すまでもなくこの特殊性を生み出したのは、敵対的な防衛や戦争であれ、あるいは平和裏に進行する文化変容であれ、イスラーム世界と接触したという歴史的事実である。

イベリア半島の北で地歩を固めつつあったキリスト教諸国の領域とは、カロリング朝フランク王国にもアンダルスにも反旗を翻し、しかし双方からの影響を強く被らざるを得ないという半独立した世界であったと考えるべきである。11世紀、中世西欧世界が気候温暖化や「農業革命」諸々の好条件が整い、内的発展と外的拡大期に入ることは有名である。人口増大と経済発展に伴う種々の社会変動による軋轢を各地で生じさせながらも、西欧世界は着実に独自の道を歩み始めた。イベリア半島のキリスト教諸国社会も、この急激な変化から無縁ではありえなかった。

まず西欧の「中心」で生じた宗教・政治的なダイナミズムの余波が、イベリア半島にも到達した。この時期、ブルゴーニュの有力修道院クリュニーがナバーラ王国からカスティーリャ・レオン王国にかけて、宗教政治面で絶大な影響力を及ぼしており、たとえば再征服後のトレード初代大司教ベルナルドゥスもクリュニー修道士であった。また11世紀は「グレゴリウス改革」を推進するローマ教皇権が、西欧ラテン・キリスト教世界全域を自らの主導のもとで束ねようと試みる時期であり、独立したばかりのアラゴン王と、バルセローナ伯らは固有の政治的思惑を抱きつつも、この教皇権へ早々に恭順した。少し遅れてカスティーリャ・レオン王国もこの圧力に屈し、それまでの西ゴート式典礼（モサラベ典礼）から、ローマ式典礼への移行を断行している。

11世紀以後は、政治・外交面においても、次第にまとまりをみせていく西欧中世世界との一体化を強く志向していった。婚姻政策においてカスティーリャ・レオン王アルフォンソ6世の姿勢は典型といえ、イングランド、フランス（アキテーヌ、ブルゴーニュ）、イタリア（フェラーラ）といったイベリア半島外の有力諸侯との縁組みを優先した。ちなみにアルフォンソ6世の2名の娘（嫡子ウラーカ、庶子テレーサ）はそれぞれブルゴーニュ有力貴族を婿にもらい、前者の息子がカスティーリャ・レオン王、後者の息子が初代のポルトガル「王」となる。しかしアルフォンソ6世の婚姻政策においてさらに示唆的であるのは、彼の4番目の婚姻相手である。通称「サイーダ」と呼ばれているこの謎の女性は、かつてセビーリャ・ターイファ王アルムータミドの子息の嫁であったという説が、現在のところ有力である。トレードを獲得した後、キリスト教徒のみならずムスリム（ムデハル）をも臣下として抱えるようになった彼が「二宗教皇帝」と自称し始めることは有名であり、西欧のみならず、アンダルスとの繋がりも同じく重視していたことをこの婚姻の試みは明白に示していよう。

さて、西欧との繋がりの緊密化は為政者層に限定されることはなく、ヒト・モノ・情報の交流が促進されていった。海路ではイタリア商人の活動が活発化し、これに在地バルセローナ商人なども加わって、交流がさらに緊密となった。そして陸路における交流で最も重要なのが、サンティアゴ巡礼路である。巡礼路沿いに西欧型都市社会が成熟していくに伴い、巡礼者数は激増して、彼らの往還によってイベリア半島の状況が西欧全土に知れ渡ることとなった。12世紀においてイベリア半島は、聖ヤコブ詣の聖地であるばかりか、アンダルスに対して「十字軍」を遂行すべき場ともなり、来世的贖罪と現世的栄誉を渇望する者達にとって、聖地エルサレムに匹敵する目的地となった。しかしこれと同時に、イベリア半島はイスラーム世界で保管され発展させられた「古典」の眠る場として有名となり、学識者たちを魅了する舞台でもあった。

こうしてイベリア半島北のキリスト教諸国社会は、名実ともに中世西欧世界の仲間入りを果たした。しかし決定的に異なる点も残されている。それが対異教徒認識である。12世紀以後、西欧世界はユダヤ人や異端者、あるいはハンセン病患者をはじめとする「弱者」を排斥し純化することで支配の安定性を保とうとする傾向が強まるとされる（いわゆる「迫害社会の形成」）。しかし異教徒との接触の歴史が長く、文化変容を既に繰り返していたイベリア半島では、たとえ戦争時であろうとも、理不尽な虐殺や迫害に及ぶことが少なかった。

対アンダルス戦争時において、協定交渉によって都市や拠点を降伏させることが多かったが、このような慣習を知らない「ヨーロッパ人」達は戸惑いを隠せず、時に仲間同士の諍いにまで発展している。十字軍兵士として聖地エルサレムへ向かう途上の北方キリスト教徒らの軍勢は、1147年のリスボン攻囲戦時にポルトガル軍と共闘しているが、ケルンとフランドルの者らは異教徒の降伏協定に納得せず、入城時に彼らを襲い、さらにアンダルスでキリスト教信仰を保っていたモサラベ聖職者を殺害するという狼藉すら犯している。1212年のラス・ナバス・デ・トローサの戦いへ参加すべく集結したピレネー以北のフランス系十字軍兵士らもまた、異教徒との交渉を通じた占領に理解を示さず、『トレード編年史』によれば退却の途上の都市内で、ユダヤ人虐殺に手を染めようとすらした。それに対して、アンダルスとの戦争を経験しながらも、街角でムデハルと遇うことも頻繁であったイベリア半島では、異教徒たる敵であろうとも、容赦なく殺戮すべき存在と見られることはなかったのである。

中世後期になり、確かに西欧諸王国との関係は、さらに緊密化していった。アラゴン連合王国は地中海の覇権を握るために、利害を共有する西欧諸勢力との戦争と外交を激しく展開した。かたやカスティーリャ王国は、隣接するマグリブ・アンダルス勢力に対する西欧「キリスト教世界の盾」という役割を自認した。14世紀後半のカスティーリャ王国のトラスタマラ内戦、王位継承をめぐるカスティーリャ・ポルトガル間の戦争は、アラゴン連合王国ばかりか、イングランド、フランスも介入する、いわば英仏百年戦争の代理戦争のごとき様相を呈する国際紛争へと発展した。

内戦で勝利を収めたトラスタマラ系のカスティーリャ諸王は、自らの脆弱な支配を正当化するべく、さらに「西欧化」を推進した。たとえば大元帥のような爵位を導入し、国王顧問会議と高等法院をはじめとする王国統治機構の「フランス化」を進めるばかりか、1383年に国王ファン1世は「異教徒〔中略〕を記憶にとどめることとなる古の慣習に従うこと」をよしとせず、イベリア半島独自の暦「ヒスパニア暦」（第45章も参照）の利用を正式に廃止し、キリスト生誕暦（ユリウス暦）の採用を命じることで、「時間の西欧化」を達成した。

セビーリャのアルカサル（「大使の間」）。11世紀のセビーリャ・ターイファ（アッバード朝）時代から、ムラービト、ムワッヒド王朝時代を経て、カスティーリャ王ペドロ1世によって現在の姿へと改築された

　しかしそれでもなお、イベリア半島は完全に西欧世界と一体化するには至らなかった。フランスからピレネー山麓を越えて南下するや、都市部でも農村部でもムデハル共同体が点在していた。とりわけアラゴン連合王国に居住するムデハルの数は多く、彼らは中世盛期の降伏協定締結時から大差のない特権を保持しながらアラビア語を用いて生活し、マグリブ・アンダルスとの「学術交流」

アッバード朝君主アルムータミドを記念する石碑。アルカサル内の庭園に置かれている

すら行っていた。一方のカスティーリャ王は「モーロ人護衛」と呼ばれるムスリム騎士によって構成された親衛隊に守られ、セビーリャのアルカサルをはじめとする豪奢な宮殿で暮らしていた。中世イベリア半島に居住する人々は、確かに西欧に属しているという自意識を抱きながらも、そこに完全に同化してはいないことを良しとした。この意味においては、カストロやサンチェス・アルボルノスと同じく、彼らも「スペイン人」であったのかもしれない。

（黒田祐我）

12 中世後期の混乱

――危機と再編の時代

13世紀の前半にカスティーリャ王国、アラゴン連合王国、そしてポルトガル王国は、まるで歩調を合わせるかのように、第三次ターイファ時代を迎えて混乱を極めるアンダルスへの政治・軍事介入を開始した。この結果アンダルスは劇的に縮小し、かろうじて存続を果たしたニエブラやムルシア、そしてグラナダのターイファ諸君主らも皆、カスティーリャへの臣従を余儀なくされる。イベリア半島の全域がキリスト教徒勢力の覇権のもとに組み込まれたわけであり、理念上レコンキスタは終結したとさえ言うことができよう。

13世紀の前半は、全西欧的な視座からながめても、中世文化の最盛期であった。中世西欧世界あるいはラテン・キリスト教世界が拡大と成熟の頂点を経験する「希望に満ちた時期」としての13世紀を、イベリア半島も確かに享受したのである。しかしながら同世紀の後半期には、それまでの中世西欧世界の統一へ向かって求心的に発展してきた時代から、逆に遠心的な動き、すなわち西欧内部の危機と分裂、そして混迷へと向かう兆候が既に生じ始めている。これを証明するかのように、かつてのような華々しいレコンキスタの成功は鳴りをひそめて、狭隘な領域しか保持しないナスル朝グラナダ王国との間に小競り合いが繰り返され、その征服には250年を要することになる。

全西欧的、いやむしろ全世界的な政治・経済・社会的危機がなぜ引き起こされたのであろうか。小氷期へと入ることによる地球全体の寒冷化から、人口増加と食糧供給とのアンバランスに起因する経済状況の悪化、有名な黒死病による人口激減に至るまで、多岐にわたる要因が、これまで提起されてきた。これらに代表される複数の要因が相互に関連しあいながら、政治的な大混乱、人口減少と経済的疲弊、ユダヤ人迫害に代表される社会不安が常態化したと見なければならない。しかし同時に、危機的な状況に直面してあえぎながらも、諸権威、諸権力が再編へと力強く向かっていこうとする時代として、我々は中世後期を捉えなければならない。

このような「危機と再編」の時代の第一段階は、13世紀後半から14世紀前半にかけてである。早くもその兆候が、ちょうどカスティーリャ王アルフォンソ10世の治世（1252～1284年）にはっきりと表れている。父フェルナンド3世の達成した「大レコンキスタ」事業によって、劇的に拡大した王国領域を王権のもとで効率的に統治すべく、法的・制度的統一を精力的に推し進める彼は、神聖ローマ皇帝位への野心に加えて、マグリブ・アンダルスへの更なる領土拡張をも目論んでいた。しかしムデハル暴動、相次ぐ有力貴族の反乱に悩まされるばかりか、治世の晩年には次男サンチョ（後のサンチョ4世）に与した大多数の貴族の反抗にあい、失意のままその生涯を閉じた。彼は物価の統制を頻繁に行っており、既に経済状況が不安定になりつつあったことが分かる。13世紀の末から14世紀前半期にかけて、キリスト教諸国における貴族・王権関係は、再び緊張に満ちたものとなる。それでもカスティーリャは対グラナダのレコンキスタを推進し、アラゴンは西地中海のマグリブ諸王朝と「友好」を深めて商業権益を確保しながら「地中海帝国」への道を邁進することで、危機的状態の中、

「延命」することができた。

「危機と再編」の時代が本格化する第二段階は、14世紀の半ば、黒死病が大流行した時期に始まる。ジブラルタルへと遠征中であったカスティーリャ王アルフォンソ11世自身もその犠牲となった大流行期（1350年）を境として、次王ペドロ1世期に英仏百年戦争と深く連動しながら、深刻な内戦と政治的混乱がカスティーリャを震源として勃発した。一方、地中海交易に依存していたアラゴンでは、黒死病がより深刻さを増して蔓延し、これに慢性的な財政危機が加わるばかりか、連合王国という本来中央集権的にはなり得ない国制であることも災いして王国は分断され、危機ははるかに深刻なものとならざるを得なかった。

カスティーリャにおいてからくも内戦に勝利したトラスタマラ家の初代エンリケ2世（1369～1379年）がまず着手したのは、自らの支配の基盤を確保することであった。戦乱と疫病により断絶したかつての有力貴族に代わって、新興貴族層を優遇することで、近隣諸国の画策する反カスティーリャ外交包囲網をからくも脱することができた。この傾向は次代フアン1世以後のカスティーリャ歴代諸王にも受け継がれ、彼らは王国の統治機構の中央集権化を少しずつ進めていった。

西洋史の概説においては、中世後期の危機、とりわけ黒死病流行に伴う人口激減によって、地代収入に依存した貴族層の没落を招くと述べられることが多い（封建制の危機）。しかしカスティーリャ王国の状況はむしろ逆であった。確かに没落・断絶する旧貴族層も多かったものの、自らの支配的基盤を強めたい王権と、社会的上昇を目論む新興貴族層の利害が一致することで、むしろ「領主制化」が急激に進行したのである。確かに中世後期において貴族・王権関係は緊張したものであり続け、貴族反乱も相次いだ。しかしこれは王権そのものを否定するものではもはやなく、次第に権威と権力を集中させていく王権の下で、自らの「取り分」をどのように確保するかをめぐる貴族同士の抗争に過ぎなかった。

危機でありながらもこの時代は、近世へと継続していくスペイン貴族層の確立期と位置付けることもできる。同時に、農民層の階層分化が進行した時期でもあった。この再編過程において、農民の生活状態が全体として改善したとは言えず、むしろ社会全体、すなわち貴族（領主）層、都市市民層、農民層といったそれぞれのブロックごとの上下間の格差が飛躍的に拡大するという副作用を伴った。つまりは、大所領を有する大貴族層と下級騎士層、都市寡頭層と平民層、そして富裕農民と小作農という極端なかたちで富の配分がなされたのである。なお、現代にまで続く負の遺産となるアンダルシーア地方の悪名高いラティフンディオ（大土地所有制）は、この中世の危機に対する対応過程で姿を現した。

しかしこの再編過程自体、地域差が激しい。これは人口の減少と回復の動向を調べると、一目瞭然となる。結論から述べるのであれば、ナバーラ王国とアラゴン連合王国は、結局、この危機を乗り越えることができなかった。すなわち、両王国では黒死病流行以前の人口に達していないのである。これに対してカスティーリャ王国域では人口増加が顕著となる。中世スペイン史研究の重鎮ラデロ・ケサーダによる概算によれば、15世紀末の時点でのイベリア半島の人口比は、カスティーリャが約64％、アラゴンが約14％、ナバーラが約2％と、カスティーリャが圧倒的比率を占めている。

そしてカスティーリャ王国の中でも、南部アンダルシーア地方の人口増加が際立っている。アンダ

セビーリャのサン・マルコス教会（右）とオムニウム・サンクトールム教会（左）。ゴシック・ムデハル様式の特徴は、鐘楼の壁面の文様によく表れていよう

ルシーアの「州都」セビーリャは黒死病流行後にあたる1384～1385年の時点では約1万5000人であったが、15世紀末から16世紀前半になるや、4万から5万人の人口を抱える半島随一の大都市へと変貌している。コルドバも、カトリック両王期に約3万人を抱える有数の大都市となる。カスティーリャのアンダルシーアにおける人口爆発は、中世最後の「グラナダ戦争（1482～1492年）」、そして「大航海時代」へのまさに準備段階とも見なせる。事実、近世のコンキスタドールの出身地は、常にアンダルシーアが首位を維持し続けているからである。

参考までに、バルセローナは1340年の時点で約5万人の人口を抱えていたものの、1497年の時点で3万人弱に落ち込んだままである。興味深いことにアラゴン連合王国の最大都市は15世紀においてバレンシアとなる。13世紀半ばに約1万5000人程度と推定される同都市人口は、15世紀末には約4万人へと激増している。バルセローナからバレンシアへの繁栄の移行は、15世紀における西地中海交易において、カタルーニャ商人に代わってバレンシア商人が多く登場するようになる傾向とも符合する。

さて、「危機と再編」の時代である中世後期は、確かに暗い話題の多くなる時代である。宗教・社会的軋轢が１３９１年のごとき大規模なユダヤ人虐殺へとつながることもある。しかし逆説的にも中世後期とは、ムデハル様式の建築が最も普及する時代である。たとえばセビーリャに数多く残存するゴシック・ムデハル様式の教会群は、１３５６年８月24日に生じた地震で崩壊した後に再建されたものである。暗い時代であっても、セビーリャの人々はムワッヒド朝時代を代表するヒラルダの塔の華麗な装飾を模倣しようとしたのである。

（黒田祐我）

第Ⅲ部

近世のスペイン帝国

13 カトリック両王
——スペイン帝国の幕開け

１４６９年、18歳のカスティーリャ王女イサベルと17歳のアラゴン王子フェルナンドが結婚した。新郎は父フアン2世から後継者とされていたが、新婦は異母兄エンリケ4世の娘フアナとの王位継承争いを抱えていた。１４７４年、兄が没するとイサベルは女王即位を宣言するが、それを不服としたフアナ派貴族がポルトガル王と結び、カスティーリャ王位の継承をめぐる戦いが始まった。政治手腕に長けたイサベルはフェルナンドの活躍もあってこれを平定し、ポルトガルとも１４７９年のアルカソヴァス条約で講和した。同年には夫もアラゴン王として即位し、ここにカスティーリャ王国のイサベル1世とアラゴン連合王国のフェルナンド2世という君主夫妻の共同統治が始まったのである。二人は、１４９６年に教皇から「カトリック王（女王）」の称号を与えられたため、カトリック両王と称される。

ただし、カスティーリャではフェルナンドが共同統治王としてイサベルと同等の王権を行使したものの、これはあくまで婚姻という王家の人格的な結びつきによるものにすぎなかった。つまり、カスティーリャ王国とアラゴン連合王国の同君連合が始まったものの、両国はそれぞれの政体を保ったままであり、スペインという制度上の統一国家が誕生したわけではない。このように、別個の法や制度をもったままの諸王国が共通の君主を戴くことで緩やかに結びついた近世ヨーロッパの国制とそれによる統治のあり方を「複合王政」という。両王期以降、総称としてのスペイン王国《モナルキア・イスパニカ》という単数形の呼び名が登場するものの、その政治的な実態としては、複数形で表される中世以来のスペイン諸王国《レイノス・デ・エスパーニャ》（カスティーリャ王国と、アラゴン連合王国を構成するカタルーニャ公国、アラゴン王国、バレンシア王国など）が存在する複合王政の時代が18世紀に入るまでつづくことになる。

　そのため両王は、人口・国土でアラゴン連合王国を凌駕するカスティーリャ王国において王権優位の体制を築くことを優先し、有力貴族には懐柔策をとって大所領を安堵しつつ、次々と王権強化策を打ち出した。1476年には、治安組織の神聖同盟《サンタ・エルマンダー》を諸都市への割当金によって歩騎1万4000人からなる全国組織とし、街道での治安の回復を図った。この兵力は対グラナダ戦に投入された後、16世紀には地方的な組織としてつづくことになる。また、13世紀から散発的に都市に派遣されていた国王代官《コレヒドール》が制度化された。各都市の外部出身の下級貴族や法曹家が任命された代官は、市参事会を主宰し、カスティーリャ都市を揺るがしていた党派抗争を抑えこんだ。ただし、国王代官は一方的な支配ができたわけではなく、市参事会員を占める在地の寡頭支配層からの協力を必要としていた。また、レコンキスタ期に活躍した騎士修道会（サンティアゴ、アルカンタラ、カラトラーバ）の総長にフェルナンドが就任することで、新カスティーリャ地方の広大な騎士団領が事実上、王領地に編入された。

　こうしてカスティーリャ王国の都市・農村での権威を確立した王権は、高等法院《チャンシリェリア》を頂点とする司法体系や、国王顧問会議をはじめとする統治機構を整備しつつ、身分制議会に対する優位を決定的なものにした。すでに15世紀前半には聖職者と貴族の出席は減っていたが、両王期には実質的に平民（都市）代表だけが出席するようになり、その派遣権も18都市に限定されるなかで、カスティーリャ議会は国政全般への影響力を失い、課税協賛機関の性格が強くなった。ただし、両王期に成立した定額納入制度《エンカベサミエント》によって、この18都市はそれぞれの財政管区の徴税管轄権を得て、最重要の社団としての地位を固めることに成功した。このように、カスティーリャ王国における王権の強化は、在地社会の支配層や有力社団との協力関係にもとづいておこなわれた点には注意が必要である。

アラゴン連合王国では中世盛期以来、統治契約主義《パクティスモ》（王の統治は臣民との契約にもとづくため、王は王国の法と特権を尊重しなければならないとする理念）によってアラゴン、カタルーニャ、バレンシア各国の身分制議会とその常設代表部の権限が強く、両王期にも王権の強化はあまり進まなかった。そのようななかでも、フェルナンド2世は１４８６年にグアダルーペ裁定を発し、カタルーニャのラメンサ農民を苦しめていた土地緊縛をはじめとする「悪しき慣習」を廃止して、１４６０年代から農民反乱にまで発展していた混乱の収拾を図った。また、カスティーリャ滞在が多くなった王に代わって各王国には副王が常駐するようになり、１４９４年にはアラゴン顧問会議が設置された。この会議は、カタルーニャ、アラゴン、バレンシアから各2名の代表者が宮廷に派遣され、アラゴン連合王国に関する王からの諮問に答える機関であり、複合王政の重要な統治手段になった。とはいえ、アラゴン連合王国では統治契約主義の政治的伝統が各国ごとに強かったため、両王期以降も王権は各王国の特権身分層との協調を図らざるをえなかった。

このようにカトリック両王による王権強化には限界があったものの、各王国の国内問題には一定の解決策がもたらされた。また、国際政治としてみると、両王の共同統治によってスペインという強大な勢力が登場することになった。国内を安定させた両王はまず、イベリア半島に残った最後のイスラーム王朝であるナスル朝グラナダ王国の征服を開始した。１４８２年に始まったこの戦争では、カスティーリャ王国が主体となったが、アラゴン連合王国も支援金を出し、カタルーニャの艦艇も動員された。１４９２年１月２日、ナスル朝最後の王ムハンマド11世が降伏し、ここに８世紀以来のレコンキスタが最終的に達成された。

また、同年４月にはイサベル１世とコロンブスの間でサンタ・フェ協定が結ばれ、西回り航路でアジアをめざすことが決まった。大西洋を横断したコロンブスは10月12日にカリブ海の島に上陸し、サン・サルバドール島と名付けた。ヨーロッパ人にとって未知の世界、アメリカへの到達である。なお、コロンブスを支援したのはあくまでイサベルであったため、アメリカ植民地はカスティーリャ王国領として統治されることになる。

その一方で両王期には、アラゴン連合王国が勢力を伸ばしていたイタリアの覇権をめぐって、フランスとの対立が本格化した。１４９４年、アラゴン王家傍流が治めるナポリ王国がフランス軍に制圧されると、フェルナンドは教皇やヴェネツィアと結んで対抗し、フランス軍をイタリアから敗走させた。これ以降、イタリアの覇権をめぐる西仏の戦いはイタリア戦争として16世紀中頃まで断続的につづくことになる。１男４女に恵まれた両王は積極的な婚姻戦略を進め、フランスとの対抗上、イングランドのテューダ朝には末娘カタリーナを嫁がせた。さらにネーデルラントを含む広大な領国を治めるハプスブルク家とは、嫡男フアンの妃を迎えるだけでなく、次女フアナを同家の次期当主フィリップ美公に嫁がせて、二重の婚姻を結んだ。こうしてスペインはフランスに対抗しながらヨーロッパ国

『カトリック両王の聖母』（作者不詳、1491〜1493年頃）。向かい合って聖母子に手を合わせるイサベルとフェルナンドが描かれている［プラド美術館所蔵］

際政治の中心に躍り出ることになったが、結果として、カトリック両王の後継者としてハプスブルク家がスペイン史に登場する下地にもなったのである。

１５０４年、イサベル１世が世を去った。それ以前にファン王太子、長女のポルトガル王妃イサベル、その子ミゲルも死去していたため、次女ファナがカスティーリャ女王となった（ファナ１世）。その際、新女王の父であるアラゴン王フェルナンドはカスティーリャの共同統治王の資格を失い、夫フィリップがその地位に就いた（フェリーペ１世）。さらに、ファナは精神の安定を欠き、フィリップは親仏路線をとったため、カスティーリャとアラゴン連合王国の同君連合は解体するかに思われた。しかし１５０６年にフィリップが急死すると、フェルナンドが娘の摂政に復帰して危機は回避された。また、１５１２年にフェルナンドはフランスと結んだナバーラ王国に出兵して制圧し、１５１５年にナバーラをカスティーリャ王国に編入した。そして、同時代人マキアヴェッリが『君主論』のなかで「キリスト教徒第一の王」とまで賞したフェルナンドも１５１６年に死去すると、ファナ１世の長男であり、ハプスブルク家の後継者でもあるカルロスがカスティーリャ王国とアラゴン連合王国を継承することになった。スペイン史におけるハプスブルク朝の始まりである。

カトリック両王の治世は、国内の安定化、レコンキスタの完遂、アメリカ支配の開始、ヨーロッパ国際政治における台頭など、いわゆるスペイン帝国の時代の幕開けとなった。しかし、両王の結婚によって始まった諸王国の緩やかな結びつきにすぎないスペイン内部の政治構造（複合王政）も、ハプスブルク朝に持ち越された。その意味でも、カトリック両王の時代はスペイン帝国の起点となったのである。

（内村俊太）

コラム 4

《歴史のスポット》新大陸植民の先駆け、ラ・ラグーナ市の建設

現在はスペインの17自治州の一つであるカナリア諸島は、グラン・カナリア島、テネリーフェ島などのおもに七つの島からなるが、イベリア半島から距離にしておよそ１１００キロも離れている一方、アフリカ西海岸からはわずか１１５キロほどの距離にある（図1を参照）。名称のカナリアはラテン語名の「犬の島」に由来するとされるが、小島のカナリアはこの島の原産である。

この島にはもともとは北アフリカのベルベル系先住民であるグアンチェ族がいたが、スペインのカスティーリャ王国は15世紀を通じてこの島の征服に乗り出し、１４８８年に征服を完了させている。先住民グアンチェ族は征服時には約16万人いたとされるが、征服による犠牲とその後のヨーロッパ人による入植の中で数を急減させ、グアンチェ語は廃れ住民間の混血も進んだために、現在のカナリア住民にグアンチェの痕跡を見ることは難しい。

さて、このカナリア諸島は、やがて「太陽の沈まぬ帝国」を誇るスペインが新大陸へと海外領土を拡大するためのかなめとなった。大航海時代に航海は海流の流れを利用することが不可欠で、ヨーロッパから新大陸に向かうには、カナリア諸島の辺りまで南下する必要があるとともに、ここで水や糧食などを補給していたからである。ちなみにコロンブスの航海も、このカナリア諸島を中継地とすることではじめて可能となった。

一方、この島の征服と入植は、のちにスペイン人たちが新大陸での植民地建設を行なうための「実験場」ともなった。当然のことながら植民地支配にとって重要なのは、支配の拠点となる都市建設であったが、様々な要件からモデルとして選ばれたのが、現在ではテネリーフェ島の第二の都

市になっているサン・クリストバル・デ・ラ・ラグーナ市であった（以下、ラ・ラグーナ市と省略）。ここは沿岸から10キロ余り内陸にあって、標高が550メートルほどの山間に位置している。したがって当時はもっとも危険であった海賊の急襲を避けることができたし、高地のゆえに気候も良好であり、ラグーナ（湖）の地名が由来するようにもともとはアゲーレ潟湖が広がっていて、水の確保も充分であった（図2を参照）。

図1　大西洋上の7つの島からなるカナリア諸島

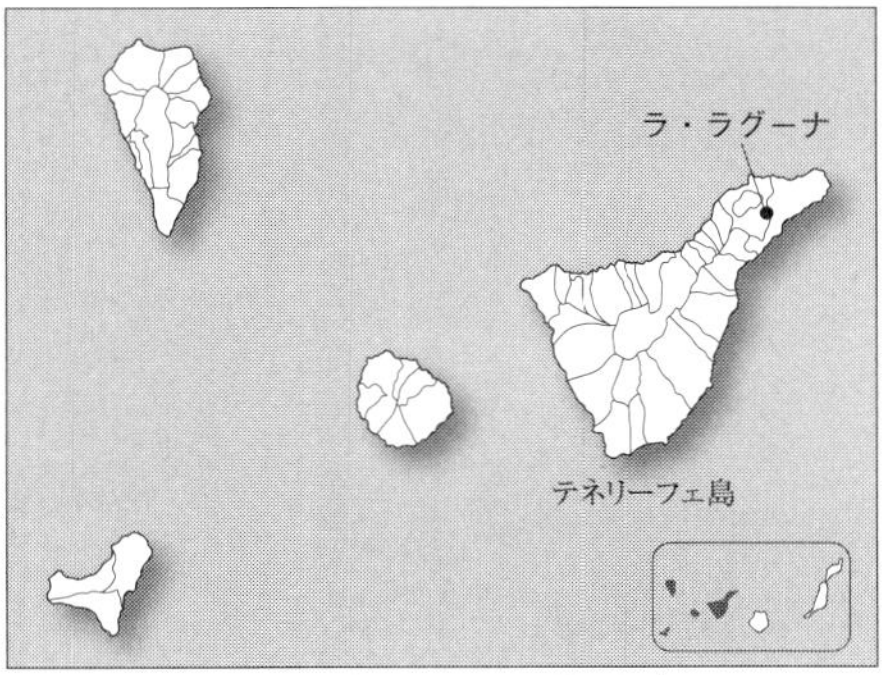

図2　テネリーフェ島とラ・ラグーナ市

　ラ・ラグーナ市には市庁舎、宮殿、修道院、教会などが建てられ、さらにカナリア諸島初の大学（ラ・ラグーナ大学）も開学して、19世紀初めまではテネリーフェ島の主都としての地位を保ち、ここにカナリア方面軍司令本部も置かれていた。

　そしてこの町は、キューバのハバナ、ペルーのリマ、プエルトリコのサン・フアンなど、スペイン人が築いた新大陸アメリカの植民都市のモデルとなったのであった。

　その後、新たな発展を見ることはなかったが、このことは逆に歴史的な植民都市の景観を保存することにつながり、カナリア諸島のフィレンツェという名声を維持した。そして1999年、ユネスコの世界遺産に登録され、コンセプシオン教会、ナバ宮殿、ラス・カタリーナス修道院などを擁する歴史地区は、カナリア諸島の歴史文化ツーリズムにとっての貴重なスポットとなっている。

（立石博高）

1880 年のラ・ラグーナ市の全景

コンセプシオン教会の塔（高さ28メートル）

14 1492年の歴史的意義
——中世の終わり、近世の始まり

1492年は、カトリック両王の治世としてだけでなく、スペインの歴史全体にとっても画期となる年であった。本章では、この年に起きた四つの出来事の歴史的な意義を考えてみたい。

第一の出来事は、ナスル朝グラナダ王国のスルタン、ムハンマド11世（ボアブディル）がカトリック両王に降伏し、1月2日にアルハンブラ宮殿を明け渡して、イベリア半島最後のイスラーム国家が滅亡したことである。すでに13世紀の大レコンキスタによってカスティーリャ王国はアンダルシーア地方の大部分を制圧し、ナスル朝も臣従させていたが、両王は1482年からグラナダ王国への攻撃を始めた。ムハンマド11世とその叔父の内紛が生じたこともナスル朝の滅亡を早めた。このグラナダ開城をもって、8世紀前半からつづいていたレコンキスタは終わりを迎えたのである。

この時の降伏協定では、ムハンマド11世には領地と年金が与えられ（後にモロッコに退去）、旧グラナダ王国の20万以上のイスラーム教徒（ムデハル）にも信仰や財産所有の権利が認められた。教会当局も当初はムデハル文化を尊重し、性急なカトリック化は控えた。しかし、キリスト教徒入植者とムデハル農民のあいだで農地をめぐる緊張が高まるなか、1499年に視察をおこなったトレード大司教シスネーロスがカトリック改宗を強行したため、グラナダ各地でムデハルによる暴動が発生した。そ

『グラナダの開城』（フランシスコ・プラディーリャ作、1882年）。馬上の両王にムハンマド11世がアルハンブラ宮殿の鍵を差し出す場面。左奥にアルハンブラが描かれている［スペイン上院議事堂所蔵］

の鎮圧後、１５０２年にカスティーリャ王国のムデハルに改宗か追放かを迫る勅令が発せられ、１５２６年にはアラゴン連合王国にも適用された。１４９２年のグラナダ開城がムデハル追放に直結したわけではないが、イベリア内からイスラーム国家が消滅したことがスペイン王権による異教徒排斥を容易にしたといってよい。ただし、イスラームからキリスト教に改宗した者（モリスコ）は、その後も実質的にはイスラーム信仰とアラブ風習俗を維持することになり、カトリック化は進まなかったため、17世紀初頭にスペインから追放されることになる。

１４９２年の第二の出来事は、３月31日に公布されたユダヤ教徒追放令である。この勅令では、洗礼をうけないユダヤ教徒は7月末までにスペインから追放するとされた。その結果、スペインにあった２００以上のユダヤ教徒共同体《アルハマ》が消滅し、カスティーリャ王国からは９万人、アラゴン連合王国からは1万人ほどのユダヤ教徒が国外に逃れ、ポルトガルやオスマン帝国へ向かった。この追放令の名目は、すでにユダヤ教からキリスト教に改宗していた者の親族や友人にユダヤ教徒がいるとカトリック化が進まないため、真正の改宗者の妨げとなるものを取り除くことだとされており、両王の狙いは、追放よりもむしろこれを機に多くのユダヤ教徒が改宗することであったという。しかし、スペインに残って改宗した者（コンベルソ）も、旧キリスト教徒《クリスティアーノ・ビエホ》とよばれた代々のカトリック信徒からは、モリスコとともに新キリスト教徒《クリスティアーノ・ヌエボ》と蔑まれ、差別をうけることになった。

この二つの出来事の帰結として、イベリア中世史の特徴であった、異教徒国家との戦いであるレコンキスタは終了し、キリスト教徒の王国内で「共存」していた異教徒共同体も消滅した。隠れユダヤ教徒《フダイサンテ》摘発を主目的として、王権主導型の異端審問所が1480年からスペイン各地に設置されたこととあわせて、カスティーリャ王国とアラゴン連合王国ではカトリック信徒のみが居住を許される体制が確立したのである。その内実は第19章で後述するが、王権の下で宗派を統合の要にするというヨーロッパ諸国に共通する構造をもつ近世国家がスペインでも形成されるうえで、1492年は中世と近世の分水嶺になる年であった。

1492年の第三の出来事としては、コロンブス（スペイン語読みではコロン）が大西洋を横断して10月12日にカリブ海の島に到達したことが挙げられる。イサベル1世との協定にもとづきこの島をカスティーリャ王の領土と宣言し、サン・サルバドール島と名付けたコロンブスは、さらにキューバ島やエスパニョーラ島を探索した後、翌年3月にスペインに帰着した。彼自身は西回り航路によって東アジアにたどり着いたと信じており、スペイン語でも「インディアス」という名称が使われていくが、後にアメリゴ・ヴェスプッチがヨーロッパ人にとって未知の世界であることを確認したため、この西半球の世界は彼の名から「アメリカ」とよばれるようになった。

この後のスペインによるアメリカ進出と植民地化は、それまで他大陸との交流が皆無だったアメリカ先住民の運命を決定的に転回させた。アメリカ大陸ではアステカ、インカという高度な先住民国家が繁栄していたが、鉄製武具・火器・馬などのヨーロッパとの技術格差にくわえて、アメリカには存在しなかった病原菌によって大量死が引き起こされ、先住民国家の解体が加速した。そして16世紀には、カスティーリャ人移民とアフリカ系奴隷が流入し、白人・先住民・黒人・それらのあいだの混血の人々からなる、世界史上としてみても独特なイスパノアメリカ圏が形成されることになる。１４９２年の航海は、コロンブス自身の思惑とはまったく異なる文脈において、スペインの歴史だけでなく人類の世界史そのものを後戻りできない形で変化させることになったのである。

さて、１４９２年に起きた第四の出来事は、ここまでの三つの出来事よりは静かに、しかし確実にスペインの歴史に影響を残すことになった。人文学者アントニオ・デ・ネブリーハによる、ヨーロッパ初の俗語文法書『カスティーリャ語文法』の出版である。中世には、古典の叡智を伝え、聖書に記された神の福音を示すラテン語のみが体系的な規範をもつ言語とされ、文法という語はラテン語文法のみを指していた。その一方で、ラテン語から派生した各地の口語は卑しい俗語とみなされ、そこに文法の名に値するような規範はないとされていた。ラテン語学者であったネブリーハはこの発想から脱却し、俗語にも文法が存在すると考えて、この書でカスティーリャ語の文法構造を析出したのである。ヨーロッパにおける言語観が転回していくうえで、大きな一歩であった。

ネブリーハが目的としていたのは、文法構造があると考えられていなかった中世のカスティーリャ語は「規則に縛られることなく」変化してしまったが、これ以降は、この文法書によって「カスティーリャ語で書かれたものがひとつのまとまりをもち、ギリシア語やラテン語のように、来るべき時代の永遠の長さのなかでも理解される」ようにすることであった。そして、ラテン語にも比肩しうる文法規範を明確化することで、ヨーロッパ人が知識人の言語としてラテン語を学んできたように、スペイン王権の下で「野蛮人の部族や奇妙な言葉をもつ諸民族」がカスティーリャ語を学べるようにすることがめざされたのである。ただし、『カスティーリャ語文法』は１４９２年8月の出版であるため、ここで直接的に想定されているのはアメリカ先住民ではなく、グラナダのムデハルなどである。

スペイン王国のなかでは、このカスティーリャ語以外にも、カタルーニャ語、ガリシア語、バスク語なども各地域の口語として定着していた。そのなかで、中世のカスティーリャ王国拡大の結果として最大の話者人口を擁し、ネブリーハの『カスティーリャ語文法』によっていちはやく文法規範を確立したカスティーリャ語がスペインの中心的な言語となり、非カスティーリャ語圏のエリートも習得するようになっていく。これは、16世紀以降の宮廷やカスティーリャ語文学の文化的な影響力によるものであったが、ここに、スペイン語《エスパニョール》という名でカスティーリャ語《カステリャーノ》を指し示す構図の出発点がある。とはいえ、国家が言語規範の確立に本格的に関与するのは18世紀に王立アカデミアが設置されてからであるし、まして公的な国語教育が始まるのは19世紀以降のことである点には注意が必要である。また、カスティーリャ語以外の諸言語も各地域の生活のなかで豊かな伝統を積み重ねていき、今日の多言語社会につながっていくことも忘れてはならない。しかし、スペイン王国においてカスティーリャ語を少なくともエリート間の共通言語に押し上げることに一役買った『カスティーリャ語文法』の出版もまた、スペインの歴史における中世と近世の分水嶺となる出来事のひとつとみなすことができる。

このように１４９２年の四つの出来事は、スペイン史における中世の終わりと近世の始まりを告げるものとなり、ここに近世スペインの枠組みがはっきりと現れ始めたのである。

（内村俊太）

15 カルロス1世とフェリーペ2世
――ハプスブルク朝の栄光と苦難

１５１６年、16歳のカルロス１世がカスティーリャ王国とアラゴン連合王国の新王に即位した。１７００年までつづくスペイン・ハプスブルク朝の始まりである。形式上、カスティーリャでは１５５５年までカルロスは母フアナ１世の共同統治王であったが、ハプスブルク朝の下、スペイン諸王国の王位は同一人物が占めることになる。ただし、各王国の政体が保たれつづける複合王政の枠組みは、カトリック両王期と変わらなかった。

カルロスはカトリック両王の孫とはいえ、ネーデルラントで生まれ育ったために、母方の祖父母である両王と生前に会ったことはなく、カスティーリャ語もカタルーニャ語も知らなかった。スペイン諸王国の臣民からすると、フランス語で養育され、１５１７年にスペインに初上陸したときもネーデルラント人の廷臣に囲まれていたカルロスは「外国人」にほかならなかった。しかも、父フィリップ美公の死後にネーデルラント諸州の君主になっていたカルロスは、父方の祖父である神聖ローマ皇帝マクシミリアン１世にとっては嫡孫であり、オーストリアなど中欧の諸領邦を治めるハプスブルク家の後継者でもあった。１５１９年にマクシミリアン１世が没すると、カルロスは皇帝選挙に立候補して当選した（皇帝としてはカール５世）。すでに両王期にスペイン外交はヨーロッパ規模で展開し始めていたが、これ以降、スペイン王国はハプスブルク家の王朝利害のためにピレネー以北の国際政治に決定的に関与していくことになる。また、ヨーロッパ各地に領国をもつカルロスは、１５５６年に引退するまで４日に１日の割合の時間を領国間の移動に費やしたといわれ、スペインに滞在できたのは16年間にすぎなかった。

このようなカルロスの治世当初には、スペイン各地で問題が噴出した。１５２０年、カスティーリャ議会に増税を命じたカルロスが皇帝即位のためにドイツに旅立つと、それに反発したカスティーリャ北部・中部の諸都市が反乱を起こした。コムニダーデスの乱である。各都市では国王代官が追放され、トレード市が諸都市の代表からなる聖会議《サンタ・フンタ》の結成を呼びかけて、カルロスが残した摂政府に対抗した。しかし、各都市の内部で民衆が市政参加を要求し始め、農村部でも反領主運動が誘発されると、旧来からの都市支配層や貴族は反乱側から離れていった。翌年４月、反乱軍はビリャラールの戦いで貴族がくわわった国王軍に大敗し、指導者は処刑された。また、バレンシア王国とバレアレス諸島でも都市下層職人が主体となったジャルマニーアの乱が１５１９年から始まっていたが、これも既存の都市寡頭支配層や領主層と対立した末に、１５２３年には鎮圧された。

『ミュールベルクの戦いにおけるカルロス５世』（ティツィアーノ作、1548年）。プロテスタント諸侯とのシュマルカルデン戦争でカルロスはミュールベルクの戦い（1547年）で勝利したが、最終的にはプロテスタントと妥協せざるをえなかった［プラド美術館所蔵］

1522年にスペインに戻ったカルロスは、その後の7年間はカスティーリャとアラゴン連合王国に滞在して安定化を図った。これは彼の治世では異例の長期滞在であり、その領国のなかでスペイン、とりわけカスティーリャ王国が重視されたことを示している。また、カルロスはこの時期にカスティーリャ語を習得し、「全キリスト教徒が習得し理解すべき高貴な言語」と賞するまでの愛着を示すようになった。そして、カルロス以降のハプスブルク朝の財政は、カトリック両王時代に安定した王権が確立していたカスティーリャ王国からの税収と、それを担保としたドイツやジェノヴァの国際金融業者からの借入金が支えるようになっていった。

その一方で、カルロスの広大な勢力圏を統治するためには、両王期に整えられ始めた各種の顧問会議が用いられた。カスティーリャ顧問会議を筆頭として、アラゴン、インディアス、イタリアの各会議がその地域に関する諮問に答え、現地の副王に指令を発した。このような地域管轄の顧問会議としては、フェリーペ2世期にポルトガル、フランドル（ネーデルラントを担当）の二つがくわわった。また部門ごとの顧問会議としては、財務、異端審問、十字軍、騎士修道会の各会議があり、さらにカルロスの勢力圏全体としての戦略決定と戦争遂行のために、国務会議と国防会議が設けられた。国務会議には大使、副王、軍司令官などを務めた経験のある大貴族も登用されたが、各種の顧問会議ではカスティーリャの大学で法学を習得した法曹《レトラード》官僚が起用された。彼らは、カスティーリャ王国の国王代官や高等法院の評定官、アメリカ植民地の聴訴院《アウディエンシア》官僚などの経歴を積んだ後に、宮廷の顧問官に出世することをめざした。ただし、このような官僚制が機能するためには諸王国における現地支配層との協力関係が必要であったことは、両王期から変わらなかった。

このような統治構造は息子のフェリーペ2世にも受け継がれたが、カルロスは1556年に引退する際、中欧の諸領邦と神聖ローマ皇帝位はみずからの弟フェルディナント1世に譲ったため、ハプスブルク家はスペイン系とオーストリア系に分かれることになった。フェリーペ2世が継承したのは、カトリック両王の遺産であるカスティーリャ王国とイタリア諸邦を含むアラゴン連合王国、父の故郷であるネーデルラント諸州、そして父の在位中に征服が進んだアメリカ植民地であった。さらに母がポルトガル王女であったため、1580年にアヴィス朝が断絶するとフェリーペはポルトガル王即位を宣言し、反対派を武力で抑えこんだうえで翌年のポルトガル議会で承認された。ポルトガルがアフリカ、アジア、ブラジルにもつ交易ネットワークもその支配下に入ったため、ここにスペイン帝国は最大の版図を実現したことになる。しかし、フェリーペ2世の統治技法もあくまで複合王政のそれであり、ヨーロッパ内の諸王国では、それぞれの特権身分層との協調を必要とし、彼らに実質的な自治権を認めることによって統治が成り立っていたといってよい。

ティツィアーノ『フェリーペ王太子肖像画』(1551年、プラド美術館蔵)。肖像画では鎧姿だが、フェリーペ2世はみずから軍を率いることはなく、宮廷から帝国を統治した

このカルロスとフェリーペの親子は、対照的な人柄であった。社交的で臣下とも進んで交わり、各地の民衆との交流についての逸話が残るカルロスに対して、寡黙なフェリーペは臣下と距離をとり、修道院を兼ね

るエル・エスコリアル宮の静けさを好んだ。第17章でみるように、父親は陣頭にたって軍を率い、騎士道精神を重んじる皇帝であったのに対し、書類王や慎重王とよばれた息子は宮廷からスペイン帝国全体を見渡して政務に励む王であった。故郷ネーデルラントをはじめとしてヨーロッパ中に散らばる領国をみずから遍歴し、その地の貴族との人格的な結びつきを保ったカルロスに対して、カスティーリャ王国で生まれ育ったフェリーペは１５６１年以降、統治機構の必要からも宮廷をマドリードに固定し、結果として、マドリードがスペインの首都として成長する下地をつくった。

その一方でこの親子は共通して、個人的な信条としても統治の原理としても、敬虔なカトリック信仰を根幹に据えていた。その背景には、カトリック両王以来のスペイン王国の統治方針と、神に選ばれた一門としてのハプスブルク家の摂理的家門意識があった。そして16世紀には、イスラーム世界帝国たるオスマン朝が興隆し、宗教改革によってプロテスタント勢力が伸長するなかで、第17章でみるようにスペイン・ハプスブルク王権はカトリック護持のために苦闘をつづけることになった。

カルロスはドイツの宗派対立を平和裏に解決しようとしたが、結局は１５４０年代にシュマルカルデン戦争を戦わざるをえず、１５５５年のアウクスブルクの宗教和議でルター派を容認することを余儀なくされた。フェリーペ2世期には、１５６８年からのネーデルラント反乱においてカルヴァン派がその急先鋒となった。また、フェリーペはカトリック信徒のイングランド女王メアリと１５５４年に結婚して、イングランドをカトリック教会に戻そうとしたが、メアリの死によって失敗に終わった。むしろ、その異母妹で国教徒のエリザベス1世との対立は、１５８８年のいわゆる無敵艦隊の派遣にまで発展してしまう。その一方で、最盛期を迎えたオスマン帝国は、１５２９年の第一次ウィーン包囲、1538年のプレヴェザの海戦と、カルロスを圧迫した。これに対して、カルロスはチュニスやアルジェに親征し、フェリーペ2世も1571年のレパントの海戦でオスマン勢力に勝利した。

このような断続的な戦争状態はスペイン王権に過大な財政負担を強いることになり、フェリーペ2世は4回の破産宣告（1557、60、75、96年）を余儀なくされた。第17章でみるように、ハプスブルク朝の対外政策はカトリック理念のみにもとづいて遂行されたわけではないが、スペイン帝国の栄光の陰では現実的な負担が確実に積み重なり、王権とその基盤になっていたカスティーリャ王国を苦しめ始めていたのである。

（内村俊太）

コラム
5

《歴史のスポット》
帝都マドリードとブエン・レティーロ宮

スペイン・カスティーリャ地方の中心にあるマドリードは、中世には一地方都市であったが、統治上の地政学的位置から1561年、フェリーペ2世によって「太陽の沈まぬ帝国」の帝都となり、スペイン帝国の興亡とともに栄枯盛衰を味わった。だが、その後もスペインの首都としての立場を堅持し、中心部東側にある王宮パラシオ・レアル（中世にはアルカサルと呼ばれた城塞が置かれた。現在の王宮は1764年に完成）は威風堂々とした姿で、いまでも公式行事などに使われている。

だが17世紀初め、ちょうど衰退の兆しが濃厚になり始めたころ、逆に帝国の威光をみせつけようと、中心部西側にもうひとつの巨大な王宮、ブエン・レティーロ宮が建てられたことを知る人は少ない。というのもこの宮殿の痕跡をとどめるのは、かつて軍事博物館であった建物（現在は閉鎖中。その建造当時は「諸王国の間」というメインホール）と、プラド美術館研究センターとなっているカソン・デル・ブエン・レティーロと呼ばれる建

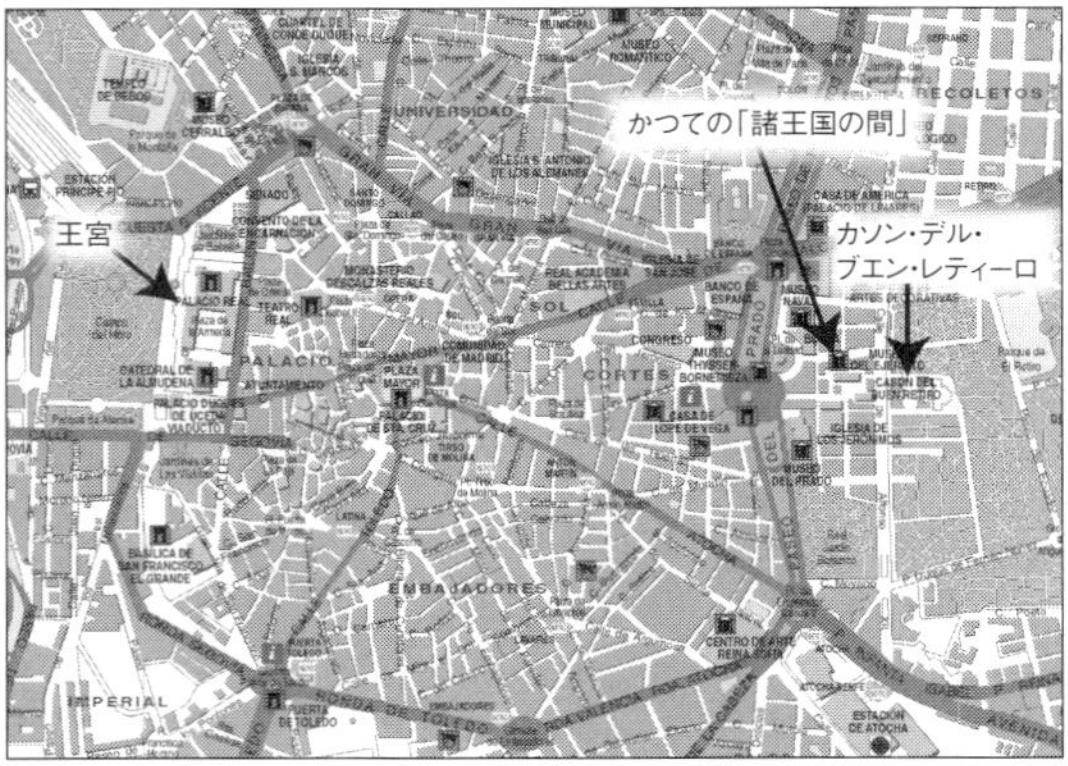

図1　マドリード中心部地図。西側に王宮、東側に軍事博物館、カソン・デル・ブエン・レティーロが位置する

物（その建造当時は舞踏会場）だけで、宮殿に付属していた庭園は19世紀にマドリード市に譲られて、現在は緑豊かなレティーロ公園（広さは１２０ヘクタール）として親しまれているからである。

さてブエン・レティーロ宮は、フェリーペ4世の寵臣オリバーレス伯公爵が帝国を支配する国王の権威を称揚するために建てた宮殿であるが、すでに財政的逼迫の中で建物の素材には立派なものを使うことができなかった。そのために18世紀になると老朽化が進み、19世紀初めに首都を占領したフランス軍の本営となって以後、先に挙げた二つの建物以外は取り崩しにあってしまったのであった。

しかし衰えの兆しを見せていたとはいえ、17世紀前半にはいまだ建物の内部を豪壮に飾って王権の卓越さを表徴することが可能であった。とくに「諸王国の間」は、帝国を構成する諸王国を、天井画として描かれた24の紋章で表し、壁面には当時まさに頭角を現していた宮廷画家ベラスケスを筆頭に、スルバラン、マイーノ、ペレーダらの国王を称えるさまざまな絵画、つまり肖像画や戦争画で飾られていた。

ブエン・レティーロ宮の全景（1637 年の絵画）

いまプラド美術館のベラスケスの部屋には、「フェリーペ4世騎馬像」、「ブレダの開城」などの絵画が、スルバランの部屋には、「ヘラクレスの生涯」の連作や「カディスの防御」などがそれぞれ別個に飾られている。しかし、これらの絵画はまさに王権の表徴として「諸王国の間」に一緒に飾られていたことを想像すると、絵画のもつプロパガンダとしての意味をはっきりと理解することができよう。

（立石博高）

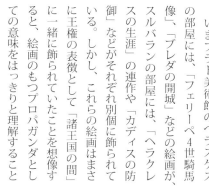

16 大航海時代とスペイン帝国
――「太陽の沈まぬ帝国」

西ヨーロッパ諸国は、中世にはユーラシア全体からみれば西端の辺境にすぎなかったが、15世紀以降、航海技術の進歩によって、大西洋から非ヨーロッパ世界への進出を試みるようになった。この大航海時代の先駆けになったのは、イスラームという高度な異文明との日常的な接触の経験を蓄えていたイベリア半島のポルトガルとスペインであった。

スペインの場合には、大西洋につながるカスティーリャ王国が大航海時代の主役となり、アメリカ大陸やフィリピンも法的にはカスティーリャ領とされた。そのため、いわゆる「太陽の沈まぬ帝国」が、スペイン王権を支えたカスティーリャ王国を基盤として形成されたことは事実である。たしかに中世のカスティーリャ王国では、ネーデルラントを中心とするヨーロッパ北部との交易を支えた海運業や、バスク系住民が北大西洋でおこなっていた遠洋漁業をつうじて、造船と航海の技術が蓄えられ、大航海時代に雄飛する下地が整っていたといえる。しかし同時に、大航海時代にスペインの台頭が可能になった背景には、カスティーリャ以外の諸王国や、直接的にはスペイン王権の統治下にはないものの強い関係で結ばれた地域からの、知識、技術、資金、そして人的資源の面での貢献があった点を見落とすことはできない。中世の地中海進出によって航海技術を磨いていたアラゴン連合王国だけでなく、コロンブスをはじめとする優秀な航海士を輩出したイタリアの海洋都市、冒険航海を資金面で支えたジェノヴァやドイツの国際金融業者など、内外からの多様な貢献があってはじめて、スペイン帝国は大航海時代の先頭に立つことができたのである。

さて、スペイン帝国によるヨーロッパ外世界への進出は、次の三つの方向でおこなわれたといえる。

第一の方向は、北アフリカ沿岸部への進出である。これは、グラナダ開城によって終結したレコンキスタ運動がイベリア半島の対岸に拡張された性格を帯び、またより直接的な動機としては、イスラーム教徒の海賊拠点を叩いて西地中海の安全を確保する狙いもあった。まずメリーリャ（1497年）、オラン（1509年）などのイベリア半島に近い拠点が攻略され、トリポリ（1509年）やアルジェ（1510年）も一時的に占領された。さらにカルロス1世はチュニス（1535年）とアルジェ（1541年）への親征を敢行し、前者を1574年までスペインの統制下においた。ただし、これらは寄港地としての軍事拠点にすぎず、後背地を支配していた現地勢力のなかで孤立していたため、スペインによる植民地支配とよべるほどの広がりはなかった。なおメリーリャは、1668年にポルトガルから割譲されたセウタとともに、現在もアフリカ大陸におけるスペイン領として維持されている。

第二には、大西洋を越えてアメリカ世界にいたる進出方向があったが、その前史としてカナリア諸島の征服をみておきたい。イベリア半島から南西に1100キロの大西洋上にあるカナリア諸島には先住民グアンチェ族がいたが、15世紀末までにその征服が完了した。同諸島へのカスティーリャ人移民は、グラナダで盛んだったサトウキビ製糖業を導入し、大西洋における重要な寄港地とした。未知の異民族の征服と白人の入植という点で、カナリア諸島はアメリカ植民地の先行例になったといえる。

図1　スペイン帝国によるアメリカ支配（16世紀）

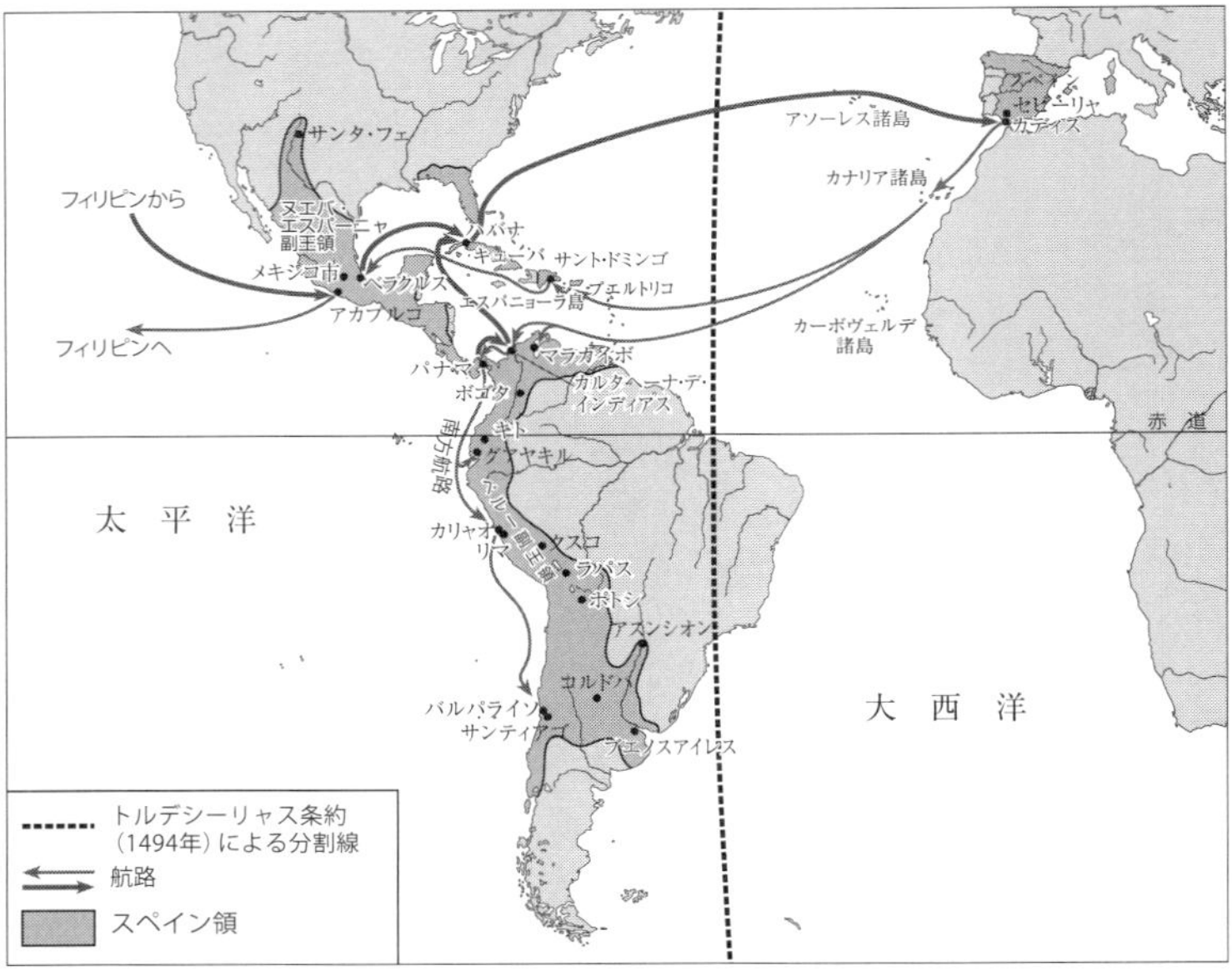

出所：立石博高監訳『スペインの歴史』明石書店、2014年、87頁より作成。

１４９２年に大西洋横断が成功してもしばらくは、スペインの活動範囲はカリブ海の西インド諸島に限られており、大陸部の探索と征服が本格化するのはハプスブルク期に入ってからであった。１５２１年にはエルナン・コルテスがアステカを、１５３３年にはフランシスコ・ピサロがインカを征服した。アステカ、インカともに高度な農耕文明にもとづく先住民国家であったが、15世紀に急成長した新興勢力でもあった。そのため、少数のカスティーリャ人征服者《コンキスタドール》が短期間で征服できた背景には、火器などの軍事技術上の優位にくわえて、アステカ族やインカ族に反発する先住民の被支配民族との同盟関係を築くことに成功したという、政治的な要因もあった。また、スペインによる支配は先住民国家の支配体制をとりこむ形で急激に拡大したが、インカに服属しなかったチリ南部のマプチェ族のように、先住民国家が統制できなかった地域にはスペイン帝国の支配も容易にはおよばなかった。

征服者は王と協定書を交わし、みずからの権利を確定したうえで自前の資金で遠征隊を組織した。そのため、スペイン王権がアメリカ征服のために資金を出したわけではなく、まして軍を派遣したわけでもない。しかし王権は、征服の段階がすぎると、布教とひきかえに先住民から労役を徴発する権利をもつエンコミエンダ保有者となった征服者とその子孫が封建領主化することを防ぐために、エンコミエンダを段階的に廃止し、官僚制による支配を確立しようとした。そのためにも王権は、アメリカ植民地を北部のヌエバ・エスパーニャ（メキシコ）副王領と南部のペルー副王領に編成し、司法と行政の機能をもつ10前後の聴訴院《アウディエンシア》を設置した。その下部には、カスティーリャの都市制度にならって建設された植民都市が位置づけられた。

ところで、同じアメリカ大陸でも、イギリス領北米植民地では白人入植者が先住民を外部へと排除し、ほぼ白人と黒人奴隷のみによって成り立つ社会が形成されたのに対し、中南米のスペイン領植民地では白人、先住民、黒人およびそれらの混血の人々からなる社会が生まれた。とくにメキシコとアンデスでは先住民による高度な集住農耕文明が存在していたため、大規模に移住してきた白人入植者にとっても、彼らを外部に排除するのではなく、みずからを頂点とする社会内部において労働力として搾取する体制こそが効率的な植民地支配のあり方であった。このようなスペイン領植民地では、労働力としての酷使、アメリカ世界にはなかった病原菌の流入、先住民社会の基盤が崩壊したことによる次世代育成システムの瓦解などが原因となって、先住民の大量死と急激な人口減少という世界史上の悲劇が起きた。とくにカリブ海では先住民が絶滅した地域が多かったが、メキシコでも先住民人口の9割が失われたとする研究者もいる。しかしその一方で、現在のイスパノアメリカ圏へとつづく独特な世界が生まれ、先住民や混血の人々もその空間をみずからの力で生き抜いていったことにも留意したい。

さて、スペイン帝国が進出した第三の方向は、大航海時代の船乗りたちが本来の目標としていたアジアであった。スペインは、ポルトガルとのトルデシーリャス条約（1494年）とサラゴーサ条約（1529年）によって、ヨーロッパ外での両国の勢力範囲を決定した。その結果として、アメリカ大陸の一部であるブラジルや、香辛料の原産地であった東南アジアはポルトガルの勢力圏になったが、カルロス1世が世界周航を支援したポルトガル人マゼラン（マガリャンイス）が1521年に到達したフィリピン諸島はスペインの勢力圏となった。1560年代に太平洋横断航路が確立すると、フィリピンとメキシコのアカプルコを結ぶ交易が始まった。

東アジアと東南アジアの結節点に位置するフィリピンには、スペイン帝国のもっとも遠方の拠点マニラ市が設けられた。マニラは、華人商人などが行き来するアジアの海洋交易ネットワークにスペイン帝国の交易ネットワークが接続する地になり、そこではアジアの交易体系をつうじて中国の陶磁器や絹織物を獲得することができた。また、ボリビアのポトシやメキシコのサカテカスなどの銀山から得られたアメリカ銀も、ヨーロッパに向かうだけでなく、豊かなアジア市場から商品を購入するためにも用いられたため、その多くがマニラをへて、中国大陸の経済に吸引されていったとされる。

これらの三つの方向でヨーロッパ外に進出していったスペイン帝国の海外勢力圏は、敵対するヨーロッパ諸国からの攻撃目標にもなった。16世紀後半には、エリザベス1世が公認する私掠船が大西洋航路のスペイン船を攻撃しただけでなく、カリブ海の海港が略奪をうけるようになった。17世紀以降、オランダ、フランス、イギリスがカリブ海のスペイン領を奪取していったが、内陸でのいわば面としての植民地支配を確立できた大陸部では、スペインによる統治体制はおおむね維持された。それが崩壊するのは、19世紀初頭にアメリカ植民地の住民自身が始めた独立運動によってである。（内村俊太）

17 近世ヨーロッパのなかのスペイン帝国
——ハプスブルク朝の外交戦略

カトリック両王の時代には、スペイン内部では諸王国の政体が維持されていたものの、すでに対外的にはフェルナンド2世の主導下でスペイン王国《モナルキア・イスパニカ》としての一体的な外交戦略が展開していた。他のイベリア諸国との関係を別とすれば、両王期の外交の焦点はアラゴン連合王国が伝統的に利害を有していたイタリアであり、そこで対立するフランスとの対抗関係がスペイン外交の軸になった。13世紀末以来、アラゴン王家とフランス王家はシチリアとナポリをめぐって対立をくりかえしており、１４９4年にもフランス王シャルル8世が大軍を率いてイタリアに進入し、アラゴン王家傍流のナポリ王を放逐してその地を制圧した。これに対して、フェルナンド2世は教皇やヴェネツィア共和国と結んで対仏包囲網を敷いた。ここに、16世紀中葉まで断続的につづく西仏間のイタリア戦争が始まったのである。名将フェルナンデス・デ・コルドバの活躍によって戦いを優位に進めたスペイン王家はナポリ王位の確保に成功するが、西ヨーロッパ随一の大国であるフランスとの対抗関係は、ハプスブルク期にもスペイン外交最大の問題でありつづけた。

両王はフランスを抑えるために、イングランド王家や、ネーデルラントを治めるハプスブルク家とも子女の政略結婚を重ねたが、その結果、スペイン諸王国をハプスブルク家のカルロス1世が継承することになった。これをフランス側からみると、南のカスティーリャとアラゴン連合王国だけでなく、ネーデルラント諸州やフランシュ・コンテなどのカルロスの領国によって包囲される形になっていた。そのため、フランス王フランソワ1世はハプスブルク家の勢いを挫くためにイタリア戦争を再開し、ミラノ公国の帰属をめぐってカルロスと争ったが、1525年のパヴィアの戦いではカルロスの軍隊が大勝し、フランス王自身が捕虜とされてスペインに連行された。その後も西仏両国はイタリア内外の諸国と外交関係を展開しながら戦闘と講和をくりかえし、フランスはオスマン帝国やその傘下の海賊勢力と同盟することも厭わなかったが、1540年にはミラノ公国もスペイン王家に帰属することになった。このイタリア戦争の構図はフェリーペ2世にも受け継がれたが、1557年のサン・カンタンの戦いの勝利でスペインの優位が決定的になり、1559年のカトー・カンブレジ条約でフランスはイタリア進出の方針を捨てることになった。これによって、1494年以来のイタリア戦争はスペインの勝利に終わり、16世紀後半のフランスは宗教内戦（ユグノー戦争）に苦しむことになる。

このイタリア戦争をつうじて、西ヨーロッパ諸国間では、たがいに大使を常駐させる外交慣行が定着していった。また、一国が突出して力をもつ状況になると関係国が介入してそれを抑制し、力の均衡を保つという、勢力均衡の原則が国際政治の論理として姿を現しつつあった。このように今日までつづく外交システムが形成されていく一方で、スペイン・ハプスブルク朝は16世紀の宗教改革の嵐のなかでカトリック護持を外交戦略の根幹に据えたため、スペイン外交の重心はピレネー以北に向かうことになった。

カルロスは1555年のアウクスブルクの宗教和議で神聖ローマ帝国内の各領邦に宗派選択の権利

図1　フェリーペ2世のスペイン帝国

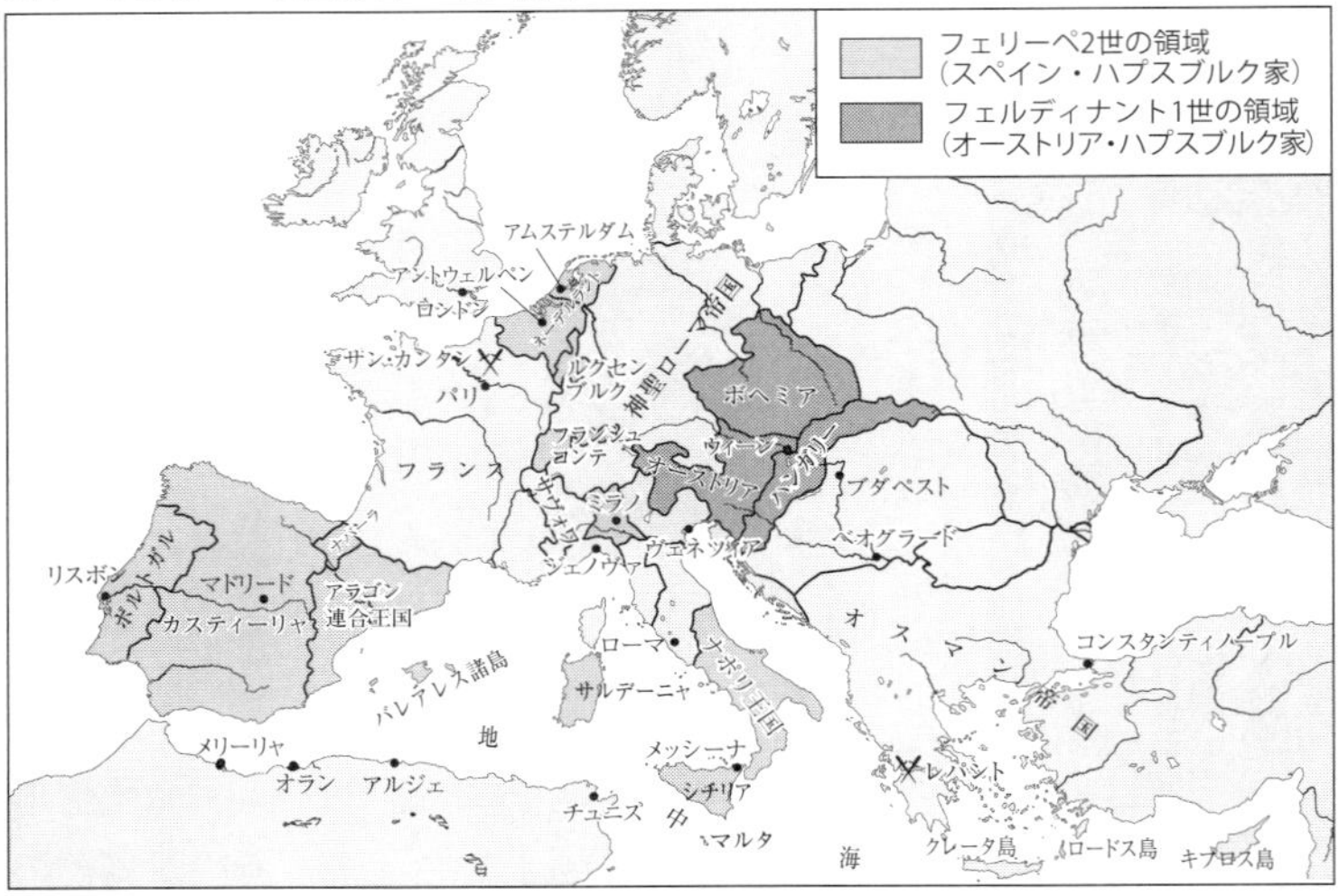

出所：立石博高監訳『スペインの歴史』明石書店、2014年、95頁より作成。

を認めざるをえなかったが、皇帝位がオーストリア・ハプスブルク家に移ったため、フェリーペ2世はドイツの宗教問題からは距離をとることができた。彼の治世で最大の難問になったのは、父の故郷ネーデルラントで起きた反乱であった。17州からなるネーデルラントにはカルヴァン派が浸透し、グランヴェル枢機卿による強権的な統治とカトリック強制策に不満が高まっていた。1566年にカルヴァン派による聖像破壊運動が始まると、軍事経験が豊富なカスティーリャ大貴族のアルバ公が総督として派遣された。貴族の処刑などの武断的な方法で混乱を収拾しようとしたアルバ公に対して、1568年、オランイエ公をはじめとするネーデルラント貴族が反乱を起こした。1579年に南部10州は帰順したものの、1581年に北部7州はフェリーペ2世の君主権を否認してハプスブルク朝と決別し、オランダ連邦共和国の形成に向かうことになった。

海運業が盛んなネーデルラントの反乱により、スペインは海上でも攻撃をうけるようになったが、エリザベス1世が1585年にオランダを支援して介入すると、この反乱はスペインとイングランドの対立と連動することになった。イングランド人の私掠船による大西洋航路への襲撃がつづくなか、1587年にカトリック信徒の前スコットランド女王メアリ・ステュアートがエリザベス1世の命で処刑されると、フェリーペ2世はイングランドへの直接侵攻を決意した。1588年、リスボンからカスティーリャとポルトガルの艦隊を派遣し、ネーデルラント駐留軍をブリテン島に上陸させようとしたが、イングランド艦隊の反撃と暴風雨にあって失敗に終わった。いわゆる、「無敵艦隊」の敗北である。ただし、これでスペインの海軍力が崩壊したわけではなく、1590年代には艦隊が再建されている。とはいえ、オランダとの戦いが苦しくなったフェリーペ2世は、1598年にネーデルラント南部諸州を娘イサベル・クララ・エウヘニア王女と、その夫で自身の甥にあたるオーストリア・ハプスブルク家のアルブレヒト大公に委譲した。これによって、スペイン帝国の保護下で南ネーデルラントに一定の自治権を認めることで、スペイン王権の軍事負担の軽減を図った後、フェリーペ2世は71年の生涯を閉じた。

その後を継いだフェリーペ3世の治世（1598〜1621年）には、スペインの外交戦略は財政難もあって消極策に転じていった。前王はフランスの内戦に介入してカトリック勢力を支援していたが、ブルボン朝のアンリ4世がフランス国内を再統合すると、1598年には西仏間の和平が成立していた。また、終生スペインを敵視しつづけたエリザベス1世が1603年に没すると、後継者であるステュアート朝のジェイムズ1世とは講和条約が結ばれた。オランダとの戦いはつづいていたが、南ネーデルラントを治めるアルブレヒト大公は１６０９年にオランダと12年間の休戦に合意し、スペインもこれを容認した。慢性的な戦争状態によって疲弊した財政状況を前にして、プロテスタント勢力との妥協という現実的な戦略判断がなされたのである。しかし、この休戦期間にオランダは造船、海運、金融などの部門でさらに力を蓄え、日本を含むアジアの交易ネットワークにおける基盤を固め、17世紀の最盛期へと向かっていくのである。

１６２０年代に入ると、ふたたびスペインはヨーロッパ国際政治の矢面に立たされることになった。神聖ローマ帝国の領邦のひとつ、ボヘミア王国では、その君主であるオーストリア・ハプスブルク家とプロテスタント貴族の対立が１６１８年から激化していた。三十年戦争の始まりである。１６２０年、スペインはカトリック護持を掲げるオーストリア・ハプスブルク家の皇帝を支援すべく、三十年戦争に参戦した。また翌年にはオランダとの休戦期間が終了し、オランダ独立戦争も再開された。こうして、スペイン王権の覇権を失墜させることになる17世紀の動乱が本格化していくのだが、すでにこのときスペイン王国はフェリーペ４世の代となり、オリバーレス伯公爵が国政を預かっていた。オリバーレスは第18章でみる改革計画によって、この難局をのりこえようとしていく。

なおスペインの対外政策としては、オスマン帝国とそれに服属する海賊勢力との地中海における対峙も重大な問題であった。ハプスブルク期には、しばしばイスラーム教徒の海賊が地中海沿岸を襲撃していた。そのため、１４９２年までイスラーム国家とイベリア内で対峙していたスペインでは、ふたたびイスラーム勢力が攻め入ってくることが現実味をもって恐れられていた。そのようななか、カルロス1世はチュニスやアルジェといった北アフリカ沿岸に親征し、フェリーペ2世も1560年代にジェルバ島の攻略を試みたり、聖ヨハネ騎士団が守るマルタ島防衛に援軍を出したりしている。ヴェネツィア共和国と教皇庁との連合艦隊によって勝利した1571年のレパントの海戦は、このような地中海におけるオスマン勢力との戦いの頂点をなすものであった。しかし、この勝利によっても実際にはオスマン側の海軍力は弱まらず、スペインとオスマン帝国の対峙は膠着化していく。その後、地中海での両者の直接的な戦いが減っていったのは、オスマン帝国がサファヴィー朝ペルシアとの戦いに傾注していった結果であった。

（内村俊太）

18 オリバーレス伯公爵の改革計画

——スペイン帝国再編の試み

スペイン・ハプスブルク朝の5人の王は、16世紀と17世紀で分けることができる。16世紀のカルロス1世（1516～1556年）とフェリーペ2世（1556～1598年）は、個性の違いはあったが、ともに親政の意志と能力を有していた。しかし17世紀のフェリーペ3世（1598～1621年）、フェリーペ4世（1621～1665年）、カルロス2世（1665～1700年）はみずから政治をおこなう資質に欠けていた。17世紀には、王の信任を得た寵臣《バリード》とよばれる近臣に国政が委ねられたため、寵臣の手腕がスペインの進路を左右することになった。

フェリーペ3世の寵臣レルマ公は、政治的な見識に乏しい一方で、王への影響力を強めるために自分の所領に近いバリャドリーに宮廷を移すなど（1601～1606年）、自身と一門の栄達を優先する人物であった。第17章でみたように、外交面では消極策をとり、1609年にはオランダと休戦してその独立を事実上容認した。国内では同年に元イスラーム教徒（モリスコ）の追放令が出され、1614年までにスペイン全土から約30万人が追放された。モリスコは、16世紀初頭のカトリック改宗後も王権への献金によって旧来の生活慣習の維持が認められていたが、16世紀後半にフェリーペ2世がこの更新を拒否すると、グラナダのモリスコが1568年に反乱を起こし、その鎮圧後にカスティーリャ王国各地に分散移住させられていた。レルマは、このようにカトリック社会に同化しないモリスコの追放によって、王権の威信を保とうとしたのである。しかし結果的には、とくにバレンシアとアラゴンで高い技術をもつ勤勉な農民が失われたことで、スペイン経済にとって大きな打撃になった。

1621年、フェリーペ4世が即位すると、寵臣としてオリバーレス伯ガスパール・デ・グスマンが頭角を現した（1625年にサンルーカル・ラ・マヨール公にも叙され、伯公爵《コンデ＝ドゥケ》とよばれた）。アンダルシーアの名門グスマン家出身のオリバーレスは、王太子時代の主君から個人的な信任を得て、その即位後に台頭した典型的な寵臣であった。しかしオリバーレスはレルマとは異なり、王に代わって国政を指揮するだけの政治手腕を有し、失敗には終わるものの、スペイン諸王国の統合を進めるための構想力もそなえていた。

スペインは、1620年にオーストリア・ハプスブルク家を支援して三十年戦争に参戦し、翌年にはオランダとの戦争も再開していた。そのためオリバーレスの課題は、ふたたびヨーロッパ規模での戦争状態に突入したスペイン王権のために軍事と財政を整えることであった。スペイン王権の財源としては、16世紀後半から大量に流入し始めたアメリカ銀も重要であったが、主柱といえるのはカスティーリャ王国からの税収であった。しかし、伝統的な財源である売上税《アルカバーラ》や議会上納金《セルビシオ》にくわえて、無敵艦隊敗北後に導入されたミリョーネス税の負担によって、カスティーリャ王国の担税能力は限界に達しつつあった。

そのためオリバーレスは、各王国の法と政体を尊重する複合王政による緩やかな統治を修正し、諸王国がそれぞれ応分の財政的・軍事的な負担を果たすという、より統一的なスペイン王国をめざす改

『オリバーレス伯公爵乗馬像』（ベラスケス作、1634年）。ベラスケスはオリバーレスの推挙によってフェリーペ4世の宮廷画家になった［プラド美術館所蔵］

革に乗り出した。1624年にフェリーペ4世に提出した覚書では、「ポルトガル王、アラゴン王、バレンシア王、バルセローナ伯であることに満足するのではなく」、「スペインを構成するこれらの諸王国をカスティーリャの流儀と法に従わせることに努め」、名実ともに「スペイン王《レイ・デ・エスパーニャ》になること」が進言された。その第一歩として1625年に立案されたのが、軍隊統合構想《ウニオン・デ・アルマス》であった。これは、フェリーペ4世を君主とする諸王国に割り当てられた総勢14万人の兵員による常備軍を創設し、いずれかの王国が攻撃をうけた場合には歩騎2万4000の軍勢が救援に駆けつけるという、統一的で機動力に富む新軍制をめざす構想であった。兵力の割り当てとしては、カスティーリャ王国とインディアスの4万4000をはじめ、ポルトガル王国・カタルーニャ公国・ナポリ王国が各1万6000、南ネーデルラント1万2000、アラゴン王国1万など、各王国からの負担が求められた。

それまでのスペイン王権の軍隊は、スペイン内外の出身者からなる傭兵で構成されていたが、それを支える財源はもっぱらカスティーリャ王国からの税収やそれを担保とする国際金融業者からの借入金であった。それに対して軍隊統合構想は、諸王国の政体そのものの統一ではないものの、諸王国が財政負担を分かちあい、共同の軍事行動をおこなうことによって、スペイン王国の統合を強めることを目的にしていた。またオリバーレスは、諸王国の貴族のあいだで婚姻による結びつきを強め、出身地以外の官職にも登用することによって、スペイン王国指導層の一体性を創り出すことも思い描いていた。

しかし、スペイン王国の改革をめざすオリバーレスの政策は、各地の特権身分層の反発を招いた。フェリーペ4世とオリバーレスは1626年にアラゴン連合王国に赴いて各議会を召集し、軍隊統合構想への協力を求めたが、強い抵抗をうけた。それでも、アラゴン議会とバレンシア議会は域内での兵士徴募を拒否しながらも一定の軍事費負担は受け入れたが、カタルーニャ議会は一切の協力を拒んだ。このように改革が進まないなか、1635年にはフランスが反ハプスブルク陣営として三十年戦争に参戦し、スペインはフランスとの本格的な交戦状態に入ってしまった。そのフランス王国を宰相として率いていたのは、オリバーレスと同世代の冷徹な政治家、リシュリュー枢機卿であった。

しかし、オリバーレスの改革計画を最終的に頓挫させたのは、イベリア半島の東と西で1640年に起きた二つの危機であった。第一の危機は、カタルーニャの反乱である。カタルーニャに駐留する国王軍の略奪行為に憤慨した農民が6月にバルセローナで暴動を起こし、王の代理人たる副王の死亡という事態が生じると、それをきっかけとして、カタルーニャ特権身分層はスペイン王権に反旗を翻した。翌年、カタルーニャ公国はフランス王ルイ13世をバルセローナ伯に推戴し、オリバーレスが派遣した鎮圧軍を撃退したため、反乱は長期化した。1640年の第二の危機は、12月のポルトガルの反乱であった。スペイン帝国の一員であるためにブラジル植民地をオランダに攻撃されていたポルトガルでは、スペイン王権への反発が強まっていた。そのようななか、オリバーレスがポルトガル貴族にカタルーニャ制圧のための出陣を命じると、彼らはこの機にブラガンサ公を国王に推戴してハプスブルク朝からの独立を宣言した。軍隊統合構想においてカスティーリャに次ぐ支柱として期待されていた両国の反乱はオリバーレスの戦略を破綻させ、王の信頼を失った伯公爵は1643年に失脚した。その後、カタルーニャは1652年まで抵抗をつづけた後にスペイン王権に帰順したが、ポルトガルは1668年のリスボン条約で正式に独立を勝ち取った。

ヨーロッパ各地の戦場に目を転じると、1639年のダウンズの海戦でオランダ海軍に、1643年のロクロワの戦いでフランス陸軍に敗れたように、スペインは劣勢に立たされていた。ついに1648年1月に、スペインはミュンスター条約によってオランダと講和し、その独立を正式に承認した。ここに、スペイン王権を苦しめつづけたオランダ独立戦争は終結したのである。しかし、同年10月に三十年戦争に終止符を打ったウェストファリア条約では、スペインは講和会議に参加しながらもフランスの工作によって締結国から外されたため、西仏間の戦争は1659年のピレネー条約までつづいた。同条約によって、スペインはピレネーの北側にある北カタルーニャなどを割譲し、フランスに屈服した。

1665年に4歳で即位した病弱なカルロス2世の治世には、マリア・アンナ王太后とその側近から始まり、フェリーペ4世の庶子フアン・ホセ王子、カスティーリャ大貴族のメディナセーリ公、オロペーサ伯が次々と国政を担ったが、スペイン王権の衰退を食い止めることはできなかった。フランスのルイ14世は、遺産帰属戦争（1667～1668年）、オランダ戦争（1672～1678年）、アウクスブルク戦争（1688～1697年）によってスペインを圧迫したが、1697年のライスワイク条約ではイギリスへの劣勢もあってスペインに占領地を返還して譲歩をみせた。これは、死期が迫ったカルロス2世の後継として、ブルボン家のアンジュー公フィリップ（フェリーペ4世の娘マリア・テレーサとルイ14世の孫）を推すためであった。1700年、カルロス2世は、もうひとりの候補であったオーストリア・ハプスブルク家のカール大公ではなく、アンジュー公を後継者に指名して世を去った。ここに、1516年からつづいたスペイン・ハプスブルク王朝は断絶し、ブルボン朝の時代が始まるのである。

（内村俊太）

19 カトリック信仰による統合
——エリート文化と民衆文化

1496年、バレンシア出身の教皇アレクサンデル6世よりイサベル1世とフェルナンド2世にカトリック王（女王）の称号が与えられ、ハプスブルク朝もこの称号を継承していった。第14章でもみたように、異端審問所の設置、ユダヤ教徒とイスラーム教徒の追放・強制改宗によって、16世紀のスペインには、カトリック信徒のみがカトリック王の臣民として存在することが許される体制が成立した。複合王政の下で諸王国の世俗的な法と制度が維持されているなかで、スペインの一体性を担保するものとして期待されたのが、同一信仰の共有にもとづくカトリック社会としての統一性であった。教義上の逸脱を犯したカトリック信徒を罰する異端審問所はそのための機関であり、スペイン王権がカスティーリャ王国とアラゴン連合王国に共通して導入できた唯一の制度であった。

また、名目上は同じカトリック信徒とはいっても、元ユダヤ教徒（コンベルソ）や元イスラーム教徒（モリスコ）は、代々の信者の家系である旧キリスト教徒《クリスティアーノ・ビエホ》と対等とはみなされず、新キリスト教徒《クリスティアーノ・ヌエボ》という蔑称でよばれた。この新キリスト教徒への差別は改宗した世代にとどまらず、コンベルソとモリスコの家系は新キリスト教徒とみなされつづけた。とくにカスティーリャでは、トレード聖堂参事会をはじめとする多くの教会団体や、世俗の都市当局や職能団体などの加入条件として、「モーロ人やユダヤ人の血をひかない」という「血の純潔《リンピエサ・デ・サングレ》」規約が定められた。血統を理由として信徒を差別することに反対する神学者も多かったが、旧キリスト教徒としての「血の純潔」を規範とする価値観が近世社会に定着していった。また、第18章でみたように、カトリック化が進まなかったモリスコは１６１４年までにスペイン諸王国から追放された。

このようにカトリック社会としての一体性が追求された一方で、スペインでは中世末から教会や修道会を改善して民衆への教化を深めることがめざされており、カトリック両王の重臣トレード大司教シスネーロス（フランシスコ会出身）などもこれに貢献した。スペイン王権は、このような教会の内的な改革の動きを支援しつつ、域内の教会への統制を強めていった。16世紀ヨーロッパでは、カトリック教会から分離したプロテスタント圏でイングランド国教会のように王権が主導する国家教会化が進んだが、カトリックのスペインやフランスでも、教皇庁との協定によって高位聖職者の推挙権が王権に認められた。スペインでは、両王期にグラナダ、カナリア諸島、アメリカ世界での司教推挙をはじめとする国王教会保護権《パトロナート・レアル》が認められ、それが１５２３年にはスペイン全体にも適用された。またフェリーペ２世は、トリエント公会議（１５４５〜１５６３年）の決定をうけ、司教区ごとの教会会議を開いて聖職者の資質向上をはかり、神学者や教会法学者を司教に推挙して教会の刷新をめざした。王権の庇護下でカトリック教会の再生をめざすこの動きは、プロテスタントへの対応としての「対抗宗教改革」としてだけでなく、すでに15世紀には始まっていた教会内部からの自己刷新としての「カトリック改革」を受け継ぐものでもあった。

いずれにせよ、カトリック王国《モナルキア・カトリカ》とも称された近世スペインでは、同一信仰を共有するカトリック信徒のみからなる社会がめざされ、スペイン王国の臣民であることと良きカトリック信徒であることは同義とされた。しかし、このようなカトリック的規範が理念として確立していく一方で、その理念をみているだけではわからない社会の実態があったことも、近世スペインのもうひとつの特徴であった。

その一例として、異端審問所の活動をみてみよう。たしかに、15世紀末には主としてコンベルソのなかの隠れユダヤ教徒に対して火刑を含む重い処罰が科された。しかし、隠れユダヤ教徒問題が落ち着くと、１５３０年代からは罰金刑による財政収入という点もあって、人口の大半を占める旧キリスト教徒による冒瀆的な言動、まじない、あるいは性的な逸脱とみなされた婚姻外性行為や同性愛などが審問対象として増加していった。これらは、カトリック教義を根拠として処罰対象とされたものの、厳密な意味での宗教上の異端というよりは、むしろ共同体としての社会生活のなかで逸脱とされた行為であった。そのため、科される刑も罰金などの比較的軽いものが多くなり、火刑の実行数は急激に減っていった。ここから読み取れるのは、日常的にみられたカトリック的社会規範からの逸脱への処罰をつうじて不断に民衆を教化しつづける必要があるほど、聖俗エリートが望む規範は、実際には民衆に浸透していなかった、ということではないだろうか。また構造的な問題として、異端審問所はスペイン諸王国に設置されたが、その所在地は16の大都市に限定されていた。そのため、農村部でも罪の告白を促すための巡察裁判がおこなわれていたとはいえ、異端審問所との接点がないまま生涯を終える者も少なくなかったのである。

このように、エリート文化の側からカトリック的社会規範が追求されたことと、それが民衆層に浸透できるだけの影響力を有していたかということは、区別して考える必要がある。では、近世スペインの民衆が非カトリック的であったかというと、それも正しくない。むしろ民衆は、みずからの生活のなかでカトリック教義を読み解き、彼らなりの形で信仰を主体的に実践していた。その一例として、聖人崇敬についてみてみよう。

カトリック世界で中世から広くみられた聖人崇敬は、イベリア半島でも盛んであった。レコンキスタ期には、カスティーリャ王国では使徒大ヤコブ（サンティアゴ）が、アラゴン連合王国では聖ゲオルギウス（カスティーリャ語ではホルヘ、カタルーニャ語ではジョルディ）が異教徒との戦いにおける守護聖人とされた。また、近世には聖母崇敬も高揚し、マリアは人類の原罪を免れて生まれたとする

『無原罪のお宿り』（エル・グレコ作、1608～1613年頃）。ギリシア出身のエル・グレコは、スペイン教会の中心地トレードでキリスト、マリア、諸聖人を題材にした作品を数多く手がけた［サンタ・クルス美術館（トレード）所蔵］

着想を与えた。「無原罪のお宿り《インマクラーダ・コンセプシオン》」の観念が人気を博して、エル・グレコ、スルバラン、ムリーリョら多くの画家に

その一方でカトリック教会は、プロテスタントから批難された聖人崇敬をトリエント公会議で再定義し、１５８８年には聖人の資格を厳密に規定して列聖権限を教皇庁に集中させた。これによって、教会にとって好ましい、良き司牧者であった人物が教皇庁によって列聖されるようになり、エリート文化による聖人崇敬の管理が強まっていった。たとえば、スペイン王権の後援によって１６２２年に列聖されたイエズス会のイグナシオ・デ・ロヨラとフランシスコ・ハビエル（ザビエル）は、カトリック改革または対抗宗教改革の時代におけるエリート文化の聖人像に適合した存在であったといってよい。

それに対して、スペインでは民衆文化としての聖人崇敬も生き生きと展開しつづけていた。カトリック世界の民衆にとっての聖人とは、抽象的な宗教理念の代弁者などではなく、現世的な利益のために天上で神へのとりなしをしてくれる具体的な存在として思い描かれ、病からの快癒や天災の回避などの願い事のために、村ぐるみで祭りや教会堂を捧げる相手であった。たとえば、ペスト（黒死病）から逃れるためには聖セバスティアヌス（セバスティアン）、葡萄の木につく害虫を退治するには聖グレゴリウス（グレゴリオ）といった具合に、日々の生活のなかでの問題があるたびに聖人に捧げる宗教行列が村ごとに催され、救済のためのとりなしが願われた。あるいは、エリート文化のなかではキリスト教神学を大成した老学者として描かれることの多い聖アウグスティヌス（アグスティン）が、カスティーリャの農民にとってはイナゴを討ち払う者として頼りにされ、人気を集めた。さらに、このよ

うな民衆的な聖人崇敬では、祈願しても現世的な利益が得られなければ、祈りの対象の聖人を変えることが頻繁におこなわれており、民衆の生活に密着した具体的な欲求こそが彼らの信仰の原動力になっていたことがわかる。

近世スペインでは、教会を庇護するカトリック王の下、異教徒やモリスコの追放、異端審問所、「血の純潔」規約などによってカトリック信徒の純粋性が追い求められ、スペイン王権はカトリック再建の旗手と目されていた。しかし、エリート文化からみたカトリック信仰にもとづく統合の試みの一方で、民衆はみずからの生活にそくした信仰実践の形をもっていたのである。むしろ、彼らがカトリック教義をみずからにひきつけて解釈し、民衆文化に不可欠な一要素として日常生活に組み入れていたからこそ、その後のスペイン史においてもカトリックが重い意味をもちつづけたといえよう。

（内村俊太）

20

ハプスブルク期の社会・経済

——スペイン帝国の内実

ハプスブルク期のスペインは、スペイン帝国と称されるほどの大国としてヨーロッパ近世史の主役を担った。本章では、それを支えた社会と経済の内実がどのようなものであったかを、イベリア半島の3分の2を占めたカスティーリャ王国を中心にみてみたい。

まず、人口の動態をみると、16世紀は増加局面であった。近世の散発的な人口調査では課税単位である家長《ベシーノ》の数しか記録されていないため、それで判明する世帯数から人口全体を推定することしかできないが、少なくとも１５８０年前後までは、カスティーリャ王国において人口増加がつづき、スペイン全体でのそれを牽引したとされている。カスティーリャ王国では１５３０年に約79万世帯（平民のみ）、１５９１年に約１１２万世帯（聖職者・貴族も含む）という記録があり、16世紀におよそ4割の人口増があったことが窺われる。16世紀末のカスティーリャ人口は５００万人を超えたと推定されており、１００万人程度とされるアラゴン連合王国（最大のバレンシア王国でも40万人前後）を圧倒していた。16世紀には価格革命ともよばれる物価上昇がつづくが、スペインにおける原因としては、アメリカ銀の流入とならんで、カスティーリャ人口の大幅増による需要の高まりが重要であった。

人口の増加は、経済の全般的な発展に好影響を与えた。食糧需要の増大をもたらす人口の増加は、

8割以上の住民が農村に住んでいたとされる近世においては、経済の根幹である農業の成長に直結した。また、16世紀にはアメリカ植民地への入植者からの小麦、ワイン、オリーブ油などへの需要もあり、とくにアンダルシーア農業に有利に作用した。ただし、この時期に技術上の革新があったわけではないため、農業生産の増大は耕作地面積の増加、すなわち開墾地の拡大によって実現された。とはいえ、人口増による需要増がもたらした経済の活力は、都市経済にも波及した。都市における人口増加は、農村部からの流入分もくわわるため、しばしば全体の増加率を上回るペースで進んだ。たとえば１５２８年には５８９８世帯だったトレード市では、１５７１年には1万２４１２世帯にまで増えている。また16世紀末までに、アメリカ貿易の独占港として繁栄するセビーリャは15万人、１５６１年以降に宮廷が定着したマドリードは10万人程度の住民を擁する大都市に成長したとされる。このように活気を帯びた都市社会では、セゴビアやクエンカなどの毛織物業のように、各種の手工業が発展した。国際市場での競争力にとぼしいスペインの手工業製品は販路が国内とアメリカ植民地に限られていたため、16世紀の人口増はなおさら重要であった。

　このような生産業とならんで、16世紀には商業も堅調であった。16世紀スペインには、国際商業と結びついた三つの商業圏があった。第一に、アラゴン連合王国では伝統的に地中海交易が盛んであったが、15世紀にはペストと政情不安に苦しむバルセローナに代わって、バレンシアが台頭していた。第二に、西地中海と大西洋を結ぶセビーリャはアンダルシーアを後背地とする交易都市として発展し、スペイン王権によってアメリカ貿易の独占港とされた。そして第三に、移動牧羊業者組合《メスタ》が生産する羊毛をブルゴス商人が買い付け、バスクとカンタブリアの海運業がネーデルラントに輸出する商業圏

『セビーリャの風景』（アロンソ・サンチェス・コエリョ作、16 世紀末）。地中海と大西洋を結ぶ位置にあるセビーリャはアメリカ貿易の独占港となり、スペイン帝国最大の都市として繁栄した［アメリカ博物館（マドリード）蔵］

があった。ただし、16世紀のヨーロッパ国際商業におけるスペイン、とりわけカスティーリャの立場は、一次産品の輸出と手工業製品の輸入を特徴としていた。輸出品としては、羊毛を筆頭として、鉄、塩、ワイン、オリーブ油、乾燥果実などが主要品目であった。それに対して輸入品としては、ネーデルラントの毛織物、フランスのリンネル、イタリアの絹織物などの手工業製品が目立ち、貿易収支は赤字であったとされる。しかし16世紀中頃までは、アメリカ産の染料などの再輸出や、地中海でも活躍するバスクとカンタブリアの海運業による輸送料収入がそれを補っていた。

以上のように基本的には好調であった16世紀の経済は、17世紀にかけて悪化していった。まずカスティーリャ人口が減少に転じ、好況の前提が崩れた。すでに１５８０年代には開墾地拡大による農業生産増は限界に達しつつあったが、17世紀にはペストの再流行と地球規模での寒冷化も重なり、カスティーリャの農業とそれに支えられていた人口は縮小を始めた。ただし、17世紀に2割近くの人口が減少した内陸部に対して、アメリカ原産のトウモロコシが導入された北部沿岸地方では7割以上の著しい増加が起きた地域があるなど、17世紀の人口動態には大きな地域差があった。

労働力や消費者の減少を意味する人口減は、生産能力の後退と需要の減少をひきおこし、生産業への打撃になった。アメリカ植民地で農業生産が軌道に乗り始めたことも、本国農業への需要が低下する原因になった。また、1568年からつづくオランダ独立戦争は、カスティーリャ商業の主力であった羊毛輸出の不振を招いただけでなく、17世紀には圧倒的な海運力を誇るオランダが大西洋ばかりか地中海の海上輸送にも進出したため、バスクとカンタブリアの海運業は大きな打撃をうけた。さらに、慢性的な財政難に苦しむ王権が銀の含有率がきわめて低いベリョン貨を発行したため、17世紀には激しいインフレーションが民衆の生活を直撃した。経済がふたたび回復基調に入るのは、ペストの終息と気候の回復により人口減少に歯止めがかかった17世紀中頃以降のことであった。しかし、そこで経済力をつけてきたのは、毛織物業やブランデー製造業を発展させたカタルーニャをはじめとするスペインの沿岸部諸地方であり、ハプスブルク王権が基盤としてきたカスティーリャ王国の内陸部は、首都マドリードを例外として、経済的な後進地域になっていった。

このような経済の動向の下で、ハプスブルク期のスペイン社会では階層分化が進行していた。近世には、聖職者身分と貴族身分が免税をはじめとする特権を享受する一方で、平民身分は税を課されるという身分制社会の構造が強固につづいていた。しかし、他のヨーロッパ諸国と同様にスペインでも、法的には平民という同一の身分ではあっても、その内部では貧富の格差が大きく広がっていった。

人口の大半を占める農村部においては、同じ農業部門の従事者といっても、その境遇には大きな差があった。中世には再征服《レコンキスタ》の後に再植民《レポブラシオン》がおこなわれ、入植する農民には土地の所有権または長期の保有権が認められて、耕作者自身が土地と強く結びつく農村社会がめざされた。しかし中世後期には、とくにアンダルシーアや新カスティーリャ地方において大貴族や都市民による土地集積が進む一方で、農民内部でも富農層が台頭してきた。彼らは、貧農から土地を買い上げ、あるいは貴族、教会団体、都市民などが集積した土地を一括借地することで、大規模経営化を実現した。そして土地を手放した農民は、富農から日当で雇用される日雇い農に転落していった。16世紀後半の『地誌報告書』史料でも、新カスティーリャ地方の村々において、旦那衆《セニョーレス》ともよばれた富農《ラブラドール・リコ》、小規模ながらも所有地または保有地によって生計を立てうる自営農民《ラブラドール》、そして土地との結びつきを失って季節労働に従事せざるをえない日雇い農《ホルナレーロ》への分化が進んでいたことが記録されている。

都市でも国際商業に関与するほどの大商人をはじめとする富裕層と民衆のあいだには大きな貧富の差が生まれていたが、このように都市・農村で台頭した平民上層がめざしたのは、経済活動のさらなる資本主義的な展開ではなく、その財を用いて身分制社会の階梯を登ることであった。フェリーペ2世期以降、王権は財政難のためにカスティーリャ王国において領主裁判権、市参事会員職《レヒドール》、下級貴族《イダルゴ》の身分を売却していた。平民上層は、これらの購入をつうじて免税特権をもつ貴族身分に登ることを望み、地代や領主権収入によって暮らす領主的生活を理想とした。セルバンテスの小説『ドン・キホーテ』（前編1605年、後編1615年）において、農民サンチョ・パンサがドン・キホーテの旅に同行する際に報酬として約束されたのはどこかの島の領主にすることであり、途中、ある貴族のいたずらで領主（厳密にいえば領主権を代行する代官《ゴベルナドール》）とされる物語の設定にも、このような近世社会の心性が垣間見られる。ただし、このように領主的生活を理想とする心性は、身分制的な価値体系をもつヨーロッパ各地の近世社会と共通するものであり、スペイン社会も近世ヨーロッパの身分制社会のひとつに位置づけられるのである。

（内村俊太）

21 スペイン継承戦争と新組織王令
——王朝の交代が引き起こした内戦と中央集権化

17世紀末、ヨーロッパ諸国の君主の関心はスペイン王国の王位継承問題に注がれていた。病弱で継嗣を持たないカルロス2世が、広大な「帝国」の支配権を誰に引き継がせるのかという問題は、列強間で激化していた植民地争いの命運を握るもの、そしてヨーロッパの覇権の行方を左右するものと考えられたからである。

候補者の中から一度はバイエルンのヨーゼフ・フェルディナント（カルロス2世の姉マルガリータの孫）が正式決定されたものの、この後継者が1699年2月に夭逝したため、以後候補者は、フランス王ルイ14世の孫フィリップと神聖ローマ皇帝レオポルト1世の息子カール大公に絞られた。これはすなわち、フランス・ブルボン家とオーストリア・ハプスブルク家による熾烈な覇権争いの一端を示す対立であったが、そこに植民地拡大を狙うイギリスとオランダの経済的利害が複雑に絡んだ。勢力均衡を図るイギリスの積極的な介入の結果、1698年と1700年には2名の候補者の間でスペイン王国を分割領有する妥協的解決も計画された。しかし、このような妥協案を一旦受け入れたからといってルイ14世の領土拡張政策が完全に放棄されることはなく、また真の当事者であるスペインの立場を無視したこの取り決めをマドリードの宮廷が受け入れるはずもなかった。

王位継承問題に関して、マドリードの宮廷内では当初オロペーサ伯に代表される親ハプスブルク派が優位を占めていた。しかし、1697年のライスワイク条約でルイ14世がスペインに対して懐柔的態度を示したこと、1698年にオロペーサ伯が失脚したことに加え、列強による分割領有計画が明らかになったことが、親ブルボン派にとって形勢逆転の最大のチャンスとなった。実際、領土分割の危機に瀕したスペインが王国存立の希望をかけて下した決断は、強烈な指導力を発揮できるルイ14世（彼は自らの野心に従ってすでにいくつかの戦争を引き起こしていた）に後ろ盾を求めることだった。1700年10月にカルロス2世が署名した遺言状には、後継者としてブルボン家のフィリップの名が記された。また王位継承の条件として、フィリップがフランス王位の継承権を放棄することも明記された。これは、スペインとフランスの将来的合邦を避けるために国務会議が練った策だった。

しかし、1700年11月1日にカルロス2世が逝去し、同15日にフィリップがブルボン朝フェリーペ5世（1700～1746年）として即位すると、ルイ14世はフェリーペのフランス王位継承権を有効と宣言し、またフェリーペの名においてオランダに軍事的挑発を行うなど、孫をヨーロッパの覇者にするための野心的行動を連発した。この挑発的態度に対抗し、イギリスとオランダがオーストリアとともに反ブルボンの大同盟を結成したことをもって（1701年9月ハーグ条約）、スペイン継承戦争が事実上開戦した。

戦争勃発当初から、戦況はカール大公の王位継承権を擁護する大同盟側優位で展開した。このことに自信を強めたカール大公は、1703年9月、ウィーンでスペイン国王カルロス3世を宣言し、イベリア半島へ乗り込んだ。

同盟国ポルトガルから攻撃の機会をうかがうカルロス3世の大同盟軍は、1704年5月、地中海に艦隊を派遣しバルセローナの攻略を図った。この時の企ては失敗に終わったものの、同年8月にジブラルタルを占領して補給拠点を得た大同盟軍は、翌1705年8月にバルセローナ上陸を決行した。ここで注目したいのは、いずれの作戦にも現地カタルーニャの一部指導者層が加担していたことである。大同盟側と接触・交渉し（その結果1705年6月にジェノヴァ協定が結ばれた）、カルロス3世の上陸に先駆けて平野部から蜂起を開始した彼らの行動は、カタルーニャにおける反乱の幕開けを意味した。大同盟軍とこれら政治エリートとの合同作戦は地元の広い層からの支持を受けて結果的に成功し、同年10月以降、バルセローナはハプスブルク朝カルロス3世陣営の拠点となった。また、カタルーニャとともにアラゴン連合王国を構成していたアラゴンとバレンシアも、カタルーニャに続いてフェリーペ5世に反旗を翻した。

こうして、イベリア半島は内戦状態に陥った。カタルーニャ、アラゴン、バレンシアを反乱へと駆り立てた動機はいくつかあるが、三者に共通していたのは、各地域が伝統的に享受してきた地方特権《フエロス》を守るという大義だった。地方特権とは、地域固有の伝統的法制の総称であり、これによって身分制議会の権限も保証されるなど各地域の政治的自立性（あるいは地域主権）の根拠となっていた。国王であってもそれを侵すことは許されず、フェリーペ5世も即位直後にカタルーニャとアラゴンの議会を召集し、慣例に倣って地方特権の尊重を宣言していた。それにも関わらず、フェリーペ5世ならびにブルボン朝の地方当局が専横的態度を示したこと、それとは逆にカルロス3世が地方特権の尊重を約束したことが、カタルーニャに蜂起を決意させたのだった。

マドリードの王宮。フェリーペ５世の故郷であるパリのベルサイユ宮殿を模した建物は、ブルボン朝の強大な権威を象徴している

しかし、この反乱は失敗に終わる。フェリーペ５世は、１７０７年６月までにはすでにアラゴンとバレンシアの支配をほぼ回復することに成功しており、その後一時的に進撃を阻まれながらもカタルーニャを攻め続けた。その結果、１７１１年の時点で残す標的はバルセローナのみとなった。その頃、ヨーロッパの戦局も大きく変化した。１７１１年４月にカルロス３世が神聖ローマ帝国の皇帝に選出されると、彼がスペイン王を兼ねることを望まないイギリスと、長期の戦争に疲弊したフランスの主導により、講和の道が選択されたのである。こうして１７１３年４月にユトレヒト条約が締結され、フェリーペ５世はフランスの王位継承権の放棄と引き換えにスペイン国王としての国際的承認を受けた。この条約締結後、大同盟軍は副王とともにイベリア半島から完全撤退した。軍事的後ろ盾を失ったバルセローナの市民に対し、皇帝カール６世はフェリーペ５世への降伏を勧めた。それにも関わらずバルセローナの抵抗は続いたが、最後はフェリーペ軍の突破攻撃に屈し、１７１４年９月11日に陥落した。９年以上続いた内乱はこうして幕を閉じた。

フェリーペ5世は、アラゴンとバレンシアを征服した直後の1707年6月、そしてカタルーニャ征服後の1716年1月に、各々の統治体制に関する「新組織王令」を公布した。「新組織《ヌエバ・プランタ》」とは、地方特権ならびに伝統的諸制度に代わる新たな統治基盤を指すもので、概してフランスの中央集権的統治モデルを模範として整備された。

したがって、「新組織王令」ならびにそれらに付随する同時期の諸王令には、ブルボン朝が目指す中央集権的政治の指針がはっきりと示されている。例えば、各地の固有の法制度が廃止されカスティーリャの法に一元化されたこと（ただし、アラゴンとカタルーニャの民法は廃止を免れた）や、地方特権の根拠となっていたあらゆる制度・慣習（各地の議会と各々の常設代表部、司法機関、カタルーニャのバルセローナ市百人会議《クンセイ・ダ・セン》など）が廃止されたことなどが象徴的である。

また、地方行政組織の最高責任者には、方面軍司令官《カピタン・ヘネラル》または地方監察官《インテンデンテ》が任命された。方面軍司令官制は、征服直後のアラゴンで生じていた軍事司令官《コマンダンテ・ヘネラル》と高等法院《チャンシリエリア》（1707年7月の王令により設置されたもの）の行政権争いを解決すべく1711年に導入されたものである。これに伴い、高等法院は行政面では方面軍司令官の諮問役に限定される地方高等法院《アウディエンシア》に改編された。この措置は、地方行政における軍部の主導性を確定し、軍政を通じた統制強化を図るものであり、この新制度は1716年にバレンシアとカタルーニャにも適用された。一方、地方監察官は、軍が駐屯する地域や軍事活動が展開される地域の財政管理を担うものとして導入されたが、その後、税制改革を地方財政の現場で遂行する責任者として全国的に整備され、最終的には管轄区域の行財政全般を監督する事実上の地方長官となった。

都市行政のレベルでは、カスティーリャで王権強化に貢献してきた伝統的制度（終身的参事会員《レヒドール》が構成する都市参事会に国王代官《コレヒドール》を送って監督させる制度）が旧アラゴン連合王国の諸都市に導入された。国王代官には多くの場合、軍人が任命された。

以上のような地方行政改革を進めるにあたり、ブルボン朝は王権の絶対性を根拠としてそれを正当化したが、王権の絶対化に資するための改革は中央行政組織においても行われた。改革は、継承戦争中にルイ14世の助言を受けて始まった。高位貴族の利害主張の場と化していた顧問会議に代わって国王の執務を補佐する秘書が任命されたのである。これが1714年に分野別の秘書職《セクレタリーア》として制度化され、その後大臣制度へと発展した。秘書あるいは大臣に任命された人物は（時に一人が複数の職務を兼任することもあった）政治の実権を握って様々な改革を主導した。その一方で、顧問会議のほとんどは形骸化あるいは廃止された（唯一カスティーリャ顧問会議は大臣職と並ぶ権力機関として存続した）。また議会制度も事実上無効化された。というのも、議会（旧アラゴン連合王国の主要都市も加わったカスティーリャ議会が王国議会の役割を果たした）は、新国王の即位などの儀礼的目的でしか開催されなくなったからである。

以上のような中央集権化のための行政改革には、補足的な税制改革（国内税関の廃止と、所得と所有財産を対象とする新税の導入）も伴っており、こうして整備された「新組織」の中で、18世紀後半、カルロス3世の治世の官僚たちが、社会と経済の発展を試みることとなる。

（中本　香）

22 啓蒙とブルボン改革
——啓蒙的改革派官僚のビジョンと戦略

１７００年、スペイン王国に新王朝（ブルボン朝）が開かれたことは、その後ほぼ1世紀にわたって続く改革の時代の幕開けでもあった。とりわけ、カルロス3世の治世（１７５９～１７８８年）は、啓蒙的改革の時代として知られる。

啓蒙思想の影響は、すでに18世紀前半のスペインにも表れていた。例えば、ベネディクト会修道士フェイホー（１６７６～１７６４年）は、ピエール・ベール、フランシス・ベーコン、ジョン・ロック、ニュートンなどの理論を手掛かりとして、迷信に支配された無知なスペインに理性、経験、科学の重要性を知らしめようとした。そして18世紀後半になって、啓蒙の理念が政治の中で実践され始めた。その担い手となったのが、カルロス3世から重用された官僚たちだった。主に小貴族出身で特権諸身分の利害に拘束されないそれらの官僚が、大学時代に学んだ啓蒙思想の旧弊打破の考え方に基づきながら、経済・社会的弊害を克服するための制度改革を推進したのである。

啓蒙的改革は、１７６０年代の困難な状況の中で着想され具体化されていった。七年戦争（１７５６～１７６３年）の枠組みの中でイギリスとフランスが植民地争いを繰り広げる中（フレンチ・インディアン戦争）、１７６１年、スペインはフランスに与してこれに参戦した。こうしてイギリスと敵対する

マドリード中心部にある「カルロス３世」の騎馬像

ことになったスペインは、この戦争でキューバを占領され、さらにヌエバ・エスパーニャのベラクルスにも侵略の危機が迫るという難局に直面した。１７６３年のパリ条約でキューバはスペインに返還されたが、それと引き換えにスペインはアメリカの領土（インディアス）の様々な権益をイギリスに譲渡しなければならなかった。

これら一連の出来事を通じて、スペイン政府は植民地統治体制の脆弱さと軍事・防衛力の強化の緊急性を痛感し、軍備増強に不可欠な財政改革ならびに経済活性策についての議論に着手することとなった。この議論の中心にあったのがエスキラーチェである。彼は、カルロス３世のナポリ統治時代からの側近で、スペイン王国では財務大臣に任じられ、１７６３年からは陸軍大臣も兼任した人物である。すなわち、エスキラーチェは七年戦争後の緊急の課題（財務と軍事）の最高責任者であり、その立場から大胆な改革を推し進めた。例えば、この時期に始まった大西洋貿易改革は、本国と植民地の経済的結びつきを強化することを眼目として彼が提起したものだった。

またエスキラーチェは、１７６５年、経済活性化の一手段として、穀物の最高取引価格設定を廃止するという制度改革を断行した。これは、天候不順に起因する穀物価格の高騰に対処するため、取引の活性化と価格の安定化を期待して実施された先駆的自由化政策だった。ところが、この改革によって取引価格の上限が外されたことで穀物供給者（主に領主貴族）は投機に走り、その結果価格は暴騰し民衆の生活をさらに圧迫するという期待とは真逆の事態を招いてしまった。このような背景のなかで、1766年3月から5月にかけて、マドリードをはじめとする100余りの市町村で激しい暴動が起こった。暴動の鎮圧後エスキラーチェは罷免されたが、皮肉にもこの暴動が、農業生産と食糧供給に関わる制度上の弊害を浮き彫りにし、この後の啓蒙主義改革を本格化させるきっかけとなったのである。

最優先の課題は、農業生産を拡大することだった。それ自体は世紀前半から試みられており、開墾事業などが推進されていた。これに対して啓蒙派官僚は、生産体制における構造上の問題にメスを入れることで抜本的解決を図った。啓蒙派官僚が特に問題視したのは、スペインの土地の大部分が貴族、修道院、自治体などによって永代所有され、これらの大土地所有者に独占的利益を保証する借地契約が行われていたことだった。このような契約によって過酷な条件下に置かれた農民は労働意欲に乏しく、飢饉の発生時などには耕作を放棄して都市に流出し、これが農村部の荒廃と都市部の治安悪化を招いていたのだった。啓蒙派官僚は、このような借地農民を独立自営農民層（農地と耕作用の家畜を所有し余剰生産物を市場で流通させる小ブルジョワ的農民層）に転化することを目標に掲げたが、それを実現するには土地の永代所有制度を廃止することが必須の前提として求められた。

農地改革の最初の例は、エスキラーチェ暴動による混乱が続く1766年5月、自治体の所有地・

貸出地を小農民に優先的に分配するよう命じた王令がエストレマドゥーラを対象に公布されたことに求められる。この措置は以後1770年までの一連の王令で全国的に整備されていったが、啓蒙派官僚が切り込んだ領域は自治体所有地に限定されなかった。貴族の限嗣相続制《マヨラスゴ》、修道院の死手地（譲渡や売買が永久的に不可能な不動産）、さらにはメスタ（貴族・修道院を中心とする移動牧畜業者の同業者組合）の牧草地永代所有特権なども、小農民保護という観点から厳しく批判され、それぞれ改革が試みられた。また、これらの問題を総合的に解決するものとして「農地法」の制定が計画され、1766年から議論が交わされた。なかでもカンポマネスが提案した分益小作契約（貴族や修道院の土地を小農民に有利な条件で貸与する制度）案は啓蒙的農地改革の頂点を画すものだったといえる。しかし、あくまでも小農民の「保護」に主眼を置く啓蒙派の主張は、アダム・スミスの自由主義的経済理論の影響を受けたホベリャーノスらの批判にさらされることとなり、議論は紛糾した。

しかし、そのような新たな経済理論に基づく批判以前に、啓蒙的改革には常に特権諸階層の存在が壁となって立ちはだかった。改革で権益が損なわれる貴族や聖職者が強く抵抗したために、「農地法」は最終的に制定にいたらず、着手された制度改革も実効性を欠いた。そのような逆境の中でアンダルシーアのシエラ・モレーナに建設された「新定住地」は、既存の諸特権を排除した新しい社会のモデル・ケースとして提示されたものだった。

商工業の分野では、18世紀前半に特徴的だった重商主義的保護政策の見直しが行われた。重商主義的保護政策とは、特定の高級品の生産・流通に政府が特権を与えこれを保護・統制する政策を指す。その具体策としては、奢侈品の生産に特化した王立工場（集中マニュファクチャー）の経営、ギルドによる生産・販売統制の是認、植民地の産物を独占的に扱う貿易会社の認可と保護などが挙げられる。このような保護政策に対しては、すでに18世紀中葉にベルナルド・バルドが見直しを求める論考を政府に提出していたが、本格的な再検討と改革に着手されたのはカルロス3世の治世に入ってからのことである。

ここで目標として掲げられたのは、規制の緩和や自由化といった制度改革を通じた生産・販売の合理化だった。例えば、カンポマネスは、「民衆工業振興論」（1774年）のなかで、都市部の高級品製造業に特徴的だったギルドの厳しい管理体制を批判すると同時に、農村部の婦女子の労働力を活用しながら一般品製造業を活性化することを提言した。またホベリャーノスも、1785年の論考の中でギルドによる技術統制を厳しく批判した。啓蒙主義者によるこのような批判や提言の結果、親方に移動の自由を認め、外国人職人の排除を禁止するなど（1777年）、ギルドの閉鎖性・排他性の是正が図られた他、女性職人の育成の自由化（1779年）や織物業における生産技術の自由化（1789年）など、一連の規制緩和が実現した。ただし、ギルド制度自体は無効化されず、その後1830年代に自由主義的制度改革が本格化するまで解体を免れた。

一方、貿易においては、基本的に保護貿易の方針が維持された。財政の逼迫という深刻な問題を抱えていた以上、税収の減少につながる関税引き下げに踏み切ることはできず、また外国産商品（イギリスなどから輸入されアメリカに再輸出される商品）との価格競争から国内の商工業者を守る必要があったからである。そのため、貿易の制度改革は、規制・統制型から開放型に転換することにとどまった。その内容は、それまでイベリア半島のカディスとメキシコのベラクルスならびにカリブ海沿岸のティエラ・フィルメの間のみで行われていた貿易を他の港にも開放するというもので、１７６５年にスペインの主要な9港とアンティーリャス（アンティル）諸島の直接貿易を認める王令が公布され、１７７８年の「自由貿易令」でスペインとアメリカの主要な港のほとんどに貿易権を許可するにいたった。

以上のような一連の改革を通じて啓蒙派官僚が成し遂げようとした最終的な目標とは、ヨーロッパの中で「遅れ」をとったスペインを、豊かな国家として再生・発展させることにあった。この目標を達成するため、政府は、科学的進歩に貢献する実用的学問（医学、天文学、博物学など）の振興、臣民を国家に有益な人材として育成するための教育改革、ならびに作業場も兼ねた救貧院の設置などにも取り組んだ。

また、スペインの啓蒙的改革の特徴の一つとして、社会契約的政治思想の影響がほとんど見られないことが挙げられる。実際、啓蒙派官僚は、統治者としての国王を、改革の障害となる特権諸階層を超越する絶対的存在としてむしろ肯定する立場をとった。しかも絶対的な王権は、聖職者にも及ぶものと考えられた。スペインの啓蒙主義者にとっては、国王はカトリックの庇護者であり、したがって聖職者はその保護下に置かれるべきだと考えられたのである。このような「国王教権主義」の考え方は、「教皇権至上主義」の立場をとるイエズス会との対立を招くこととなった。

（中本　香）

23 ブルボン期の社会・経済
――古い秩序からの脱却を求めて

ブルボン期の社会と経済は、後に旧体制《アンシアン・レジーム》と呼ばれることになる枠組みの中で営まれていた。しかし、この古い秩序の中で、社会も経済も確実に変化しつつあった。

変化の側面の一つが人口動態である。1717年、1768年、1787年、1797年の「人口調査」の数値を比較すると、人口は500万人、930万人、1041万人、1054万人に増加しており、この間に記録した約40%の増加率は同時代のヨーロッパ諸国と同レベルを示している。このような全体的増加傾向の要因は、政府や市当局がとった様々な政策（12人以上の子供を持つ親への貴族位の授与、シエラ・モレーナの新定住地域への外国人入植者の受け入れ、病院など保健衛生施設の整備、穀物備蓄倉庫の整備など）よりも、疫病の深刻な流行が比較的少なかったことに求められる。人口の伸びが特に顕著だったのは半島周縁部で（1717年から1787年の間に、カタルーニャの人口は約40万7000人から約90万人に、バレンシア地方の人口は約41万人から約78万3000人に増加した）、人口密度の高い地域もマドリードを例外として周縁部に偏在した。人口の大部分は農村部に居住しており、その状況は18世紀を通じて変化することはなかったものの、バルセローナのように急激に成長した都市も例外的に存在した（同市の人口は、1717年の約3万5000人から1787年の約11万1000人へと約3倍の伸びを記録した）。

人口増加には農業生産の拡大も伴った。実際、18世紀を通じて収穫量が増加したことは様々な研究から裏付けられている。しかし、それは主として農地拡大の結果であり、生産性の向上につながる技術的刷新に起因するものではなかった。カタルーニャやカンタブリアなど、新作物の導入と輪作によって効率的な生産を実現させた地域もあったものの、気候条件が悪く灌漑施設も普及していなかったそれ以外の地域では、3～4年周期でローテーションを組み耕作と休閑を繰り返す農法に頼っており、生産性は依然として低かった。そのため、開墾の限界は、供給拡大の限界を意味していた。

安定的な食糧供給が求められるなか、カルロス3世の治世の啓蒙派官僚は、農村社会を支配していた封建的土地所有制度にメスを入れることに問題解決の糸口を見出していた。18世紀当時、スペインの土地のほとんどは貴族、修道院、自治体などによって永代所有されていた。そのうち貴族や修道院は、領主として領民に租税を課し、あるいは土地所有者として小作農から地代を徴収することで農村経済の利益を独占していた。小作農は、制度上、土地所有者との間で農地と収穫物の権利を分有する分益小作であった。しかし、カタルーニャのように小作人にも有益な長期契約が行われていたのは稀なケースで、それ以外のほとんどの地域では土地所有者側に極めて有利な短期契約が更新され続けたため、小作人の耕作意欲の減退を引き起こしていた。また、大土地所有制度が支配的であったアンダルシーアでは、農民の多くが過酷な条件の日雇い労働者として農業を支えていた。これらの小農・貧農問題を解消し、独立自営農民中心の農村社会を実現するためには、土地の永代所有構造を変革する必要があった。しかし、そのような抜本的改革によって権益を損なわれる特権諸身分が強く抵抗したため、18世紀のうちにこの問題が解決されることはなかった。

さて、人口と農業生産が増大した18世紀は、他の経済部門にとっても発展の好機であった。人口の大部分を占める農民が貨幣経済とは距離がある状況が続いていたとはいえ、政府の様々な振興政策の効果もあり、工業と商業も世紀を通じて一定の成長を達成した。工業部門では、伝統的な問屋制家内工業が広く展開されていたが、このうちギルドの厳しい管理下にあった都市型の高級品生産業が停滞するなか、一般品の需要に応えることができた農村工業がゆるやかに成長した。特に18世紀後半には、農業との共存的発展を可能にする農村工業のメリットが啓蒙改革派官僚カンポマネスから高く評価され、彼の後押しを受けて発展の可能性は広がった。しかし実際には、農村工業も都市の手工業と同様、効率化という本質的に克服できない問題に直面し、ほとんどの地域で衰退していく。

セゴビアのラ・グランハ離宮そばに創設されたガラス工場は現在博物館となっており、当時使用されていた道具などが展示されている（写真は、クリスタルの溶解炉）

その間、工場制手工業も一部で始動していた。この生産形態の最初の具現化は、18世紀前半、政府がフランスの前例に倣って設立した一連の特権的王立工場に見ることができる（マドリードのタペストリー工場、セゴビアのガラス工場、グアダラハーラの毛織物工場など）。これは本来、政府の管理の下で奢侈品の国内自給を実現させ、その製造・販売を独占しながら国庫収入を増やす試みであった。しかし、奢侈品の販路は限られていたために設立当初から赤字経営が続き、王室財政を圧迫しただけであった。その後も、政府と民間の生産業者が共同出資するものや、個人の企業家が経営するものなど、「工場」と名の付く生産施設が数多く設立されたが、どれも集中作業場の域を出ることはなかった。

ところで、それらの集中作業場の中には、保護主義的な管理体制を脱して比較的自由な生産を行った例もあった（セゴビアの「オルティス・デ・パス毛織物工場」など）。このようにギルドの制約を受けない新しいタイプの生産施設が創設されたことは、工業振興の方向性が規制緩和へと傾いた流れの中に位置付けられる（規制緩和の顕著な例として、1789年に織物業の生産技術が自由化されたことが挙げられる）。

しかし、この機会に乗じて工業化を達成できたのはカタルーニャだけであった。この地域に備わっていた諸条件（農村工業の伝統で培われたノウハウ、18世紀初頭からバルセローナで行われていた捺染加工の技術、1760年代以降の植民地貿易制度の改革に伴って可能となった綿花の輸入、好調な農業生産と特産品の蒸留酒の輸出によって蓄積された潤沢な資本など）が、綿織物業の近代的発展に結びついたのである。

綿織物をはじめとするカタルーニャ産の商品は、域内を超えて内陸部でも消費された。地域間交易の障壁となっていた国内税関が1717年に廃止されたこと（ただしバスクとナバーラの国内税関は残された）、またカルロス3世の治世に陸上輸送を円滑化するための事業（幹線道路、運河、橋梁の建設）が活性化したことなどが、カタルーニャ産商品の市場の拡大を後押しした。とりわけ重要だったのは、特権身分に加えてブルジョワジーの消費行動が活発になっていたマドリードの市場だった。そして、そのマドリードの消費者と各地の生産業者を結びつけていたのが、「マドリード五大ギルド会社」（167

9年にギルドの連合体として創設され、1763年に会社として組織化された）だった。これは、首都に商品を供給する独占権が認められた特権会社であったが、その事業は販売業に限定されず、政府から払い下げられた王立工場の経営、金融業、貿易など多岐にわたった。

首都マドリードとは対照的に、それ以外のカスティーリャ地域は市場として依然孤立していた。しかも、実質的に唯一の商品であった小麦は、これを地代として徴収した貴族や聖職者によって独占的に供給されていたため、販売というよりも投機的な形で取引された。

マドリードを除き商業活動がいまだ活性化しない内陸部に対して、カタルーニャをはじめとする沿岸地域は商品の海上輸送が可能であるという強みを活かし、対ヨーロッパと対アメリカの貿易で栄えた。ヨーロッパ向けの主な輸出品は、羊毛、ワイン・蒸留酒、乾燥果実であり、ヨーロッパからは手工業製品（イギリス、オランダ、フランス産）や原綿・綿糸（マルタ島産）などを輸入した。しかし、対ヨーロッパ最大の貿易港バルセローナを例にとっても、18世紀を通じて輸出額が輸入額を上回ることはなかった（例えば1793年の取引額は、輸出額〔北アフリカとの取引を含む〕約7000万レアルに対し、輸入額〔アメリカ合衆国との取引を含む〕は9600万レアルだった）。

アメリカとの貿易は、16世紀以来、一港独占制度（独占港は1717年にセビーリャからカディスに移された）と船団制を基礎として王室の監督の下で行われていた。しかし、18世紀の啓蒙的諸改革の一環として見直しが行われた結果、貿易制度は限定性の強い管理・統制型から参入の機会の広い開放型へと段階的に変化した。第一に、カラカス＝ギプスコア会社（1728年設立）、ハバナ会社（1740年設立）、バルセローナ会社（1755年設立）など、特定の地域の特産品を独占的に取引する特権的貿易会社が設立された。また1760年代以降はさらなる開放が進み、1778年までには本国と植民地の主要な港の間に直接取引を認める制度が整えられた。これらの改革を契機に対アメリカ貿易が活性化したことは事実である。しかし、スペイン各地の港からアメリカへ輸出された商品のかなりの部分はヨーロッパ諸国からの再輸出品であり、貿易量の増加がスペイン国内の産業の成長を反映しているとは必ずしも言えない。

いずれにしても、18世紀のスペインの経済活動において、周縁部、とりわけカタルーニャの商工業ブルジョワジーの存在感が強まったことは明白である。一部地域に限定されていたとはいえ、経済的重要性を高めたブルジョワジーは、旧体制の社会内部でも影響力を持つ集団になりつつあった。

（中本　香）

24 ナポレオンと独立戦争
――ゴドイを追い込んだ皇帝の野望とスペイン人の抵抗

1789年夏にフランスで起こった大革命は、18世紀末から19世紀初頭のスペインの政治に大きな波乱をもたらした。革命勃発後、国王カルロス4世（1788～1808年）はフランスの同族ルイ16世を何とか救出しようと政府の交渉に期待したが、宰相フロリダブランカ伯の挑発的態度はフランスとの関係を悪化させ、次に宰相となったアランダ伯も介入に失敗して王を失望させた。カルロス4世は、これら2人に代表される啓蒙派官僚と保守的な大貴族の権力争いに辟易しており、このタイミングで異例の大抜擢を行った。1792年、既存の政治集団の利害に左右されない人物像が求められた結果、弱冠25歳で平民出身の近衛兵ゴドイが宰相に任命されたのである。ただし、この人選に、王妃マリア・ルイサの個人的な感情に基づく強い働きかけが影響したことも否定はできない。

ゴドイが政治の実権を握ったスペインは、当時ヨーロッパで緊張が高まっていた対立の渦に飲み込まれることとなった。1793年2月、イギリスの呼びかけによって対仏大同盟が結成され、これに参加したスペインは自動的に共和政フランスとの戦争に突入した。「国民公会戦争」と呼ばれるこの戦いは当初スペイン側優勢で展開した。しかし、1794年以降戦況は劣勢に転じ、また財政が悪化するなかで、ゴドイはフランスの和解案を受け入れざるをえなかった（1795年7月、バーゼル講和条約)。これを契機にゴドイの外交方針は親フランスへと大きく舵を切り、1796年8月に対イギリスの軍事的協力を約束するサン・イルデフォンソ条約をフランスとの間に結んだ。

しかし、この方針転換の代償は大きかった。カリブ海のトリニダード島がイギリス軍によって占領され(1797年2月)、またスペインとアメリカの領土を結ぶ航路も遮断されるなど、植民地経営に大きな損害を引き起こしたのである。そのためゴドイは一旦フランスとの同盟の解消を図ったが、この選択は自らの失脚を招いただけだった。その後1800年12月に「大将軍《ヘネラリシモ》」として政界への復帰を果たしたゴドイは、この復帰に一役買ったナポレオン(当時第一統領となっていた)の野望に協力する他なかった。1801年には、ナポレオンからの要求に応えてイギリスの同盟国ポルトガルと交戦した(オレンジ戦争)。スペインはこの戦いに勝利したが、1805年にフランスと連合して臨んだトラファルガー海戦では無残な敗北を喫し、艦隊の壊滅という悲劇を生んだ。この惨劇にも関わらず、ゴドイはなおもナポレオンの野望に加担し続けた。それは、イギリスを孤立させるためにナポレオンが企てたポルトガル侵攻作戦において、フランスの遠征隊がスペインの領内を通過することを認めるというもので、この計画に関する密約(フォンテーヌブロー条約)が1807年10月に交わされた結果、10万人以上ものフランス兵がスペイン国内に駐屯するという状況が生まれた。

18世紀末からの断続的戦争は国庫に大きな負担をかけた。常套手段である国債の発行ではこの窮状を切り抜けることができず、政府はついに貴族と聖職者の財産取得に課税し、教会財産を売却してその収益を国庫に組み込むという策に踏み切った。この政策によって利益を損なわれた伝統的諸身分が「成り上がり者」ゴドイに対して敵意を募らせるなか、民衆の間にも反ゴドイ感情が強まった。流行病による人口減少や天候不順に起因する食糧危機で社会不安が増大したところに、絶え間ない戦争で平和な生活を奪われたことへの怒りが重なったのだ。また、ブルジョワジーのなかでは、イギリスとの戦争で貿易ルートが断たれたことに対する不満も募っていた。

これらの憤まんが、大きな変化を求める動きとなって国王夫妻とゴドイを追い込んだ。この運動の中核には、王太子フェルナンドが位置していた。彼もまた父王の寵愛を一身に受けるゴドイを敵視していた。そのフェルナンドが貴族と共謀したクーデタ計画は未遂に終わったが（1807年10月エル・エスコリアルの陰謀）、彼らには民衆の支持という強みがあった。1808年3月17日、反ゴドイの貴族に煽動された民衆が国王夫妻の滞在するアランフエス離宮に押し寄せ、ゴドイの更迭と王の退位を要求すると、カルロス4世はこれを受け入れざるをえなかった。王は3月19日に「自発的な」退位を宣言し、フェルナンド7世（1808、1814〜1833年）が即位した。

「1808年5月2日の民衆」にささげるモニュメント。ナポレオン軍に立ち向かった「英雄」たる民衆の勇敢さを讃えている

このようなスペイン王室の混乱に乗じる形で、ナポレオンはスペイン領内の軍の一部をマドリードに移動させるとともに、カルロス4世ならびにフェルナンド7世と国境の町バ

イヨンヌで会談し、両者に王権を放棄させることに成功した（1808年5月5日と6日）。こうしてスペイン王国の全ての権利を一旦預かったうえで、同年6月6日、ナポレオンはそれらの権利を兄ジョセフに渡した。ここにボナパルト朝ホセ1世が誕生したが、スペイン人の大部分は彼を国王とは認めなかった。

フェルナンド7世がバイヨンヌでナポレオンとの交渉に挑んでいた間、彼はフランス当局のゆるやかな監督下に置かれていた。しかし、スペインでは、王が監禁されているとの誤った情報が流布したために、恐怖と怒りの感情が社会に広がった。そして、フェルナンド7世が王権を放棄する直前の5月2日、フランスの傭兵隊がブルボン家の王族をバイヨンヌに連行しようとした時に、それを阻止すべくマドリードの一部民衆が立ち上がった。この暴動はすぐに鎮圧されたが（この時に捕らえられた市民がフランス兵に銃殺される場面を描いたゴヤの絵が有名である）、反仏の動きは間もなくスペイン各地に拡大した。スペイン史上「独立戦争」と呼ばれる対仏戦争の始まりである。

組織力を持たない民衆は町の名士に働きかけ、抵抗運動を指揮する地区評議会を結成させた。これらの多くはやがて地域単位でまとめられ、地方評議会として組織された。フェルナンド7世が王としての「最高権力」を行使できず、また本来の行政機関も無効化している状況のなかで、それらの評議会は地域レベルで「最高権力」を代行する機関であることを自負した。さらに9月25日には、地方評議会の代表からなる最高中央評議会がアランフエスで結成され、これが事実上の暫定政府としての役割を果たした。

このように、独立戦争の端緒は、自然発生的に生じた抵抗運動が評議会によって組織化されたことに求められる。この最高中央評議会が主導役となり、スペインの大部分の人々がフランスによる支配からの解放を目指して戦ったが、愛国派《フレンテ・パトリオティコ》と呼ばれるこの勢力の戦闘は、参加した人々の立場によって、祖国防衛以上の様々な意味を持った。例えば、聖職者や多くの貴族は独立の先に絶対王政の再建を見ていたが、それとは逆に最高中央評議会の議長フロリダブランカなどは啓蒙改革の再開と推進を目指し、さらに知識人やブルジョワジーはこの戦いに旧体制との完全な決別の機会を見出していた。このように立場は異なっていたが、彼らは皆フェルナンド7世を国王として帰国させることを共通の優先目標として戦った。一方、極少数ながらボナパルト朝を支持したスペイン人も存在した。カバルスやウルキーホなど一部の啓蒙改革派を中心とする彼らは親仏派《アフランセサード》と呼ばれ、ボナパルト朝という強大な権威とホセ1世がバイヨンヌ憲法（１８０８年7月7日に制定した欽定憲法）を通じて表明した穏健的自由主義の統治計画に、彼らが目指す啓蒙専制のための改革の実現性を見出していた。

このような構図の中で展開した独立戦争は、ポルトガルおよびイギリスとの同盟も功を奏し、当初スペイン側有利で展開した。１８０８年7月19日に南部バイレンであげた圧倒的勝利は、ナポレオン軍に陸上戦初の屈辱を味合わせたという意味で、スペインにとって記念碑的出来事となった。スペイン軍の勢いに怯えるホセ1世と親仏派政府は北部のビトリアに退避したが、劣勢を知ったナポレオンが自ら大陸軍を率いてイベリア半島に乗り込んできたことを機に形勢は逆転する。大陸軍の司令官たちはマドリードに至る要所を次々と攻略し、12月4日には首都奪回を実現してホセ1世を帰還させた。ナポレオンは翌１８０９年の1月に帰国したが、残る軍隊の進撃は続き、敗走するイギリス軍を半島北西端のラ・コルーニャまで追い込む一方、東部では守りが固く攻略が難航していたサラゴーサをついに陥落させた。1808年11月、オカーニャの戦いに勝利したナポレオン軍は狙いをアンダルシーアに定めた。

この攻勢を前にして、最高中央評議会はアランフエスからセビーリャ、そして港町カディスへと逃げ込むしかなかった。フランス軍は1811年までにほとんどの主要都市を占領したが、各地の民衆が展開したゲリラ戦術に翻弄され、点と線の支配しかできなかった。そのため、ボナパルト朝の統治は実効性を持たなかった。1812年以降の戦いにおいて、ゲリラ隊はもはや欠かせない戦力の一つとなった。1812年から1813年にかけて、ナポレオンが主力を注いだロシア遠征に失敗しライプツィヒの戦いで決定的敗北を喫した一方、スペイン、イギリス、ポルトガルの連合軍はアラピレスの戦い（1812年7月）、ビトリアの戦い（1813年6月）、サン・マルシアルの戦い（同8月）と勝利を重ねた。ホセ1世は1813年6月に退位を宣言し、同12月、ナポレオンがフェルナンド7世をスペイン国王と認めるヴァランセー条約が結ばれた。カタルーニャに残っていたフランス軍も翌年に完全撤退し、こうして6年にわたる独立戦争に幕が下ろされた。

なお戦争中にカディスに置かれた最高中央評議会は、戦争の司令塔としての機能を十分に果たすことができず1810年1月に自ら解散したが、その際、同年9月に議会を開催することを決定していた。こうして開幕した議会（いわゆるカディス議会）は、国民主権を宣言する「1812年憲法」など、一連の自由主義的立法を実現した。独立戦争を背景として、自由主義的運動が萌芽したのだった。

（中本　香）

コラム
6

《歴史のスポット》
バイレンの戦いとフランス軍の敗北の記憶

　ナポレオンのイベリア半島支配に抗して戦われたスペイン独立戦争（１８０８～１８１４年）は、19世紀のスペイン国民国家形成の動きの中で、「国民的抵抗」を称揚するために広汎に利用された。興味深いのは、現実には副次的役割しか与えられていなかった女性に対して、抵抗のシンボルの地位を与えるエピソードが数々と生まれ（その信憑性は疑わしいのだが）、その後にも大々的に喧伝されたことである。

　１８０８年5月2日のマドリード民衆の反フランス軍蜂起に際しては、マヌエラ・マラサーニャという若いお針子が危険を顧みずにフランス軍に抵抗するスペイン兵士たちに弾薬などを配ったが、そのことでフランス軍によって殺害されたという。マドリード市の「5月2日広場」に通じる道路のひとつは「マヌエラ・マラサーニャ通り」と命名されている。

マドリード市のマヌエラ・マラサーニャ通りのプレート

　１８０８年、フランス軍のサラゴーサ市攻略に対する民衆の抵抗についても、同じようなエピソードが生まれている。およそ5万人のスペイン人が命を落とした抵抗であるが、なかでも果敢に戦ったのがアグスティーナ・デ・アラゴンという女性で、累々と横たわる屍のうえの大砲を操って

サラゴーサ市で大砲を操って抵抗するアグスティーナ・デ・アラゴン（フランシスコ・デ・ゴヤ『戦争の惨禍』より）

フランス軍に対して砲丸を発射したという。戦争の描写を数多く残したゴヤの絵にもこの光景が描かれているが、実際にそうであったかは疑問である。

これらのマドリードとサラゴーサについての伝承はあまりに有名だが、独立戦争の出来事と絡んで創られたエピソードは多い。そのひとつが、バイレンの町でつくられたマリア・ベリィーダの伝承である。バイレンの戦いとは、1808年7月、この町の郊外でナポレオンの軍隊が歴史上初めて喫した大敗北であった。マドリードからアンダルシーア制圧を目指した軍隊が、各部隊間の連絡路の確保を手薄にしたための戦略上のミスから起こった、スペイン軍隊にとっては「偶然の幸運」であったが、他国に侵略した軍隊がもつ占領作戦の困難さを予見させる事件となり、やがて1814年、ナポレオン軍はイベリア半島からの全面的撤退を余儀なくされることになった。

この戦いに指導的役割を果たしたのがレディング将軍であるが、フランス軍に抗するなかで水がなくて疲労困憊していたこの将軍に、フランス兵の弾にあたって壊れてもなお残った水の入ったボティーハ（素焼きの水差し）を運んで差し出したのがマリア・ベリィーダというら若い女性であったという。その信憑性はさておいて、バイレン市の紋章にはこのボティーハが描かれている。

町の中央広場には、イサベル2世が19世紀半ばに寄贈したイベリアを象徴する女神像が聳えたっている。やがて住民たちはこの像をマリア・ベリィーダと重ね合わせて、いまでは誰もがマリアの像だと見なしている。そして、毎年7月19日、この広場を中心にバイレンの戦いを記念する祭りが催され、マリアの勇敢さが想起されているのである。

（立石博高）

バイレン市の紋章。左に、ボティーハが描かれている。

バイレン市の女神像。いまではマリア・ベリィーダの像とされている［出所：http://ayto-bailen.com］

第Ⅳ部

近代国家形成に向けて

25 カディス議会と1812年憲法
——自由主義の種をまく

カディス議会開催までの過程

1808年5月2日のマドリードにおける対フランス蜂起の知らせは瞬く間にスペイン国内に広まっていった。その結果、5月末から6月にかけて、囚われの王フェルナンド7世の名において、対仏抵抗組織として地区評議会が、さらにそれらが集まって全国で13の地方評議会が結成された。フランスとの戦争を推進するためには、地区評議会《フンタ》を束ね、国のかじ取りを担う中央組織が求められたことから、9月25日に地方評議会の代表による最高中央評議会がアランフエスで組織されることとなった。最高評議会議長にはフロリダブランカ伯が就き、ホベリャーノスをはじめとする残りの35名の評議員の大半は爵位をもつ貴族によって占められていたことから、最高中央評議会が民衆から遠い存在であったことが窺い知れよう。

一方、フランス軍による侵略とブルボン家に代わるホセ1世の統治は、スペインの様々な立場の理念を表明させることにつながった。その一つ、親仏派《アフランセサード》と呼ばれるフランスびいきの啓蒙的改革者たちは、ホセ1世を新王として歓迎し、その政府に積極的に参加した。しかし、ナポレオンの傀儡の王に対する支持が広まることはなく、多くのスペイン人は愛国派《フレンテ・パトリオティコ》としてフランスに対する独立戦争を

郵便はがき

料金受取人払郵便

神田局
承認

6430

差出有効期間
2022年12月
31日まで

切手を貼らずに
お出し下さい。

101-8796

5 3 7

【受 取 人】

東京都千代田区外神田6-9-5

株式会社 **明石書店** 読者通信係 行

お買い上げ、ありがとうございました。
今後の出版物の参考といたしたく、ご記入、ご投函いただければ幸いに存じます。

ふりがな お 名 前	年齢	性別

ご 住 所 〒 -

TEL ( ) FAX ( )

メールアドレス	ご職業（または学校名）

＊図書目録のご希望 □ある □ない	＊ジャンル別などのご案内（不定期）のご希望 □ある：ジャンル（ ） □ない

書籍のタイトル

◆本書を何でお知りになりましたか？

□新聞・雑誌の広告…掲載紙誌名［　　　　］
□書評・紹介記事……掲載紙誌名［　　　　］
□店頭で　□知人のすすめ　□弊社からの案内　□弊社ホームページ
□ネット書店［　　　　］　□その他［　　　　］

◆本書についてのご意見・ご感想

■定　価　□安い（満足）　□ほどほど　□高い（不満）
■カバーデザイン　□良い　□ふつう　□悪い・ふさわしくない
■内　容　□良い　□ふつう　□期待はずれ
■その他お気づきの点、ご質問、ご感想など、ご自由にお書き下さい。

◆本書をお買い上げの書店

［　　　市・区・町・村　　　書店　　　店］

◆今後どのような書籍をお望みですか？

今関心をお持ちのテーマ・人・ジャンル、また翻訳希望の本など、何でもお書き下さい。

◆ご購読紙　(1)朝日　(2)読売　(3)毎日　(4)日経　(5)その他［　　　新聞］

◆定期ご購読の雑誌［　　　　］

ご協力ありがとうございました。

ご意見などを弊社ホームページなどでご紹介させていただくことがあります。　□諾　□否

◆ご 注 文 書◆　このハガキで弊社刊行物をご注文いただけます。

□ご指定の書店でお受取り……下欄に書店名と所在地域、わかれば電話番号をご記入下さい。
□代金引換郵便にてお受取り…送料+手数料として500円かかります（表記ご住所宛のみ）。

書名	冊
書名	冊

ご指定の書店・支店名	書店の所在地域　都・道 府・県　市・区 町・村
	書店の電話番号　（　　　）

進めた。とはいえ、愛国派が一枚岩であったわけでもなかった。愛国派には、フェルナンド7世の下での絶対王政の復活を望んだ貴族・聖職者らが中心の絶対王政派、同じくフェルナンド7世の帰還を望み王政の存続とスペインの近代化の双方を求めた、フロリダブランカやホベリャーノスに代表される啓蒙改革派、そして数は少ないものの、両派とは異なり旧体制から脱却して、国民主権と三権分立の確立、そして議会制に基づく自由主義体制への移行を夢見た自由主義者らがいた。だが、大多数のスペイン人はそのいずれの理念にも明確に拠ることなく、ただ侵略者に対する防衛戦争として戦っていたのである。

最高中央評議会は、フランス軍の侵攻を前になすすべもなく、セビーリャ、そしてカディスへと逃れていった。カディスは、イギリス艦隊の援護を受けることで、フランス軍の包囲に抗しえた唯一の都市であったからである。最高中央評議会は、対フランスの戦費調達とホセ1世のラテンアメリカに対する寛容な姿勢（1808年にナポレオンの圧力の下制定された欽定憲法「バイヨンヌ憲法」では、ラテンアメリカに対しスペイン本国と同等の権利と経済活動を認めていた）を前にラテンアメリカの懐柔に努めざるを得ず、1809年1月にラテンアメリカを「植民地ではなく、スペイン王国の本質的かつ統合的な一部」として、最高中央評議会への代表権を認める法令を発している（とはいえ、評議員36名中アメリカ代表はわずか9名とされた）。そして、1809年10月に最高中央評議会は議会の開催を呼びかけたものの、1810年1月末には戦争指揮能力の欠如からその権限を5名（うち1名はラテンアメリカの代表）からなる摂政会議に委譲し、議会開催を待たずに自ら解散した。

議会召集の課題もこの摂政会議が負うこととなった。摂政会議は、1810年2月に、前段の法令に基づいてラテンアメリカをも含めスペイン王国諸地域からの代表選出を命じる法令を発した。しかし、フランス軍の支配地域から、あるいは、遠くラテンアメリカから期日までにカディスに参集することは困難であったことから、当時カディスに逃れていた各地域出身者の中から議員代行が選ばれることとなった。この議員代行という形式を採ることによって、カディスにいた自由主義者が会議に参加しえたことから、自由主義者の発言権の大きい議員構成となったとされる。また、選出議員の中では聖職者（90名）と弁護士（56名）が多数を占めていたが、商人はわずか8名、農民や職人は含まれてはいなかった点から、必ずしも民衆の意見を代弁しえない性格のものであった。加えて、ラテンアメリカからの代表は、先に述べた最高中央評議会構成メンバーにおける本国とラテンアメリカのアンバランスさと同様に、１０４名の議員リストの中でわずか29名に過ぎなかった。

こうして１８１０年９月24日、カディスにあるイスラ・デ・レオンで、国民《ナシオン》の代表からなる「臨時王国議会」が開催された。いわゆるカディス議会と呼ばれる、スペイン史上初の近代議会の幕開けである。

１８１２年憲法（カディス憲法）

国内の自由主義者らが主導したこのカディス議会は、旧体制の廃棄を目指し、１８１０年から12年にかけて様々な法律を成立させていった。具体的には、出版の自由、領主裁判権の廃止、異端審問制の廃止などである。そして、その中心ともいうべきが、１８１２年３月19日に公布された全３８４条からなる１８１２年憲法（カディス憲法とも）であった。

『カディス憲法の発布』（サルバドール・ビニエグラ作、1912年）［カディス議会博物館所蔵］

１８１２年憲法はスペイン史上初の憲法であり、同時代の他の国々に比べても「自由主義」的な内容であったとされるが、その一方で様々な限界も指摘されている。

例えば、第1条では「スペイン国民は、両半球の全スペイン人の集合体である」（以下、条文訳は池田実氏の訳）と定義され、ラテンアメリカ等の海外領土もスペイン王国の領土に含まれ（第10条）、議会への代表権も有するものと定められている（第28条）。しかし、当時スペイン本国の人口は約１０５０万、ラテンアメリカは１５００万から１６００万と推計されており、数の上で勝るラテンアメリカに対しスペイン本国が優位性を保つためには、完全に平等な代表権を認めるわけにはいかなかった。そのため、「自由な人間」（第5条第1項）ではない非自由人、すなわちラテンアメリカに多く存在した黒人奴隷はそもそもスペイン「国民」とは認められず、さらに「血筋においてアフリカを出自とする」カスタ（第22条）や、カトリック信仰に帰依せずカスティーリャ語も話せなかった「インディオ」（第３３５条第10項）に対しては、市民権（選挙権）を行使しえないものとされた。こうして選挙権を行使しうる「市民」の数を制限することで、本国の優位性が目指されたのである。このように理念と実態を使い分けるカディス議会に対し、自由主義思想に浴したラテンアメリカのエリート層であったクリオーリョ（ラテンアメリカ出身の白人）らは、ラテンアメリカの権利拡大を求める論争を行ったが、それと同時並行で独立への道を模索することとなる。

1812年憲法に話を戻すと、「主権は本質的に国民に存し、したがって、基本法を制定する権利は、国民のみに排他的に属する」（第3条）と、国民主権が謳われている。そして、立法・行政・司法の三権分立も定められていた。立法権は一院制の議会が担い、議会は法律の作成と予算・条約の承認、統帥権が与えられた。そして司法は裁判所の専権事項とされ法治国家としての原則が確立された。さらに、憲法第27条から第103条までで国会議員の選出方法、すなわち三段階からなる男性普通選挙が細かく規定された。

一方、国王不在の議会だからといって共和政を志向したわけではなかった。「スペイン国民の政府は、世襲の穏健な君主制である」（第14条）とされ、あくまで「スペイン国王は、現に君臨するブルボン家のフェルナンド7世陛下である」（第179条）として、フェルナンド7世を戴く立憲君主政がスペインの政体であると定められていた。国王には執行権の長として法案の発議と承認を通じて立法への介入権が認められたが、その一方で、国王の権限は議会の監督下に置かれ、国王の決定には全閣僚による副署が必須とされた。

さらに、「全能の神と父と子と聖霊、すなわち造物主及び社会の最高の立法者の名において」（前文）

定められたこの憲法では、「スペイン国民の宗教は、現在及び将来にわたり永久に、唯一真正な使徒継承のローマ・カトリック教である。国民は、賢明かつ公正な法律によりこれを保護し、かつ、他のいかなる宗教の行使もこれを禁ずる」（第12条）と規定されていた。政治と宗教（カトリック）とを分かちがたく結びつけ、信教の自由を許さなかったという点において、スペインの自由主義は、18世紀以来の国王教権主義と「カトリック的啓蒙」の流れを引き継いだままとの指摘もある。

こうした限界をはらみつつも自由主義的性格をもった1812年憲法は、残念ながらごく短命に終わってしまった。1813年にホセ1世が亡命し、翌1814年にフェルナンド7世が復位すると即座に廃止されてしまったのである。しかし、1812年憲法は短命であったがゆえに、それはその後長らくスペイン本国の自由主義者の希望の灯となり続け、またヨーロッパ諸国やラテンアメリカ諸国の憲法に対しても影響を与えることとなった。カディス議会と1812年憲法は、確かに自由主義の種をまいたのである。

（菊池信彦）

26 自由主義改革とカルリスタ戦争

――自由主義の展開

カディス議会と１８１２年憲法でその種がまかれたスペインの自由主義は、その後どのように根を張っていったのだろうか。自由主義とは個人や社会の自由を主張する政治信条を意味するが、それは普通選挙権の拡大といった政治的な文脈に限らず、経済や文化などにもかかわってくる。しかし、自由主義改革を推し進めようとすれば、これまでの封建的な諸特権を享受してきた勢力との衝突は不可避である。本章では、旧制度を維持しようとする絶対主義との相克を通じ、どのように自由主義改革が展開されていったのかを見ていきたい。

フェルナンド7世による反動の時代

１８１３年6月にナポレオンの兄ホセ1世がフランスに逃れると、同年12月にナポレオンはフェルナンド7世をスペインの正統な国王として認め彼を解放した。この間すでにカディスからマドリードへと移っていた議会は、フェルナンド7世に対し１８１２年憲法への誓約を求める宣言を発していた。しかし、フェルナンド7世は、自由主義体制に不満を持つ軍人らの勢力を背景に自由主義者の弾圧に着手し、１８１４年5月4日付けでカディス議会と１８１２年憲法の無効を発表した。１８０８年から6年にも及ぶ戦争に疲弊した市民は、この「期待された王《レイ・デセアド》」の帰還を歓呼の声で迎え、その反動的な動きに反対する者はマドリードの中でも少数であったという。なお、フェルナンド7世の復位以前から、すでにラテンアメリカの植民地においては独立運動が高まりを見せており、その結果１８１０年から25年までの間にキューバとプエルトリコを除く大部分が相次いで独立していった。

リエゴによるプロヌンシアミエントと「自由主義の3年間」

反動へと舵を切るフェルナンド7世に対し、１８１２年憲法の復活を求める自由主義の流れに与した将校らによるプロヌンシアミエントが繰り返されるようになった。プロヌンシアミエントとは、スペイン語で「宣言」を意味する。つまり武力行動としてのクーデタに先立つ「宣言」であって、当時の軍人らは公権力の獲得や政権交代を目指し、国民の共感を求め、その正当性をまず「宣言」したのである。この行動様式は19世紀スペイン史の基調をなすもので、その誕生がまさにこの時期にあたる。そして、１８２０年1月にカディスで起こったリエゴによるプロヌンシアミエントが各地で地方評議会の同調を得たため、3月にフェルナンド7世は１８１２年憲法の復活を認めざるを得なくなった。この１８２０年から3年間は、「自由主義の3年間」または「立憲制の3年間」と呼ばれ、自由主義的改革が行われることとなる。

１８２０年7月に召集された議会で多数派を占めた自由主義者らは、フェルナンド7世によって中断された政策に着手した。改めて異端審問制が廃止され、出版の自由が復活したほか、一部修道院の閉鎖と教会財産の売却、領主裁判権の廃止に加えて、限嗣相続制《マヨラスゴ》（家産の分散を防ぐために長子のみに不

フェルナンド７世が1812年憲法への宣誓を行っている様子
［出所：A. Fernández de los Ríos. *Estudio histórico de las luchas políticas en la España del siglo XIX*. Tomo I. Madrid, 1879.］

動産等の財産相続を定めた制度）の廃止が行われた。

スペインにおける自由主義の進展は、ポルトガル、そしてイタリア北部などの近隣諸国に革命運動を波及させていった。これを恐れたウィーン体制下の列強は、１８２２年にフランスに対して武力介入を委ね、そして１８２３年４月フランスは「聖ルイの10万の息子たち」と呼ばれた軍を派遣した。自由主義政府は、フェルナンド７世を強制的にマドリードから連れ出し、セビーリャ、カディスへと拠点を移して抵抗したものの、９月にはフランスの包囲に屈して、国王を解放した。ここに「自由主義の３年間」は終わりを告げ、再び反動の時代へと移ることになる。

「忌むべき10年間」

フェルナンド７世が統治に返り咲いた１８２３年から彼が没する１８３３年までは、「忌むべき10年間」と呼ばれている。彼は、軍事委員会を設けて自由主義者の弾圧に乗り出し、リエゴを１８２３年11月にマドリードの広場で処刑した。フランスの反対があったため異端審問所の復活は見送られたものの、代わって創設された信仰委員会がその役割を担い、また浄化委員会が反体制的な国家役人を罷免するなどして、旧体制の復活が目指された。

それでも時代を旧体制に完全に戻すことは不可能であった。植民地の独立などによる経済的困窮に直面し、また、フランスからの強い要請を受けるなかで、国王自ら「上からの改革」に取り組まざるを得なかったのである。そこで、フェルナンド7世は大臣ロペス・バリェステーロスらに改革を指示し、1828年に国家予算を初めて策定させ、旧体制とは異なる租税制度を導入するなどした。

フェルナンド7世による諸改革に対し、あくまで異端審問所の復活を目指した国王絶対派（使徒派）は反発し、1827年にカタルーニャで「被害者」の反乱を起こしたが、これは国王軍によってすぐに鎮圧された。この一件により、フェルナンド7世は使徒派から離れ、かつての親仏派や穏健派自由主義者、台頭してきたブルジョワジーに接近することとなり、一方の使徒派は次期国王と目された王弟カルロス・マリア・イシドロに期待を寄せることとなった。

イサベル2世の即位

1829年、フェルナンド7世は姪のマリア・クリスティーナを4度目の妻として迎えた。彼は、生まれてくる子が女子の場合でも王位継承を可能とするため、18世紀初めのブルボン朝成立時に廃止されていた女子の王位継承権を復活させた。そしてその年の10月に娘イサベルが誕生した。

これに衝撃を受けたのが王弟カルロスである。そもそも兄フェルナンドには男子がいなかったため、順当に行けば自身が王位につくはずであった。それが直前で自分の手をすり抜け、まだ幼い姪の手に移ったのである。カルロスに期待を寄せていた絶対主義者らにとってもこれは容認しがたい事態であった。

フェルナンド7世とマリア・クリスティーナは、王位継承問題で詰め寄るカルロスに対抗するべく、自由主義勢力を自らの陣営に取り込み、１８３３年に議会を召集して娘イサベルの王位継承者としての誓約を執り行った。フェルナンド7世がその年の9月に没すると、10月後半にはわずか3歳の娘イサベルがイサベル2世（１８３３～１８６８年）として即位した（王妃マリア・クリスティーナは摂政となる）。一方、すでに10月1日にはカルロスがイサベルの王位継承を否認し、自らカルロス5世を名乗り即位宣言を行った。王位継承問題に端を発したこの戦いを、第一次カルリスタ戦争（１８３３～１８３９年）と呼ぶ。

第一次カルリスタ戦争

カルロス5世の即位宣言に呼応して、カルロス支持派であるカルリスタの蜂起が国内各地で起きたが、その支配地域は主にバスク地方やナバーラなどの北部農村地帯であった。これには理由がある。マドリードの自由主義政府による中央集権化政策が、地方特権《フエロス》を享受していた地方の住民層をカルリスタ支持へと走らせることになったからである。また、永代所有財産解放令《デサモルティサシオン》（教会や修道院が永続的に所有する土地をはじめとする財産を一旦国有化し、競売に付す自由主義改革の一環）などの反教会的な措置は聖職者を、加えて、土地改革はその恩恵を被ることのできなかった中小農民層を、やはり伝統的な価値観を表明するカルリスタへと向かわ

カルロスの肖像画（ビセンテ・ロペス作、1850年）［王立サン・フェルナンド美術アカデミー所蔵］

せた。都市を中心に結集し単一の憲法による中央集権化と反教会を基調とした自由主義勢力、農村を中心に展開し地方独自の特権とカトリック的伝統を維持したいカルリスタ。これが第一次カルリスタ戦争の特色である。

　戦況は当初カルリスタ優勢で進み、一時はマドリード郊外にまで迫る勢いがあった。しかし、マドリード政府が1834年にイギリスとフランスから武器支援などを取り付け、そして先述の永代所有財産解放令《デサモルティサシオン》で国庫収入を増やして兵力を増強すると、1837年以降は政府側に有利となった。これにはカルリスタの内部分裂もあったとされている。そして、1839年に政府とカルリスタ勢力との間でベルガーラ協定が結ばれ、事態は収束へと向かった。なお、絶対主義を求めたカルリスタの残党は、その後1870年代半ばまでの間に2度の武装蜂起を行っている（1846〜1849、1872〜1876年）。

摂政マリア・クリスティーナ下での自由主義政策の展開

　1834年1月に政権を担った自由主義者内の穏健派《モデラード》（漸次的な改革を進めようとする一派）のマルティネス・デ・ラ・ロサは、カルリスタとの対立の中で旧体制の諸制度の廃止に乗り出した。彼は「王国組織法」を公布して、国王任命の上院と間接選挙によって選出される下院との二院制議会を導入したが、その選挙は国民のごく少数のみが選挙権を行使しえた極端な制限選挙であった。

　自由主義者内の別の一派である進歩派《プログレシスタ》（穏健派《モデラード》に比して急進的かつ即時の改革を進めようとする一派）は、穏健派政権に対し自由主義政策の徹底と1812年憲法の復活を求めて地方評議会を結成し、活動を展開していった。事態を憂慮したマリア・クリスティーナが、1835年9月に進歩派自由主義者のメンディサバルに政権を委ねると、彼は修道会の廃止や永代所有財産解放令《デサモルティサシオン》による教会財産の国有化と売却を矢継ぎ早に展開していった。なお、この措置によりカルリスタ戦争の終結に向けた軍備増強が図られることとなったのは先に述べたとおりである。

メンディサバルの急進的な改革に危機感を覚えたマリア・クリスティーナが改革後退を匂わせると、進歩派はプロヌンシアミエントに訴え、反政府運動を全国に拡大していった。そのためマリア・クリスティーナは、1836年に再び進歩派に政権を委ねざるを得なくなり、さらに1812年憲法の一時的復活をも許した。1836~1837年の進歩派政権の下では、限嗣相続制《マヨラスゴ》の廃止、営業の自由、出版法の制定と事前検閲の廃止、新選挙法による有権者数の拡大、教会十分の一税・初穂税の廃止など、さらなる自由主義改革が進められた。これをもって、旧体制からの法的・制度的な意味での最終的な脱却が実現したのである。

そして1837年には、穏健派と進歩派の互いの妥協により、1837年憲法が制定された。1812年憲法と同じく、国民主権、三権分立、基本的諸権利を謳ってはいたが、国王に対しては、立法に対する拒否権や議会の召集・停止・解散権を与え、さらに大臣の任命・罷免の自由をも認めるなど、1812年憲法と比較してやや保守的な性格を有している。一方で、宗教に関しては、「国民は、スペイン人の信奉する宗教であるカトリックの信仰と司祭を維持する義務を負う」（第11条）と規定されるにとどまり、1812年憲法に比して寛容なものとなったのである。

第一次カルリスタ戦争終結後の自由主義の行方

カルリスタ戦争の終結により自由主義勢力側が勝利したものの、その後は自由主義勢力同士である穏健派と進歩派との権力抗争が打ち続くことになる。1868年9月革命までの約30年間の見取り図を描くと次のようになるだろう。

まず、1837年憲法公布後の9月には再び穏健派政権が成立し、進歩派によるこれまでの自由主義改革の成果を骨抜きにするような政策が準備された。これに反発した進歩派は、カルリスタ戦争を平定した進歩派エスパルテーロ将軍を、辞任したマリア・クリスティーナにかわり、1841年に摂政の座へとつけたが、エスパルテーロが強権的な施策を実施するなどしたため、わずか2年でその政権は崩壊した。その後は、1854〜1856年の「進歩派の2年間」と呼ばれる短い一時期を除き、政権としては穏健派が長期にわたって続くこととなった（1843〜1854、1856〜1868年）。なお、1849年には進歩派の内部分裂によって民主派（民主党）が誕生しているほか、1854年には穏健派左派と進歩派右派が合流した自由主義連合《ウニオン・リベラル》が形成されている。特に1856年以降、オドンネル将軍を中心とした自由主義連合は、国民の愛国的感情を高めるべくモロッコ戦争（1860年）をはじめとする積極的な対外政策を行うなど、穏健派と交代で政権を担当した。

1840年代から1868年までの長期にわたる穏健派政権を支えたのが、著しい制限選挙と地方有力者の寡頭支配《カシキスモ》による選挙操作であった。しかしそのことが、穏健派政権の行き詰まりを見せた1860年代後半に、選挙による政権獲得の道を閉ざされた進歩派や民主派らによる新たな革命の道を用意することとなった。

（菊池信彦）

コラム 7

《歴史のスポット》バルセローナの要塞 シウタデッリャの建立と倒壊

バルセローナ市内、地下鉄のバルセロネータ駅で降りて徒歩5分ほどのところに約17平方キロのシウタデッリャ公園がある。西側に隣接する動物園を合わせると約31平方キロとバルセローナ有数の広い公園で、四季の折々を感じられる市民の憩いの場になっている。カタルーニャ語のシウタデッリャはスペイン語ではシウダデーラ、つまり要塞の意味であるが、ここにかつては厳めしい要塞がそびえていたことをうかがうことはできない。

だが、このシウタデッリャは、カトリック両王以後のスペイン帝国のなかで次第に独立性を奪われ、ついには独自の政体を喪失したカタルーニャ公国の首都バルセローナの苦悩の歴史を物語るスポットである。18世紀初めのスペイン継承戦争でバルセローナを陥落させたフェリーペ5世は、フランドル出身の軍事技師ヨリス・プロスペル・ファン・フェルボオムに命じて、この町を監視するためにこの場所に要塞を築いたのであった。リベーラ地区の1200軒の家屋と二つの修道院を撤去して築かれたこの星形の要塞は、当時ヨーロッパで最大級であったといわれる（図1を参照）。この要塞は、バルセローナ市の南部に位置し同市を見下ろすムンジュイックの丘（後述のコラム8を参照）に築かれたムンジュイック城とならんで、スペイン・ブルボン家の絶対主義的支配と地方特権抑圧の象徴であった。

旧体制に対する批判が高ま

シウタデッリャ公園の眺望

るなかで18世紀末から要塞の解体が繰り返し要請され、自由主義国家の構築のなかで１８４１年にはいったんその許可が認められた。しかしバルセローナはさまざまな反政府運動の核となるスポットであったために政府は、反乱を抑えるための利点からその解体を先延ばしにしたのであった。結局、１８６８年9月革命が成功して、イサベル２世の退位とともに、ようやくその廃止が決定され、軍刑務所であったサン・ジュアン塔が最初に壊された。現在もなお残されている建物は、礼拝堂、総督邸宅、そして工廠（現在はカタルーニャ州議事堂）にすぎない。

　要塞跡地はバルセローナ市に寄贈されたが、１８８８年、このスポットは大きく脚光をあびることになった。同年にバルセローナ万国博覧会が開催されることになり、この跡地が会場として整備されることになったからである。市長フランセスク・ダ・パウラ・リウスの依頼を受けて建築家ジュゼップ・フォンサレーは、「庭園と都市の関係は、肺と身体との関係と同じだ」というスローガンのもと、本格的な庭園造りに取り組んだ。

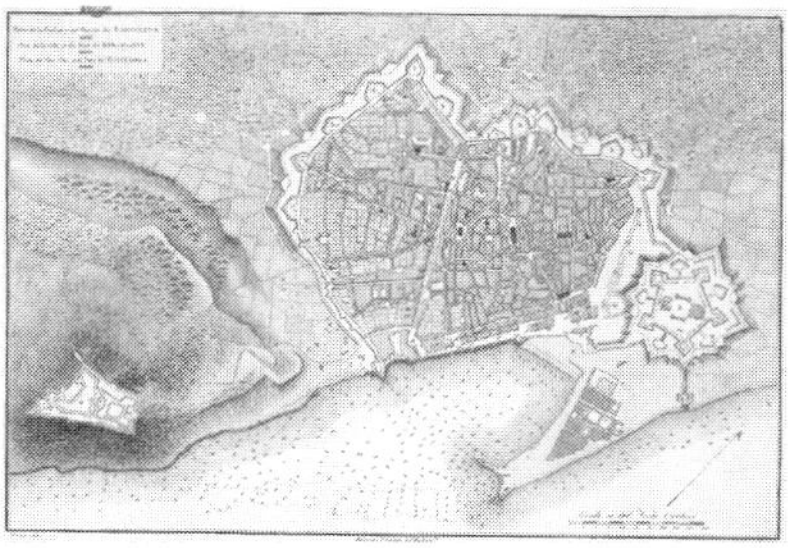

図１　1806 年のバルセローナ地図。右下に星形の要塞がある

　後にサグラダ・ファミリア教会の建築家として世界的に有名になるアントニ・ガウディもこの作業に加わり、水場の設計をして、滝の下に人工洞窟をつくっている。万博会場のさまざまな施設の建設は、当時の気鋭の新ゴシック様式の建築家たちが手掛けており、今なお西側入り口にある建物（万博ではレストランとして使用）は、ドゥメナック・イ・ムンタネーの手になるもので、すでに近代主義（ムダルニズマ）への移行をうかがわせる要素をはらんでいた。

（立石博高）

27 1868年革命と第一共和政
――「革命の6年間」

1868年9月革命――「革命の6年間」の幕開け

1866年からの金融危機と、アメリカの南北戦争（1861～1865年）による原綿価格高騰に伴う工業危機、そして小麦の不作による食糧危機という度重なる危機的状況に対し、穏健派政権は何ら解決策を見出しえなかった。改革を求めたサン・ヒル兵営下士官蜂起（1866年）も政権によって激しく弾圧されると、穏健派政権の選挙操作によって政権獲得の道が閉ざされていた進歩派と民主派は、1866年にベルギーのオステンデ市において、穏健派政権打倒のための共闘を約束した。オステンデ協定と呼ばれるこの協定は、ブルボン朝の打倒と男性普通選挙制実施を通じた憲法制定議会の開催を合意したものである。なお、1867年にオドンネル将軍が死去すると、セラーノ将軍のもと自由主義連合《ウニオン・リベラル》もこの協定に合流している。

1868年9月17日にアンダルシーアのカディスで、進歩派のプリム将軍を中心にイサベル2世打倒を掲げたプロヌンシアミエント（クーデタ宣言）が発せられると、各地で革命評議会が結成されていった。9月28日にセラーノ将軍の反乱軍が政府軍を破ると、イサベル2世はフランスへと亡命し、ここにほぼ無血の1868年革命（9月革命）が成立した。また、1868年から1874年までの

6年間は、「革命の6年間」と呼ばれている。

革命が成功しても各地方に林立した革命評議会はそれぞれ独自の活動を展開し、全体的な統一がなかった。そこで、プロヌンシアミエントを発したプリムやセラーノなどの軍人らが中心となって、自由主義連合や進歩派、民主派が協力した「9月連合」による臨時政府を結成した。臨時政府は信教の自由や基本的人権の保障を約束するとともに、男性普通選挙導入による立憲王政の樹立を目指すことを表明した。その後、各地の革命評議会の解散が発表されたが、都市の中産・下層階級は徹底した改革を要求し臨時政府に対立するとともに、「下からの」急進的な改革を目指していた連邦共和派へ合流することとなる。

9月革命後に成立した臨時政府の閣僚たち。中央やや左で椅子に右手をかけてこちらを向いている人物が陸軍大臣についたプリム。臨時政府首班のセラーノは、その奥で顔を左に向けている人物（Laurent y Minier, Jean, *Gobierno Provisional,* 1869?）［Museo del Romanticismo所蔵］

臨時政府は、1869年1月に、憲法制定議会議員選出のための選挙を実施し、その結果、立憲王政支持の「9月連合」が議席の過半数を占めることとなった。そして、9月連合が中心となった憲法委員会による憲法草案が、6月に開催された憲法制定議会にて賛成多数で可決・成立されることとなった。これが1869年憲法である。

1869年憲法は、同時代のヨーロッパのなかでも非常に進んだ民主的憲法として評価されている。その理由は、表現の自由や結社の自由、25歳以上の男性普通選挙などの個人の諸権利と自由を大幅に認めたことにあった。また、イギリスをモデルに、国民主権に基づく立憲王政も規定し、上下院からなる二院制を採用していた。一方で、争点がないわけではなかった。その一つが、そもそも王政に関する規定であり、連邦共和派は当然これに異を唱えていた。そしてもう一つが宗教である。この1869年憲法では、「カトリックの信仰と祭祀者を維持する義務を国家が負う」としつつも、スペイン史上初の信教の自由を認めたことが画期的であった。だが、共和派はさらに踏み込んで政教分離をも主張し、一方の伝統主義者らは政治と宗教の一致を唱えこれに反対をしていた。

1868年9月革命から1869年憲法の制定まで順調に制度設計がなされたが、難航したのは、新国王を誰にするかという問題である。その選出までの間、摂政職にセラーノが就くことは1869年6月の段階で決定していたが、ようやく新国王が決定したのはそれから1年以上も後の1870年11月だった。選考過程の早くからブルボン家候補者を除外することで諸派の意見の一致を見ていたが、最終的には進歩派の推薦したイタリア・サヴォイア家のアマデオが議会で選ばれることとなった。

この国王アマデオ1世（1870～1873年）に対しては、「気の毒」という他ない。というのも、1871年1月のマドリード到着直前に、自身の後ろ盾となるはずだったプリムが暗殺されてしまったのである。このため9月連合は求心力を失い、第一インターナショナル（国際労働者協会）の非合法化などをめぐり、議会内の諸派の対立を招くこととなってしまった。また、アマデオの即位以前の1869年夏から秋にかけて、連邦共和派内の一派である非妥協派《イントランシヘンテス》が蜂起を繰り返していたほか、1872年から1876年にかけてはスペイン北部地域で第三次カルリスタ戦争が起こっていた。一方、植民地キューバでは、スペインからの独立戦争、いわゆる「十年戦争」（1868～1878年）もあった。頼るものも少なかった若き国王アマデオ1世は、「スペイン人は誰もが皆、『祖国』という甘美な名を引き合いに出し、そのために相争い扇動しあっている。……何が正しくて、何が誤りなのか、もはや分かるはずもない」との言葉を残し、1873年2月に王位を放棄して退位した。かのエンゲルスは「ストライキをした初の王」と評したというが、アマデオのおかれた状況を思えば、やはり「気の毒」と言いたくもなろう。

第一共和政の誕生から崩壊まで

さて、アマデオが退位すると、1873年2月11日に上下両院は、「国民議会」という合同議会を開催して、賛成多数で共和政樹立を宣言した。初代大統領には連邦共和派のフィゲーラスが就任し、その他には主だった共和主義者と、連邦共和派と手を組んだ急進派（進歩派の一部と民主派が合流した勢力）の半々が閣僚として参加していた。

共和政が宣言されたとはいえ、すぐに事態が沈静化したわけではない。むしろ、連邦共和党内の非妥協派が、2月21日に「スペイン連邦共和国内のカタルーニャ国」を宣言するなど、即時かつ徹底した共和政への移行に期待が寄せられていた。共和政政府は、徴兵制廃止で民衆の不満をかわすも、共和国志願兵を組織して、継続中の十年戦争やカルリスタ戦争への対応に迫られていた。

男性選挙権が21歳以上に引き下げられ有権者の拡大が図られた憲法制定議会選挙が5月に開催されると、ここで連邦共和派が圧勝した。しかしその一方で、棄権率は60％を超えていたのであり、そもそも反政府勢力は議会政治から離反を示していた。

国民議会での共和政宣言の様子（“Proclamación de la república por la Asamblea nacional,” *La Ilustración española y americana* 16/02/1873, Madrid, p.9.）［スペイン国立図書館所蔵］

6月8日に開かれた憲法制定議会では連邦共和政が宣言され、その3日後には、連邦共和主義の思想的指導者であったピ・イ・マルガル（マルガイとも）が大統領に就任した。彼は議会に対して憲法策定を急がせ、7月17日にその草案が議会に提出されている。その根本思想には、中央集権を排し連邦制に基づく民主政が規定されていた。具体的には、スペインはキューバとプエルトリコを含めた17の連邦構成国家《エスタード》（邦）に分けられ、それら個々の連邦構成国家が自由に活動できるとされた。その他の特徴には、１８６９年憲法と同様に個人の諸権利を認めつつも、１８６９年憲法における信教の自由をさらに進めて、いかなる宗教に対しても公権力による補助は禁止とされ、政教分離の徹底が図られていた。この憲法草案は、１８１２年憲法以来の自由主義の一つの頂点ともいうべき思想を体現した内容であったが、残念ながら制定には至らなかった。それというのも大統領ピ・イ・マルガルが、憲法草案の議会提出翌日に職を辞し、その結果政府が右傾化していってしまったからである。

ピ・イ・マルガル辞任の背景には、6月後半以降に地中海岸およびアンダルシーアの各都市を中心に自然発生的に林立したカントナリスモがあった。カントナリスモとは、連邦共和党内の非妥協派を中心に、一部地域では第一インターナショナルの活動家の影響を受けた革命運動である。これは、スイスの州《カントン》の名をとり、各地で自治区を形成してそれらが相互に契約を結ぶことでスペイン連邦を構成しようという、いわば「下から」の連邦制構築を目指したものであった。カントナリスモは8月までにほとんどの都市で鎮圧されたが、唯一ムルシア県のカルタヘーナにあったカントンが長期にわたって存続した。これは、非妥協派のカリスマ的指導者であったロケ・バルシアが加わり、またカントナリスモに協力的な軍港を擁していたためでもあったが、それでも8月以降は防戦一方で、1874年1月に制圧されてしまった。

さて、7月19日にサルメロンが第3代大統領に就任すると、彼は、パビア、マルティネス・カンポス、ロペス・ドミンゲスらの各将軍に対し、軍によるカントナリスモの鎮圧を命じた。その後、サルメロンが議会と対立して9月7日に辞任すると、サルメロンよりもさらに中央集権的なカステラールが第4代大統領に就任した。彼は、議会閉会や憲法の基本的権利保障を停止するなどして統一的共和政へ強引な方針転換を行い、これにより保守的な勢力や急進派の支持を取り戻した。だが、カルリスタ戦争への対応から軍に対する譲歩を迫られ、また、キューバにおける十年戦争の解決も見出すことができなかった。事態を収拾しえないカステラールに対し、議会が再開された1874年1月に、フィゲーラス、ピ・イ・マルガル、そしてサルメロンらの提出した不信任案が可決された。この事態にあって、政府が再び左傾化することを憂慮したパビア将軍が議場に押し入り、議会を閉鎖してしまった。事実上、これをもって第一共和政はその幕を下ろしたのである。

その後は、急進派セラーノ将軍が大統領に就き、1869年の体制まで戻すことを宣言したが、1874年12月にマルティネス・カンポスが発したプロヌンシアミエントを契機に、1875年1月にイサベル2世の息子アルフォンソによる王政復古へと時代が移ることとなる。

（菊池信彦）

28 王政復古体制
——見せかけの安定

ブルボン王政の復古

１８７４年１月、第一共和政大統領エミリオ・カステラールへの不信任案が可決され、連邦派のエドゥアルド・パランカが新たな大統領として選出されようとしていた。これに反発したマヌエル・パビア将軍は、治安警察《グアルディア・シビル》を率いて議場に闖入し、議会を解散させた。大統領に就任したのはフランシスコ・セラーノ将軍だった。彼は自らの政権の正当性を１８６９年憲法に求めながらも、同憲法が保障する諸権利を停止して検閲を敷き、独裁を行った。これに対して、１８７４年12月、アルセニオ・マルティネス・カンポス将軍がクーデタ宣言《プロヌンシアミエント》を発し、共和政の解体とブルボン王政の復古を宣言した。そして翌１８７５年１月、国外に亡命中だったブルボン家のアルフォンソ（イサベル2世の息子）が、国王アルフォンソ12世（１８７４～１８８５年）としてスペインに帰還した。以後半世紀もの長きにわたって続く、王政復古体制の始まりである。

ただし、この新しい王政は絶対王政への回帰ではなかった。アルフォンソは亡命中にパリ、ウィーン、そしてサンドハースト（イギリス）で、いわゆる帝王学を学ぶとともにヨーロッパの自由主義思想に親しんでいた。そして１８７４年12月、彼は自由主義連合《ウニオン・リベラル》の一員であったアントニオ・カノバ

アルフォンソ12世［Casa Real（スペイン王室）所蔵］

ス・デル・カスティーリョの起草によるサンドハースト宣言に調印していた。この宣言は、新しい体制が立憲君主制となることを約束するものであり、カトリシズムに立脚する伝統的王政と二院制による議会制民主主義との融和が目指された。この理念は、宣言を締め括る次の文言に集約されている。「余は良きスペイン人であることもやめなければ、全ての先王たちがそうであったように良きカトリック者であることもやめない。そして、この時代を生きる一人として、真の自由主義者であることもやめない」。

しかし、カノバスの主導によって構築された新体制の実態は、この理念を大きく裏切るものだった。スペイン政治史において、王政復古体制期は「安定」の時代として評価されている。しかし、これは肯定的な意味のみを持つのではない。たしかにこの時代は前後の時代に比して長期的な安定を享受したが、1年足らずで失敗に終わった共和政という試みに疲弊したスペインは、王政という懐古的な政体に安定を求めざるをえなかったのである。

二大政党交代制

カノバスは保守党《パルティード・コンセルバドール》を結成し、1876年1月の選挙に勝利することで首相に就任した。同年

カノバス（左）とサガスタ（右）［出所：*El Loro: Periódico ilustrado joco-serio*, Año 04, Núm.22, 3 de junio de 1882.］

2月には第三次カルリスタ戦争を平定して国内の動乱に終止符を打ち、7月には1876年憲法の制定によって法秩序の礎を築いた。1876年憲法は、穏健的な正理論派自由主義《リベラリスモ・ドクトリナリオ》の影響を強く受けた1845年憲法と民主主義の理念が盛り込まれた1869年憲法とを折衷させたものだった。サンドハースト宣言で示されたとおり、憲法では国王と議会による主権分有が定められた。しかし上院議員および閣僚の任命権や軍の統制権など、国王に与えられた権限は広範なものだった。また、1878年には制限選挙制が復活し、言論や出版、集会や結社といった自由もその後の諸法によって反故にされた。こういった強権的政策は、全て「安定」のためになされたものだった。

体制の安定のためにカノバスが用いた政治システムは、二大政党交代制だった。1881年、体制の基盤作りを終えたカノバスは、プラクセデス・マテオ・サガスタが1880年に結成した自由党《パルティード・リベラル》（結成時の名称は合同党《パルティード・フシオニスタ》）に政権を譲った。保守党と自由党の政策は対立するものではなく、むしろ補完し合うものだった。両政党間の談合に基づく政権交代が前提とされていたからであり、当時の諷刺画にはカノバスとサガスタが親密な握手を交わす様子が描かれている。

1884年からの保守党政権下において、王政復古体制に突然の危機が訪れた。1885年にアルフォンソ12世が病死したのである。翌１８８６年、王妃マリア・クリスティーナ（ハプスブルク家）との間に第三子として初の男子が誕生した。彼は出生と同時にアルフォンソ13世（１８８６〜１９３１年）として即位したが、成年（満16歳）に達する１９０２年まではマリア・クリスティーナが摂政を務めることとなった。アルフォンソ12世が亡くなる直前に、カノバスとサガスタはパルド協定を結んでいた。これによって二大政党交代制が確立し、マリア・クリスティーナ摂政期の政治的安定が演出された。国王の死去という危機は、逆説的に、王政復古体制を補強する契機となったのである。

カシキスモ

保守党と自由党はそれぞれ第一共和政期のさまざまな勢力を糾合することで成長したが、いずれにも与しない反体制勢力も存在した。第三次カルリスタ戦争の終結後も、一部のカルリスタは王政復古体制に反発し続けた。彼らは、１８８８年にラモン・ノセダルを党首とするカトリック原理主義党に結集した。共和主義者は、カステラールの体制支持派（改革党）、フランセスク・ピ・イ・マルガルの連邦派（連邦民主共和党）、ニコラス・サルメロンの中央集権派（中央共和党）、そしてマヌエル・ルイス・ソリーリャの急進派（進歩共和党）へと分裂した。後三者は１８９３年と１９００年に選挙同盟を結び、これは１９０２年の共和主義連合《ウニオン・レプブリカーナ》の前身となった。また、カタルーニャとバスクでは地域ナショナリズムが勃興した。カタルーニャでは、１８８２年にバランティ・アルミライがカタルーニャ・センターを結成し、１８９１年にはこれに反発する勢力がカタルーニャ主義連合を結成した。バスクでは、１８９５年にサビーノ・アラーナを党首としてバスク・ナショナリスト党（ＰＮＶ）が結成された。

しかし、これらの反体制勢力は少数政党であり続けた。保守党と自由党は1886年から1902年までの間に7回の政権交代を行い、それは総選挙によって実現されたが、議席の9割は常に両政党が占めた。このような議席の専有を可能にしたのが、カシキスモである。これは第一に、カシーケ（西インド諸島の先住民コミュニティにおける首長を指す語に由来する）と呼ばれる地方名望家と民衆とのパトロン・クライアント関係に基づく支配構造のことである。この構造自体は、旧来よりスペインの地域社会に農村部を中心として根付いていたものだったが、王政復古体制期においては不正選挙という形で国政を左右した。すなわち、カシーケは支配地域における民衆への職の与奪権や税の徴収権を飴と鞭のように行使し、選挙前の根回しや開票時の得票操作を行ったのである。そして第二に、カシーケもまた、中央とのパトロン・クライアント関係によって行動していた。不正選挙の糸を引いていたのは政府そのものであり、内務省が事前に作成した当選予定者リストどおりの結果になるように、公共事業の配分などの利益を餌として各選挙区のカシーケに実行させたのである。

カシキスモは、二大政党間の円滑な政権交代の実現に寄与したという一面も持つが、国政に反映されるべき民衆の意思を捻じ曲げたことは紛れもない事実である。1890年には男性普通選挙制が再導入されたが、選挙制度への不信から、投票率は20％を下回った。これは不正選挙のさらなる横行を招いた。王政復古体制期の選挙は真の民主主義からは程遠いものだった。同体制の「安定」とは、スペインに内在する諸問題を払拭するどころか、むしろそれを利用する体制指導者によって創出された、見せかけの安定に過ぎなかったのである。

（久木正雄）

29 近代社会の誕生

——産業構造と社会関係の変化

「長い19世紀」とスペイン

歴史学者エリック・ホブズボームは、フランス革命から第一次世界大戦の勃発までの１２５年間を「革命の時代」（１７８９〜１８４８年）、「資本の時代」（１８４８〜１８７５年）、「帝国の時代」（１８７５〜１９１４年）から成る「長い19世紀」と名付けた。近代社会の誕生を市民社会と資本主義社会の誕生と定義した時、ヨーロッパ世界の「長い19世紀」は近代化の世紀だったと言える。スペインの近代化は、速度においても深度においても他のヨーロッパ諸国に比して抑制的ではあったが、アンシアン・レジームの解体に伴って産業構造が徐々に変化を示し始め、それは資本を媒介とする新しい社会関係を生み出していった。

産業構造の変化

19世紀を通じて、スペインの主力産業は農業であり続けたが、後進性から抜け出すことはできなかった。18世紀末に端を発する永代所有財産解放令《デサモルティサシオン》は、１８３６年のメンディサバル法、１８５５年のマドス法によって段階的に適用が進められた。これは１８３６年の限嗣相続制《マヨラスゴ》の廃止と１８３７年の領主制の廃止とともに、農地改革の根幹を成すはずだった。しかし、商品化した土地を手にした旧来の大地主や新たな資本家は、もっぱら小作農による耕作を行い、近代的な農業技術の導入のための投資を厭った。そのため、スペインの農業は同時代のヨーロッパ諸国と比べて生産性に劣っていた。局地的な例外として、カタルーニャのブドウ、アンダルシーアのオリーブ、バレンシアのオレンジといった特産品は１８７０年代以降に輸出を伸ばすが、概してスペインの農業は国際競争力を持たなかった。

農業の後進性は、それ以外の部門への労働力進出を妨げ、工業化の立ち遅れの一因となった。加えて、18世紀末の景気後退が招いた産業の停滞が続く１８３０年代まで、ギルド的な生産体制が維持されていた。しかし１８３４年と１８３６年の王令によってギルドの解体と産業の自由化が進むと、スペインの工業は近代化に向けて歩み始める。

19世紀におけるスペインの工業の近代化は、大きく三つの段階に分けることができる。

第一の段階は１８３０年代から１８５０年代の半ばまでである。この期間、綿工業と製鉄業において近代的な生産機械が導入され、工業化の礎が築かれた。綿工業は、１８３３年にバルセローナのブナプラータ工場で紡績機が導入されたことを皮切りに、カタルーニャの基幹産業として成長していった。これは当初より国外市場を狙ったものだった。製鉄業においては、１８３２年にマラガのマルベーリャで高炉が導入された。しかしこれは木炭によるものであり、費用対効果の低い製鉄法だった。そのため、石炭資源に恵まれたアストゥリアスにおいて、１８４８年にミエレス工場がコークスによる製鉄を始めると、製鉄業の中心は同地に移った。

他方、スペイン本国で初の鉄道が１８４８年にバルセローナ＝マタロ間で開通した（砂糖貿易の恩恵に与っていたキューバでは、先んじて１８３７年にハバナ＝ベフカル間で開通していた）。１８５１年にはマドリード＝アランフエス間を結ぶ鉄道が開通し、１８５５年の鉄道法によって鉄道網が拡げられていった。このことは、消費者の購買力の低さに加えて、原料と産品の輸送手段の未整備を障害としていたスペインの工業が第二段階へと進む道を拓いた。

ビスカーヤの製鉄所［出所：Villares, Ramón, y Javier Moreno Luzón, *Historia de España, Vol. 7: Restauración y dictadura*, Barcelona, 2009.］

工業化の第二段階は１８５０年代の半ばから１８８０年代の初頭までである。この期間、自由貿易政策の進展と国際的な好景気、そして外国資本の受け入れによって、カタルーニャとバスクがスペインの二大工業地帯として発展した。とりわけ製鉄業に関しては、１８７０年代以降、アストゥリアスに代わってビスカーヤが優位に立っていった。１８８０年代にはベッセマー転炉とジーメンス＝マルタン平炉が導入され、バスクの製鉄業が確立した。

そして１８８０年代以降を第三の段階として、金属加工業や機械製造業、そして造船業といった新たな工業部門が、限定的ながら成長していく。工業地帯はマドリードを始めとする諸都市においても拡大していった。それに伴って、マドリード、バルセローナ、ビルバオ（ビスカーヤ）といった都市への人口流入が進んでいった。とは言え、都市化の進展が生活様式の近代化に直結したわけではなく、たとえば識字率は20世紀に入るまで50％以下にとどまっていた。

労働運動

産業の発展に伴う資本主義社会の萌芽は社会の階級化をもたらし、資本家（ブルジョワジー）対労働者（プロレタリアート）という新しい対立構図を生んだ。労働者は、雇用主である資本家に対して、ストライキを始めとする新しい手段による抗議行動に出始めた。そしてその抗議行動は、労働組合として少しずつ組織化されていった。初期の労働組合は、職種別の同業者組合として結成された。1840年にバルセローナで結成された織工協会を最初のものとして、特に1854年からの「進歩派の2年間」において結成数が増加していった。また、1855年にスペイン初のゼネストが起こったのもバルセローナにおいてだった。

続いて、労働運動は二つのイデオロギーを軸として職種を超えた展開を見せる。社会主義（マルクス主義）とアナキズム（バクーニン主義）である。

1879年、パブロ・イグレシアスを書記長として、スペイン初の社会主義政党である社会労働党（PSOE）が結成された。1888年には、この政党を母体とする組合である労働者総同盟（UGT）が結成され、マドリード、バスク、アストゥリアスで加入者数を増やした。しかしながら、スペイン全体としてはこの時期の社会主義運動はまだ脆弱だった。

カタルーニャとアンダルシーアを始めとする多くの地域で優勢だったのは、アナキズムだった。スペインにおけるアナキズムの組織化は、1870年のバルセローナ労働者会議における第一インター

カノバスの暗殺［出所：Villares, Ramón, y Javier Moreno Luzón、前掲書］

ナショナル・スペイン地方連合の結成に始まる。これを母体として、1881年にスペイン地方労働者連合（FTRE）が結成された。しかしその内部は、暴力行動を志向する派閥と、法の枠内での組合運動を重視する派閥（アナルコサンディカリスム）とに分裂していた。FTREは、1882年にヘレス・デ・ラ・フロンテーラで起きた暴動（「黒い手《マノ・ネグラ》」事件）への関与を疑われ、弾圧の対象になった。そして活動が制限される中で、前者の派閥が優勢になると、1888年に解散した。後者のアナルコサンディカリストたちは、のちに「労働者の連帯」（1901年）を経て全国労働連合（CNT、1910年）に結集し、UGTと並ぶ一大勢力として組合運動を展開することとなる。しかし19世紀末の時点では、アナキストたちはテロリズムという手段に安易に手を染めた。彼らの暴力の矛先は、資本家のみならず体制指導者にも向けられた。1879年にはアルフォンソ12世への暗殺未遂事件を起こし、1897年にはカノバスを暗殺したのである。

（久木正雄）

30 19世紀国際政治のなかのスペイン
——ウィーン体制から米西戦争まで

ウィーン体制

ナポレオン戦争を終えたヨーロッパ諸国は、新秩序の構築を図った。この新秩序とは、絶対主義への反動的回帰であった。１８１４年から１８１５年にかけて開催されたウィーン会議では、正統主義の原則の下で、ヨーロッパをフランス革命以前の状態に戻すことが決められたのである。このウィーン体制において主導的な役割を果たしたのは、五国同盟を結んだイギリス、オーストリア、フランス、プロイセン、ロシア（１８１８年にフランスが加わるまでは四国同盟）から成る列強諸国であった。これらの国々は、ヨーロッパの自由主義と民族主義の芽吹きを監視し、武力介入によって摘み取ろうとした。

スペインもまた、ウィーン会議の決議に従って１８１４年にフェルナンド7世の王位復帰を果たし、絶対主義へと回帰した。だが、スペインはウィーン体制において端役に過ぎず、その舞台から降りることも許されなかった。１８２０年に訪れた「自由主義の3年間」を終焉させたのはヨーロッパの絶対主義列強による介入であった。１８２３年、フェルナンド7世の要請と国内の国王絶対派《レアリスタ》の手引きによって「聖ルイの10万人の息子たち」と呼ばれるフランス軍がスペインに侵攻し、「忌むべき10年間」が始まったのだった。スペインの内政はヨーロッパ列強の思惑に翻弄されたのである。

ウィーン会議の決議は、列強間で衝突する利害関心の妥協の産物でもあった。ヨーロッパの協調は相互牽制による勢力均衡に過ぎず、脆さを秘めていた。1833年に始まった第一次カルリスタ戦争もまた、内戦であると同時に列強間の代理戦争としての側面を持っていた。オーストリア、プロイセン、ロシアはカルリスタを支援した。これに対し、ウィーン体制から離反の動きを見せていたイギリスと七月王政下のフランスは、ブルボン家マリア・クリスティーナ（フェルナンド7世妃）が率いる穏健派自由主義政府を支持した。

やがて1848年革命とクリミア戦争（1853～1856年）によって、ウィーン体制は崩壊する。

1848年革命

1848年革命の波はスペインにも及んだ。ラモン・マリア・ナルバエス率いる穏健派政権に対する1846年のクーデタに失敗した進歩派が、フランス二月革命に始まるヨーロッパの運動に共鳴し、再び反旗を翻したのである。1848年3月にはマドリードにおいて、同年5月にはマドリード、バルセローナ、セビーリャといった複数の都市において蜂起が発生した。しかしこれらは軍と治安警察によってすぐに鎮圧された。ナルバエスは例外的権力法を行使するとともに戒厳令を発し、議会を解散させ、1845年憲法が保障する諸権利を停止した。首謀者たちは処刑され、革命の波は完全に押しとどめられた。

そして、この結果は国際関係にも影響を及ぼした。ナルバエスは、イギリスの駐スペイン大使ヘンリー・ブルワーが蜂起に関与したとして本国に送還した。さらに、スペインとともにイベリア半島を

ウィーン会議からイベリア半島を持ち帰るフェルナンド7世（左下）［The Trustees of the British Museum 提供］

構成するポルトガルとの間では、新たな形でのイベリア主義《イベリスモ》が論じられ始めた。王政の維持を前提とする二国間の連合が論じられてきたそれまでの構想（これもまたイタリアのリソルジメントやドイツの統一運動に触発されたものだった）に加えて、連邦共和政を目指す新たな構想が1848年革命の影響下で生まれたのである。

「帝国の時代」からの逆行

ウィーン体制崩壊後のヨーロッパは、国民国家の建設を進めるとともに、非ヨーロッパ世界の再分割へと向かっていった。前章で見た「長い19世紀」の最終段階、「帝国の時代」（1875～1914年）である。スペインの王政復古体制は、まさにこの時代の中にあった。しかしスペインは、ヨーロッパの一国でありながら、再分割される側に回ることを余儀なくされた。

当時のヨーロッパの主導権を握っていたのは、1871年に成立したドイツ帝国だった。ドイツは、ビスマルクの下で、帝政ロシア、オーストリア＝ハンガリー二重帝国、そしてイタリアとの同盟を結び、フランス包囲網を築き上げた。イギリスはこれらの国々と友好関係を保ちながらも同盟そのものには加わらない、「栄光ある孤立」を選んだ。これは充分な国力を有するがゆえに選びえた選択肢だったが、スペインはそうではなかった。

1879年、アルフォンソ12世はオーストリア・ハプスブルク家のマリア・クリスティーナと結婚した。ここには姻戚関係を強固な軍事同盟に繋げようとする意図があったが、成功しなかった。スペインは地理的にも地政学的にもヨーロッパの周縁であり続け、米西戦争という危機に至ってはヨーロッパから見捨てられた。

ラテンアメリカの独立と米西戦争

「帝国」としてのスペインを成り立たせしめていた植民地の大半は、ラテンアメリカにあった。しかし19世紀、スペインはこれらを失っていった。その兆しは、すでに18世紀に見られるものだった。クリオーリョ（ラテンアメリカ生まれの白人）とペニンスラール（イベリア半島人、すなわちスペイン本国生まれの白人）は、ともに副王領における支配層を形成していたが、官職の配分や税の負担においてはペニンスラールが優遇されていた。クリオーリョは、ペニンスラールおよびスペイン本国そのものへの不満を募らせていった。

両者の亀裂は、19世紀初頭に決定的なものとなった。1810年のカディス議会に始まる自由主義的諸改革に対して、クリオーリョは自らの権益が脅かされるのではないかという恐れを抱いた。ナポレオンとの戦いに疲弊していたスペインは、ラテンアメリカに対する統制力をすでに失っていた。さらに、経済圏域拡大の野望を抱くイギリスからの支援を背景として、ラテンアメリカの諸地域は独立

米西戦争で「ヤンキー」に叩きのめされるドン・キホーテ［出所：*La Campana de Gràcia*, Any XXIX, Batallada 1526, 13 de agost de 1898.］

運動を起こした。

　リオ・デ・ラ・プラタ副王領では、１８１１年に最初に独立を果たしたパラグアイに続き、ホセ・デ・サン・マルティンを指導者としてアルゼンチンが１８１６年に独立した。続いて１８１８年にはチリが独立した。ヌエバ・グラナダ副王領では、シモン・ボリバルを指導者として１８１９年に大コロンビアが独立した（その後１８２２年にエクアドル、１８３０年にベネズエラ、１９０３年にパナマがここから分離する）。ヌエバ・エスパーニャ副王領では、ミゲル・イダルゴとホセ・マリア・モレーロスを指導者とする反乱が１８１０年から始まり、１８２１年のメキシコ独立に至った。そしてペルー副王領では、１８２４年にアントニオ・ホセ・デ・スクレがアヤクーチョの戦いでスペイン軍を破った。これはペルーの独立とともに、ラテンアメリカ全体の独立を決定付けるものだった。

　ラテンアメリカの諸地域はその後も次々と独立を果たし、19世紀の半ばにおいて、かつての「帝国」スペインに残された植民地は、ラテンアメリカ（カリブ海）においてはキューバ、プエルトリコ、そして太平洋においてはフィリピン、グアムのみとなっていた。

こういった中で、1868年に第一次キューバ独立戦争（十年戦争）が始まった。これは1878年のサンホン講和条約によって一旦の終結を見るが、17年後の1895年に第二次キューバ独立戦争が勃発した。キューバはこの時、経済的にはすでにアメリカ合衆国の被保護国となっており、独立戦争へのアメリカの介入は避けられなかった。1898年2月、アメリカは軍艦メイン号を爆破されたことへの報復という名目の下にスペインに宣戦を布告し、米西戦争が始まった。アメリカは、同年4月にキューバ、5月にフィリピン、6月にグアム、そして7月にはプエルトリコに侵攻し、スペインはヨーロッパ諸国からの支援を得ることができないまま、全ての戦線で敗北した。12月のパリ講和条約によって、キューバは独立し、プエルトリコ、フィリピン、グアムはアメリカに割譲された。北アフリカ沿岸部を除く全ての植民地を失ったスペインは、もはや名実ともに「帝国」ではなかった。

（久木正雄）

コラム
8

《歴史のスポット》バルセローナ・ムンジュイックの丘と公共墓地

現在もスペイン第二の都市であるバルセローナは、スペインの近代化と工業化をリードし、19世紀には「スペインのマンチェスター」とも譬えられた。と同時に、固有の言語・文化をもつカタルーニャの中心でもあったためにバルセローナは、中央部の首都マドリードとつねに競い合い、カタルーニャ主義の拠点ともなった。したがって、同市の南部に位置し城砦の据えられたムンジュイックの丘（標高184・4メートル）は、市内の騒擾を抑えるための要衝であった。

もともとムンジュイックは、学説的にはローマ時代に称された「ユピテルの丘」に由来するとされるが、その響きから「ユダヤ人の山（モン・ダルス・ジュエス）」が語源であると一般には言われている。しかもこの丘の一画には、市内に特別な居住区（フデリーア）をもっていたユダヤ人たちの墓地があったために、後者の説にさらに信憑性を与えているのである。

繰り返すがムンジュイック城はバルセローナを制圧するための戦略的要所であったために、バルセローナ市内が手狭になったあともその裾野に建物を建築することは禁じられ、19世紀末まではいくつかの軍事施設と耕作畑が広がっているだけであった。

しかしバルセローナ市の産業発展と居住者の急増によって、同市には深刻な問題が生じていた。というのも伝統的には死者

市内からムンジュイックの丘を望む［出所：Wikimedia Commons/Year of the dragon］

は市内の教会隣接地に埋葬されていたが、19世紀初めには満杯となっており、同市の東部につくられた「新町（ポブラ・ノウ）墓地」もこれ以上の敷地拡大ができなくなったからである。

ムンジュイック墓地の全景［Emily Allen撮影］

そこで目をつけられたのが、ムンジュイックの丘の東側裾野であった。１８８３年、整備が済んで開設されてから今日までにムンジュイック墓地には、19世紀末から20世紀にかけてのスペインとバルセローナの歴史を反映するかのように、多くの著名人や無名の民衆が葬られており、この墓地は現在、56ヘクタールを擁し、15万基以上の墓石が置かれている。しかし今やここも満杯となり、バルセローナ住民たちの新たな墓地はさらに遥か郊外のコイサローラなどにある。

ポブラ・ノウ墓地とムンジュイック墓地には近現代史に名を遺した人びと（フランセスク・カンボ、フランセスク・マシア、ブエナベントゥーラ・ドゥルーティ、等々）の墓があり、多くの墓所・墓石も各時代の「死生観」を反映するかのように記念碑的意味をもっている（例えば近代主義建築で活躍した建築家たちが著名人の墓所設計を手掛けている）ために、最近では「バルセローナ墓地ルート」としてガイド付きの観光スポットとなっている。バルセローナを訪れて時間にゆとりのある方は、ぜひこの見学をお薦めしたい。

さて、ムンジュイックの丘にはもう一つの墓所があることにも注目したい。現在「フサー・ダ・ラ・パドレーラ」と呼ばれるスポットには、かつてフランコ独裁初期の弾圧によって犠牲となった4000人の遺体が無造作に埋められていたが、その一人、内戦期の自治州首班であったリュイス・クンパニィスの遺体の発掘と墓所設置とともにこの一帯が整備されて、いまでは内戦とその犠牲者のための「記憶の場」となっている。

（立石博高）

内戦とその犠牲者の「記憶の場」、フサー・ダ・ラ・パドレーラ［出所：Wikimedia Commons/Canaan］

31 米西戦争の衝撃
――「災厄《デサストレ》」と「再生《レヘネラシオン》」

再生主義《レヘネラシオニスモ》と98年世代

1898年の米西戦争敗北と植民地喪失はスペイン社会に大きな衝撃を与え、「災厄《デサストレ》」と呼ばれた。そして、「災厄」からの「再生《レヘネラシオン》」もまた、一種の流行語として言論界を賑わせた。これは王政復古体制が抜本的な改革を行う契機となるはずだった。しかし、王政という政体そのものが覆ることもなければ、二大政党がその地位を脅かされることもなかった。体制指導者たちは、従前の政治システムを維持することに腐心したのだった。

他方で、スペインの現状を冷静な目で見つめ、改革の必要性を冷徹に訴える新たな思想潮流も生まれ出た。「災厄」の原因として自国の後進性を認めた上で、そこから脱却するためには近代化の促進こそが必要であると主張する、再生主義《レヘネラシオニスモ》である。ホアキン・コスタ、「クラリン」ことレオポルド・アラス、リカルド・マシアス・ピカベアといった再生主義者たちは、体制の根幹に深く切り込む批判を行い、その舌鋒は二大政党交代制の欺瞞とカシキスモという悪習にも向けられた。しかしこういった批判は政治的実現性に結び付かなかった。「災厄」直後の1899年に首相の任に就いた保守党のフランシスコ・シルベーラは、自国を「脈拍が途絶えている《シン・プルソ》」と表現して強権的な改革を試みたが、

ホアキン・コスタ（フアン・ホセ・ガラテ・イ・クラベーロ作、1915年）［アテネオ・デ・マドリード所蔵］

失敗に終わった。再生主義は、ホセ・カナレーハスやミゲル・プリモ・デ・リベーラといった20世紀初頭の政治指導者たちに受け継がれていった。

さらに、世紀末に特有の終末思想が現実のものになったかのような「災厄」は、悲観的で内省的な文化をスペインにもたらした。ミゲル・デ・ウナムーノ、ラモン・マリア・デル・バリエ・インクラン、ピオ・バローハ、ラミーロ・デ・マエストゥ、アントニオ・マチャード、そして「アソリン」ことホセ・マルティネス・ルイスといった、数多くの著述家の登場である。哲学、小説、詩など、表現形態こそ多岐にわたるが、「災厄」を共通体験とする彼らは「98年世代」と総称される。彼らの中には、再生主義者たちが唱えたヨーロッパ化による近代化に反発し、伝統的スペインの固有性を称揚する「生粋主義《カスティシスモ》」に傾倒する者もいた。

この「生粋主義」は、スペインの本質と美徳を古き良きカスティーリャに求めるものだったが、カスティーリャ以外の諸地域においても、それぞれの「再生」のあり方が模索された。「災厄」は、先述のとおり体制そのものを揺り動かすには至らなかったが、地域ナショナリズムを刺激したのである。とりわけカタルーニャのブルジョワジーにとっては、綿製品の取引先であるキューバを失ったことによる経済的打撃が大きかった。彼らの援助を受けて、アンリック・プラット・ダ・ラ・リバとフランセスク・カンボは１９０１年にリーガ（地域主義連盟）を結成した。

教会と反教権主義《アンティクレリカリスモ》

教会の歴史は、聖職者の腐敗に対する批判を始めとする、民衆の反発と歩みをともにしてきた。しかし自由主義思想が政治に結実する19世紀において、教会への反発はそれ以前のものと異なる様相を呈し始めた。教会はアンシアン・レジームの象徴とみなされ、個人主義と世俗主義に基づく反教権主義《アンティクレリカリスモ》が形成されていったのである。さらに、民衆にとって教会はしばしば国家と同一視され、それらへの敵意は暴力行動として表出した。「自由主義の3年間」（1820〜1823年）において顕在化した反教権主義は、特に「進歩派の2年間」（1854〜1856年）と「革命の6年間」（1868〜1874年）において激しさを増した。

王政復古体制期においては、1876年憲法は個人の良心の自由を認める一方で、カトリックに再び国教としての地位を与えた。これは1851年の教皇庁との政教協約とともに、国家における教会の地位を再確認するものでもあった。しかし、世俗化が進む社会における反教権主義はもはや抑えることのできないものだった。こうして、カトリシズムと自由主義との対立は王政復古体制期の社会を特徴付けることとなった。皮肉なことに、この二つのイデオロギーは、両立すべき理念として体制成立時に掲げられたものだった。

この時期、教会は社会の再カトリック化に乗り出した。とりわけ教育界における教会の影響力は大きく、公立学校ではカテキズムが必修科目とされた。マルセリーノ・メネンデス・ペラーヨのような保守的な知識人からの支持も大きかった。これに対して、世俗教育を求める声も一定の広がりを見せた。1876年にフランシスコ・ヒネル・デ・ロス・リオスが創設した私立学校「自由教育学院」は、

『エレクトラ』の一場面
［出所：*El Teatro*, Núm.6, abril de 1901.］

公教育への反発を顕わにした。

また、１８９１年のレオ13世の回勅『レールム・ノヴァールム』を受けて、教会は労働運動への接近を図った。教会は社会教説を標榜する組合を設立し、労働者を取り込もうとした。しかし、この活動は農村部では一定の成果を上げたものの、都市部では社会主義とアナキズムの後塵を拝し、教会と民衆との間の軋轢はむしろ高まった。

こういった反教権主義は、「災厄」をきっかけとして爆発した。共和派は、軍の好戦的性格は教会が教唆するカトリック的愛国心によるものだと主張した。１８９９年に各地で沸き起こった大規模な抗議運動の中では、キリストの聖心といった宗教的シンボルの破壊が見られた。また、作家ベニート・ペレス・ガルドスは、１９０１年に初演された戯曲『エレクトラ』において、教会を痛烈に批判した。

教会にとっての「再生」は、民衆層の脱カトリック化（これはのちにマクシミリアノ・アルボレーヤといった聖職者によって「大衆の背教《アポステシア・デ・ラス・マサス》」と呼ばれることとなる）を食い止めることだった。すでに１８８９年から開催されていた全国カトリック会議（〜１９０２年）では、１８９９年の第５回ブルゴス大会において、「災厄」を再出発点とする教会の社会的使命が問われた。

軍の政治介入

19世紀初頭から王政復古体制樹立までの約75年の間に、軍人によって発せられたクーデタ宣言《プロヌンシアミエント》は、約40回にのぼる。第一共和政の終焉と王政復古体制の到来のきっかけを作ったのもまた軍事クーデタであった。王政復古体制は、反体制勢力の軍事力を恐れた。１８７８年、正規軍についての規定が盛り込まれていなかった１８７６年憲法を補う形で、軍設置法が制定された。同法では、祖国の独立を諸外国の脅威からのみならず「国内の敵」からも守ることが軍の任務とされた。さらに、治安警察の軍隊的性格が強調され、公安秩序の担い手とされた。非常事態宣言の発令も常態化していった。

軍は、陸軍省から各県の軍司令官に至る中央集権的な網を全国にめぐらせ、文民機構と並ぶ権力機構となった。その結果、軍の政治介入は次第にその度合いを増していった。１８８８年に陸軍省が試みた軍の合理化と近代化は、既得権益を固持しようとする軍人たちの抵抗により頓挫した。そして「災厄」に至っては、軍は、自分たちは政府の失策の犠牲者だと考えた。軍にとっての「再生」とは、自分たちこそが国家の守護者として文民当局に優越することだった。第二次キューバ独立戦争以来の軍事行動を批判した者は、脅迫や襲撃を受けた。ジャーナリズムの諷刺性が特に強かったカタルーニャでは、１９０５年、士官たちが『クー・クット！』誌と『カタルーニャの声』紙の編集部への襲撃事件を起こし、モロッコ戦争とその帰結としての「悲劇の１週間」の前夜の様相を呈した。徐々に影響力を増す軍に対する民衆の反発は、労働運動と反教権主義との混合の中で高まっていった。

さまざまな形での「再生」が叫ばれる中、王政復古体制は20世紀の幕開けとともに新たな段階に突入する。１９０２年、成年に達したアルフォンソ13世が親政を開始するのである。

（久木正雄）

第Ⅴ部 現代のスペインへ

32 20世紀初頭の危機
――モロッコ戦争とプリモ・デ・リベーラ独裁

世紀転換期の危機

19世紀末から20世紀初頭にかけてスペインは、米西戦争敗北の衝撃も冷めやらぬ中、大衆政治の到来と労働運動の興隆という、かつてない変容を経験する。

19世紀末から本格的な産業革命が始まり、都市化・工業化が進むことでカシキスモの前提は崩れ、新たな社会勢力として登場した工業労働者が、政治・社会の構図を大きく変えた。工業労働者を組織化し、その政治・経済的権利を要求するべく誕生したのが労働運動である。スペインでは1879年に社会労働党（PSOE）が、88年には同党系列の労働組合である労働者総同盟（UGT）が創設され、さらに1910年にはアナキスト系労組の全国労働連合（CNT）が結成された。UGTとCNTは20世紀初頭の労働運動を主導していく。

スペインではさらに、地域主義の高まり（次章で詳述）や、モロッコ植民地における民族運動なども重要な問題として浮上した。

こうした状況に即応し、保守党のマウラや自由党のカナレーハスなど、体制内からの改革を試みる動きもあった。だが世紀転換期に誕生した政治・社会的利害は、カシキスモで吸収したり、「上からの」改革で緩和・解消されたりはしなかった。社会主義政党に加え、地域主義政党や共和主義政党も誕生したが、これらは国政レベルで有為な存在とはならなかった。他方二大政党も、大衆政治の時代にふさわしい支持基盤を構築できず、王政復古期の政治システムは民意との乖離が広がる中で、徐々に機能不全に陥っていった。

モロッコ植民地問題と1917年の危機

米西戦争で植民地の大半を失ったスペインにとって、モロッコは最後の砦であった。そのモロッコで、1909年7月にリフ族による民族運動が勃発する。マウラ政権はこれを鎮圧するために予備役の招集と軍の派兵を決定したが、これに反対するPSOE、CNTの主導の下、バルセローナで7月末にゼネストが決行された。政権は軍隊を投入し反対運動の鎮圧を図ったが、その過程で多くの犠牲者が出た（「悲劇の1週間」）。

1914年に勃発した第一次世界大戦は、非参戦国であったスペインにも強い負荷をかけた。開戦当初スペインは、交戦国に対する物資の輸出で一時的な好況に沸いたが、食糧や生活必需物資を輸出に向けたことで国内では物資不足が起こった。また物価上昇に賃金が追い付かず、民衆の生活は苦境に陥った。労働組合は賃上げとインフレの抑制を訴えるストライキを頻繁に行い、社会の緊張は高まる一方であった。

労働運動に加え、さらに王政復古体制を動揺させる事態が起こった。一つは地域主義政党（特にカタルーニャのリーガ）からの憲法改正要求、もう一つは軍による政治介入の高まりである。かねてから軍内には、アフリカ派と本土派という二つの勢力が存在した。アフリカ派が植民地紛争の鎮圧などにより、軍内でより早く昇進することに対し、本土派の不満が高まっており、さらに先に述べたインフレと実質賃金の低下は軍人の生活も直撃した。本土派の軍人たちは「防衛評議会」を結成し、昇進制度の改革、昇給などを政権に要求し、その結果1917年6月に自由党政権は崩壊した。

同年8月、UGTとCNTが主導したゼネストが決行された。このゼネストは生活防衛のみならず、モロッコ戦争への反対、さらには王政の打倒と共和政の樹立をも視野に入れた、多面的な性質を持っていた。政府は戒厳令の発布と軍隊の投入でゼネストを鎮圧したが、労働運動は一層尖鋭化していく。

その背景にあったのが、同年秋にロシアで起こった十月革命である。世界初の社会主義国家の誕生は、全ヨーロッパの労働運動を大いに刺激した。スペインでも1918〜1920年の時期は「ボリシェヴィキの3年間」と呼ばれ、戦闘性を強めた労働運動と、これを弾圧する政府・治安当局との対立が熾烈を極めた。特にCNTは、従来から強い基盤を持つカタルーニャに加え、アンダルシーアの農民の組織化を進め、ゼネストや要人の暗殺、焼き討ちといった手段を多用した。労働運動の過激化は、経営者側や社会の保守的な勢力からの強い警戒を招いた。1921年に首相ダトが暗殺されたことをきっかけに、スペイン全土でCNTに対する政府の弾圧が行われた。

また労使対立の激化により、カタルーニャの地域主義運動にも変容が起こる。ブルジョワ政党リーガが労働運動への反対を明確にし、中央政府との協調姿勢を示す一方、1917年に設立されたカタルーニャ共和党（PRC）など、労働者という基盤の上に地域主義的要求を実現しようという勢力が現れた。地域主義運動内部での階級対立という構図が生まれたのである。

社会の分極化と暴力的な雰囲気の中、議会政治は急速に求心力を低下させ、権威主義的な統治を求める機運が高まっていった。「強い国家」への希求は、同時期のヨーロッパにも広く見られたが、スペインではその担い手として軍が想定された点が特徴であった。

1917年以降危機的な状況に陥った王政復古体制を崩壊に導いたのは、またしても植民地問題であった。1921年1月、スペイン軍はアヌアルにおいて、クリム率いるリフ族部隊に大敗を喫し、1万人を超える戦死者を出した。アヌアル事件の衝撃は大きく、一方で事件の責任を軍に帰す動きと、これに反発する軍という対立が生まれ、他方社会主義勢力を中心として、王政復古体制そのものへの非難も起こり始めた。

プリモ・デ・リベーラ独裁

1923年9月13日、カタルーニャ方面軍司令官プリモ・デ・リベーラは、同地域に戒厳令を発布した。このクーデタの目的は、労働運動と地域主義（分離主義）の鎮圧、モロッコ問題の解決を目指し、マドリードに軍事政権を樹立することとされた。国王アルフォンソ13世も秩序の回復を重視し、クーデタを是認した。政治的危機に際し軍が権力を掌握し、秩序回復後に「兵舎に戻る」というのは、19世紀以来頻発したプロヌンシアミエント（クーデタ宣言）の行動様式であり、プリモのクーデタはこれを踏襲したものである。だが同時に、プリモはスペインの諸問題を抜本的に、そして長期的スパンで改革することも目指していた。

第一に、モロッコ問題は比較的穏当に解決された。プリモ自身はクーデタ以前、植民地の放棄を支

プリモ・デ・リベーラ

持していたが、軍内アフリカ派からの働きかけもあり、植民地維持へと立場を変えた。1925年にはフランスと共同行動協定を締結し、1926年5月にはクリムを降伏させた。第二に、労働運動に対するプリモの姿勢は両面的であった。CNTやスペイン共産党（1921年設立）を弾圧する一方、独自の家父長的価値観に基づく社会立法・社会政策と、職能別に編成されたコーポラティズム的機構とを通じ、労働者の統合と階級協調的社会の構築を目指した。第三に、1924年に創設された愛国同盟（UP）は、独裁に新たな政治基盤を与えるべく、イタリア・ファシスト党をモデルとして創設された。だが大衆的支持基盤を持たなかったUPは、旧来の政治家や公職を求めた人々を糾合した、「上から」作った補助的機関にすぎなかった。第四に、プリモは国家の一体性を重んじる立場から、地域主義を厳しく弾圧した。1925年には次章でみるカタルーニャ4県連合体（マンクムニタット）も廃止された。

プリモ独裁はまた、スペインの刷新に向けて経済発展を推し進めた。彼の経済政策の大きな特徴として、国家介入主義（国家主導の投資、大規模な公共事業など）が挙げられる。こうした経済政策は資本主義の暴走を防ぎ、経済の公正な発展を国が主導するという側面も有していた。また、高水準の関税により自国産業の保護を図る経済ナショナリズムも顕著であった。一連の政策により、道路網の拡張と鉄道網の電化、灌漑事業といった成果も上がったが、農業利益の軽視と重工業・大資本の偏重、さらに介入主義の副産物としての腐敗・汚職も蔓延した。

一方、独裁は徐々に長期化の様相を呈し、プリモ自身も立憲的制度の構築を目指し始めた。１９２５年12月には統治主体が軍から文民へ移行した（内閣のトップはプリモが務めた）。翌26年9月には、独裁への信を問う国民投票が行われ、約７００万人が賛成票を投じた。１９２７年9月には国民会議が設置され、ＵＰや市町村代表、各種経済団体・文化団体の代表が集った。１９２９年7月に公表された憲法草案には、国民主権の否定、経済・社会に対する国家の介入、コーポラティズム的原則などが盛り込まれた。

だが、独裁が独自の制度・基盤を備えた恒久的な体制へと変わることを拒絶する勢力は多かった。昇進制度を改変したプリモに反発した軍、弾圧に反対するカタルーニャ地域主義者、１９２９年に発生した通貨危機により独裁への支持を取り下げた経済界、そして独裁期に急増した大学生などである。

とりわけ軍の離反は決定的であった。１９３０年1月末、有力将軍たちに信任を拒否され、プリモは辞職を決断した。19世紀的な手法で権力を掌握し、20世紀に適応した体制の構築を目指しながらも、大衆的な支持を得ることが叶わなかった独裁の、まことに象徴的な最後であった。

（武藤　祥）

33 地域ナショナリズムの台頭
――政治運動としての地域主義の展開

地域ナショナリズム勃興の背景

スペインはしばしば、「各地域の独自性が強い国家」と表現される。他のヨーロッパ諸国と比べても、スペインの国家形成は早かったものの、絶対主義国家の下で通常起こる現象（標準語の形成、法典・裁判システムの一元化、度量衡の統一など）が十分に進まなかった。それゆえ、地域言語や、旧来の地方特権に起源をもつ地域特別法（フエロス）が残存したのである。

こうした構造的背景に加え、地域主義が台頭した時代的背景についても触れなければならない。まずは、カタルーニャとバスクにおける経済発展である。両地域は18世紀から近代的資本主義経済（前者は繊維産業、後者は製鉄業が中心）を確立し、スペイン経済を牽引する存在であった。19世紀後半にはさらなる工業化が進んだが、王政復古体制の政治システムでは、こうした地域の利害が十分反映されなかった。

さらに米西戦争における破局は、各地域にも大きなインパクトを与えた。「98年世代」がカシキスモの打破や、経済・社会的近代化を提唱しつつも、単一国家スペインの存在を疑わなかったのに対し、各地域の地域主義者の間には「スペイン」という国家（あるいは国民）の存在自体が所与のものではないという認識が広まった。

萌芽期の地域主義運動

このような背景の中で、19世紀末から地域主義運動が高まり、20世紀初頭、地域問題は主要な政治的争点となっていく。だが、地域主義を生み出した契機、またそれが政治運動へと発展する経路は多様であったし、地域ナショナリズムの中にも、自治権拡大かあるいは完全な独立か、という立場の隔たりがあった。

カタルーニャにおける本格的な地域主義の端緒は1880年代である（ただし、1830年代にもカタルーニャの言語や文学を再評価する機運はあった）。1880年には第1回カタルーニャ主義者会議が開催され、その席でアルミライが提唱した通り、82年にはカタルーニャ・センターが設立された。アルミライは1886年に著書『カタルーニャ主義』を出版し、カタルーニャの独自性を擁護した上で、スペインを民主化・近代化するために連邦国家の創設を主張した。

初期のカタルーニャ主義の特徴は、スペイン国家という枠組の中でカタルーニャに対し、行政面などでより多くの権限移譲を目指すという点、またカタルーニャ語の公用語としての地位を求める点などが挙げられる。

一方バスクにおける地域主義の起源は、カタルーニャのそれとは大きく異なる。1880年代以降、バスクでの急速な工業化に伴い、非バスク系住民の大量流入が起こった。バスクの伝統的価値観、特にカトリック信仰が脅かされると感じたバスク系住民の危機感が、バスク主義の背景にあった。また

サビーノ・アラーナ

1839年の第一次カルリスタ戦争後、既存のフエロスに制約が加えられ、最終的にフエロスが1876年に廃止されたことは、バスクがスペイン国家内の一地域へと編入された契機とされた。

　バスク主義を定式化したのはアラーナである。若き日には敬虔なカトリック教徒でカルリスタであったアラーナは、当初急進的な反自由主義・反スペイン主義を唱えた。アラーナによれば、バスク民族の本質は「種《ラサ》」とカトリック信仰であり、言語（バスク語）は二義的な存在であった。初期のアラーナは、1839年以前のフエロスを回復させることで、事実上バスクをスペインから独立させることを目指していた。

　ガリシアでは19世紀半ば、地方主義《プロビンシアリスモ》と呼ばれる運動が起こった。これは、ガリシアの小土地所有制度が近代化を阻害しているという認識から生まれたものであった。地方主義が地域主義へと発展するのは1880年代である。地域主義にはリベラルな立場（政治的民主化と、ガリシアにおける資本主義の発展を目指す）、伝統主義的立場（資本主義と自由主義を敵視し、カトリシズムを基盤とした過去への回帰を目指す）など、多様な潮流が存在した。もっともこれらは、ガリシアがそれ自体で一つの地域もしくは民族であり、自らの文化・言語的復興を果たす権利がある、と考える点では一致していた。

　1890年にはガリシア地域主義同盟が結成され、機関誌の発行やプロパガンダ活動を展開したものの、93年に解体された。19世紀末のガリシア地域主義を支えたのは自由主義的専門職や知識人などが中心であり、カタルーニャやバスクの地域主義と比べて政治的影響力・社会的基盤とも極めて脆弱なものにとどまった。

20世紀初頭の地域ナショナリズム

20世紀に入ると、地域主義運動がより明確に政治的性質を持ち、また広範な社会的基盤を持つ運動――地域ナショナリズム――へと変容していく。

地域ナショナリズムが最も早く、かつ強力に現れたのはカタルーニャである。それを担ったのが1901年に、カタルーニャのブルジョワジーを中心に結成された政党「リーガ（地域主義連盟）」である。1899年に成立した保守党政府が税負担の強化を図ったことに対し、ブルジョワジーは拒絶した。このような背景から、より直接的にカタルーニャの経済的利害の護持と、中央政府における政治的影響力の確保を目指して結成されたのがリーガである。

カンボとプラット・ダ・ラ・リバという卓越した指導者を有したリーガは、結成同年に実施された国政選挙で早くも存在感を示し（バルセローナで候補者4人全員が当選）、その後もカタルーニャの各県議会、主要都市の市政庁を支配下に置いていった。1906年に結成された「カタルーニャの連帯」は、より幅広いカタルーニャ主義者を糾合した選挙連合であった。「連帯」は1907年4月の国政選挙でカタルーニャでの44議席中41議席を獲得したが、1909年の「悲劇の1週間」の後、内部対立により崩壊した。

一方リーガは、カタルーニャ4県を統合した単一行政機構の創設を要求した。1911年、リーガが主導したバルセローナ県議会は、「マンクムニタット（カタルーニャ４県連合体）規程」を採択し、カナレーハス政権に送付した。これは１９１３年に最終的に承認され、１９１４年４月６日、マンクムニタットが成立した。

だがこれ以降、自治権の拡大を求めながらも、スペインを近代化するため中央政府に参加するとしたリーガと、これを日和見主義的と批判するリベラルな立場との対立が先鋭化した。またブルジョワ政党であるリーガが、労働運動を抑圧するため中央政府に接近したことも、左派勢力の反発を強めた。何よりカタルーニャの地域主義運動自体が、国政全体の不安定化要因となっていった。

バスク主義が政治運動として発展するのは、１８９５年にアラーナが「バスク・ナショナリスト党（ＰＮＶ）」を結成した頃からである。だが19世紀末、彼の思想は大きく転換する。初期のアラーナは、バスクの伝統社会を破壊したとして、近代主義・資本主義を厳しく批判したのに対し、19世紀末の彼は工業化が進んだバスク社会を前に、よりプラグマティックな立場へと変容したのである。それは政治的には、スペイン国家の一体性を前提としたうえで、分離独立ではなく可能な限りの自治を追求する、という主張となって現れた。

アラーナは１９０３年11月に病死する。しかし晩年の転向により、彼の死後ＰＮＶ内部には、初期のアラーナの思想を継承する急進派と、後期の機会主義を継承する穏健派という二つの党派が生まれた。１９１６年、ＰＮＶは党名を「バスク・ナショナリスト協同団（ＣＮＶ）」へと変え、翌年の国政選挙で大きく躍進した。だが、穏健派と急進派の不一致はこの後も長く続くことになる。

ガリシアでは１９０７年、カタルーニャに触発され、「ガリシアの連帯」が創設された。創設宣言では「ガリシアは……その同質性と特殊性のゆえ、祖国の刷新の中核をなすべき地域の一つである」と謳われた。だが「連帯」はさしたる成果を上げられずに解散した。より本格的なガリシア主義の組織は、1916年に創設された「ガリシア語友の会」である。「友の会」の当初の活動は純粋に文化的なものであったが、「友の会」の一部はより政治的な活動を求め、1918年2月の総選挙で候補者を擁立した。当選は果たせなかったが、選挙活動が草の根での地域主義運動の普及につながった。

1918年にルゴで開催された第1回ナショナリスト会議においては、ガリシア主義運動の目標が明示された。すなわち、自治権の獲得、（カスティーリャ語と並んで）ガリシア語の公用語化、カシキスモや選挙不正の一掃を通じた政治・行政改革などである。

このような綱領を掲げながらも、「友の会」は弱小な組織であり、ガリシア・ナショナリズムはカタルーニャやバスクに比べるとやや脆弱であった。それが地域主義政党を備えた政治運動として本格的に発展するのは1930年代を待たなければならない。

（武藤　祥）

34 第二共和政
――改革と左右対立

第二共和政の成立まで

プリモ・デ・リベーラの後を継いだベレンゲールは立憲王政への復帰を目指したが、プリモ独裁期から、共和政の樹立を目指す勢力（共和派）が、都市部を中心に勢力を拡大していた。すでに旧来の二大政党制は崩壊し、単にプリモ独裁以前の状態に回帰することは不可能であった。またアルフォンソ13世がプリモのクーデタを容認したことで、幅広い政治勢力の間で、王政そのものに対する拒否感が高まった。１９３０年8月、共和派各勢力とカタルーニャ地域主義者らがサン・セバスティアンに集まり、王政打倒と共和政樹立を目指すことで合意した（サン・セバスティアン協定）。後にここに社会労働党（ＰＳＯＥ）と労働者総同盟（ＵＧＴ）なども合流した。

実力行使によって王政の転覆を図るという計画が頓挫した後、共和派は１９３１年4月の市町村議会選挙での勝利を目指すという方針に転換した。この選挙は、王政存続の可否を問う国民投票としての機能を果たしたが、その結果は都市部と農村部で大きく異なった。カシキスモが未だに残存した農村部では王政支持派が勝利した一方、都市部（各県の県都や人口1万人以上の都市）の大部分では、共和派候補が勝利したのである。王政復古期の選挙と異なり、全体的な投票率が上昇したことも、共和派の躍進に寄与した。

マドリードやバルセローナを中心とした大都市部では、歓喜に駆られた民衆が街頭にあふれ、共和政の成立を宣言した。選挙結果を見れば、依然として王政派は多数を維持していたが、民衆運動の高まりを前にして、アルフォンソ13世は退位を決断した。

臨時政府から共和国憲法の制定まで

国王退位後、アルカラ・サモーラを首班とする臨時政府が発足した。臨時政府には共和派から社会主義者まで多様な勢力が結集し、新憲法の制定と本質的な改革が目指された。

労働大臣ラルゴ・カバリェーロは4月25日の政令で、農業経営者に対し、当該地域の労働者を優先的に雇用するよう義務づけた。また陸軍大臣アサーニャは、軍内の王党派将校に対し、現役将校と同等の経済的条件を課すことで退役させる可能性を開いた。これは、共和国に対する将校の忠誠の保障と、過大な将校団の縮減という二つの意図があった。内務大臣ミゲル・マウラは5月8日、１９０７年の選挙法を改正するための政令を発布した。その内容は大選挙区制の導入と、第一党に実際の得票以上の議席をプレミアムとして与えるというものであり、議会での多数派形成を容易にし、政権運営の安定化を図るとい

第二共和政樹立宣言を祝う人々（マドリードのプエルタ・デル・ソル、1931年）

う主旨であった。

だがこうした政策に対し、諸方面から反発が表明された。例えば学校教育における宗教科目の非義務化を定めた政令に対しては、カトリック司教団から強い反発が起こり、首座大司教セグーラは、共和国を批判する教書を発表した。臨時政府への批判は右派からだけにとどまらなかった。全国労働連合（CNT）は当初共和国に対する期待感を示したが、マドリードなどで発生した反教権的暴動を政府が鎮圧したことなどを受け、すぐにその立場を修正した。CNTはまた、先に述べたラルゴ・カバリェーロの労働政策もUGT寄りであると批判した。共和国樹立に際し結集した勢力間での路線対立と、共和政自体に反対する勢力からの批判という二重の困難は、第二共和政の短い歴史において常に付きまとったが、すでに臨時政府の時点でその予兆は現れていたのである。

6月に実施された制憲議会選挙ではPSOEを第一党として、臨時政府の与党側が圧勝した。だが7月から開始された共和国憲法案の審議においては、与党内の意見の相違が一気に顕在化する。最大の争点はカトリックの位置づけ、国家・教会関係の規定であった。憲法草案には政教分離、信教の自由の他、「反国家的」な修道会の解散及び財産没収などが盛り込まれたが、共和主義右派のアルカラ・サモーラやミゲル・マウラはこれに反発し、臨時政府を辞任した。共和主義左派のアサーニャが政府首班を引き継いだ後、憲法草案にはより一層反教権的な条項が加わった（離婚や非教会婚の承認など）。

この問題に付随し、教育のあり方をめぐる論争も起こった。共和派は、文化・教育問題は国が一元的に管理し、国家が設置した学校が公教育を担うという構想、また宗教色を排した世俗教育により、教育を中立化するという方針を描いていた。だが公教育はカトリック教会も最重要視した領域であった。新憲法では「文化は本質的に国家の領分である」と規定され、宗派系学校の多くが公立学校へと転換された。教育権をめぐる国家と教会との対立・競合は、フランス革命から20世紀初頭にかけてカトリック国で数多く見られた事象でもある。

もう一つの重要な争点は地方自治であった。これは19世紀末から高まった地域主義への対応であると同時に、共和国の国制（単一国家か連邦国家か）に深く関わる問題であり、各政治勢力の間で意見の一致は困難であった。アサーニャ自身は、カタルーニャにおいてブルジョワ政党リーガに代わってカタルーニャ共和主義左翼（ERC）が躍進している状況に鑑み、地方自治の実現により中央政府とカタルーニャとの関係を良好なものにするという展望を描いていた。だが当然、国家の一体性を重視する右派勢力はこれに強く反発した。結局、各地域での住民投票において、有権者の3分の2の賛成を得た場合に限り自治権を認めるという規程が採用された。

その他、一院制議会の設置、男女普通選挙、責任内閣制などが導入され、共和国の骨格が完成した。1931年12月9日、新憲法が制憲議会で可決され、その後アルカラ・サモーラが初代大統領に選出された。重要な争点をめぐって左右対立の火種がくすぶったまま、新生の共和国は船出した。

アサーニャの2年間

憲法制定後最初の内閣は、アサーニャの手に委ねられた。アサーニャ政権は共和主義左派勢力と社会労働党との連立によるもので、社会労働党の政権参加に反対する共和主義右派はこれに参加しなかった。

アサーニャは臨時政府の方針を継承し、スペイン社会の近代化のため、改革を推進した。イエズス会を憲法で定められた「反国家的修道院」に指定しその解散を命じ、また最低賃金や最高労働時間の設定といった一連の労働立法を実現した。中でも象徴的だったのが農地改革である。20世紀に入っても依然として、アンダルシーアやエストレマドゥーラなどではラティフンディオ（大土地所有制）が残存していた。農地改革は臨時政府時代からの課題であり、アサーニャは小作農に対し土地を提供することで、彼らに経済的・社会的基盤を与えることを目指した。

だがアサーニャの改革政策は、右派・保守勢力から一斉に反発を受ける。労働立法は経営者側にとって負担感をもたらし、また農地改革は大土地所有者を中心に私有財産の否定につながりかねないと受け止められた。

そうした右派の警戒は早くも1932年に噴出した。8月9日、セビーリャのサンフルホ将軍がクーデタを起こしたのである。クーデタ自体は労働者によるゼネストにより短期間で収束し、サンフルホは死刑を宣告されたが（後に減刑）、サンフルホの掲げた論理――スペインを悪（＝国の分断や反カトリック思想）から解放する――は、右派からの反対が、共和政という体制そのものへの拒絶になりうることを示していた。

サンフルホのクーデタにより右派の脅威を認識した政権内各勢力は、遅滞していたカタルーニャ自治憲章と農地改革法の成立を急いだ。1932年9月、自治憲章が成立し、カタルーニャは自治政府（ジャナラリタット）を持つ自治州となった。地域主義運動にとっては悲願の成就であったが、自治憲章の内容は当初の要求からは少なからず後退したものであった（第48章参照）。

アサーニャ政権が注力した農地改革基本法も、同じく1932年9月に成立した。国家が収用した土地を日雇い農民層に貸与することが計画されたものの、予算不足や土地所有者の反発により、実際には思うように進まなかった（1933年までに土地の貸与を受けた農家は2500戸にすぎなかった）。その結果、アサーニャ政権は大土地所有者からの反発だけではなく、改革の恩恵を期待しながらも裏切られた農民層の失望も受けることとなった。

改革をめぐる対立が激化する中、左右双方とも直接行動への契機を強めていった。CNTは農地改革の遅滞を契機にカタルーニャやアンダルシーアで蜂起を行う一方、政府は共和国防衛法（1931年10月成立。内務大臣に治安維持のために幅広い権限を与える）を根拠にこうした動きを弾圧した。1933年1月、カサス・ビエハスで起こった農民と治安部隊の衝突は、この時期の暴力的な雰囲気を象徴する事件であった。

1933年9月、治安悪化の責任を取る形でアサーニャは首相を辞任する。強い改革志向を持ちながらも、まさにその「改革」をめぐる左右の挟撃を受け、「アサーニャの2年間」は幕を閉じた。

（武藤　祥）

35 第二共和政の崩壊

――人民戦線の成立からスペイン内戦へ

黒い2年間

アサーニャの辞任を受けて、アルカラ・サモーラ大統領は急進党のレルーに組閣を委ねた。彼らの思惑は、社会労働党（ＰＳＯＥ）を政権から外し、左右の共和派を幅広く糾合した政権を形成することだった。だが、レルーは議会の安定多数の支持を得ることができず、アルカラ・サモーラは議会を解散した。

共和国憲法成立後初となる１９３３年11月の選挙は、史上初めて女性に参政権が与えられた選挙でもあった。選挙に際し左右の姿勢は対照的であった。共和主義左派諸勢力と社会労働党は各々候補を立て、また全国労働連合（ＣＮＴ）を中心としたアナキスト勢力は棄権戦術を採った。他方右派は、「アサーニャの2年間」の改革――特に反教権政策と農地改革――を真っ向から否定するという点で一致した。その中心的存在が、１９３３年1月に右派諸勢力が合同して結成されたスペイン独立右翼連合（ＣＥＤＡ）である。ヒル・ロブレスを党首として、カトリック信仰の擁護と伝統的社会・経済構造の維持を主張するＣＥＤＡは、左派の伸長の中で形成された、スペイン史上初の大衆的右翼政党とも言える存在であった。ＣＥＤＡを基軸に、王党派とカルリスタが加わって選挙連合を形成した右派が、分裂選挙を戦った左派に勝利したのは必然的な結果であった。なお1933年10月にはプリモ・デ・リベーラの息子であるホセ・アントニオが、ファランヘ党を創設した。ホセ・アントニオは急進的なファシズム国家の建設を主張したが、少なくとも第二共和政の時期、ファランヘ党は泡沫的な地位にとどまった。独伊などと比べてスペインはファシズム伸長の条件（第一次大戦の危機や民族問題など）が揃っておらず、また右派層の支持をCEDAが強固に組織化していたためである。

選挙の結果CEDAが第一党（115議席）、急進党が第二党（102議席）となった一方、PSOEは第三党ながら議席数をほぼ半減させた（64議席）。12月、レルーは急進党単独の内閣を組織したが、第一党のCEDAに配慮した政策を採らざるを得なかった。教育の世俗化や農地改革の見直し、さらにはサンフルホのクーデタ（前章参照）に参画した者への恩赦法など、アサーニャ政権の改革は次々に覆されていった。

恩赦法の是非をめぐっては急進党内でも論争があり、同法に反対するマルティネス・バリオらは党を離脱した。すると政府は一層CEDAの支持に依存するようになり、宗教予算の復活など右派的な政策を推進する。こうした政策に対しての不満、また工業労働者の失業率悪化などから、労働者同盟（UGT）やCNTによるストライキが多発した。政治の舞台だけではなく、社会全体が分極化の様相を深めていった。

1934年10月4日、一時的に首相を退いていたレルーが再び組閣を行った。だがその内閣にCEDAのメンバー3名が入閣したことで、左派の警戒感は一気に高まった。左派はかねてからCEDAを紛れもないファシズム政党と捉えており、その権力掌握は、ヨーロッパで猛威をふるうファシズムがスペインにも到達することを意味した（イタリアに続き、1933年にはヒトラーがドイツで政権を獲得していた）。

左派勢力は1934年春ごろから、CEDAの入閣を予想し、これに対する反乱運動の組織化を進めてきた。新内閣発足の翌日PSOEの指令を受け、マドリード、バルセローナなど大都市部で、全面ストライキと労働者の蜂起が一斉に開始された。だがこの蜂起は、統一的な計画とスローガンを欠き、武力の面でも治安当局の前にはなす術がなかった。マドリードでは労働者や学生の大規模な動員に失敗し、蜂起は短期間で鎮圧された。例外はアストゥリアスであった。かねてから同地では鉱山労働者による戦闘性の高い労働運動が展開されており、また全国レベルでは競合関係にあった社会主義者とアナルコサンディカリストとの間で、協調関係が存在した。アストゥリアスでの蜂起では労働者の組織率・武装水準ともに他地域より高く、治安勢力に対し激しい抵抗を続けた。また、左派各勢力は労働者の自主管理組織である「コミューン」を形成し、局地的ながらも革命状況が発生した。

だが政府は軍の大部隊を投入し、アストゥリアス蜂起の鎮圧を図った。この軍を指揮したのが、後に独裁体制を築くフランコである。苛烈な弾圧で蜂起側は1300人以上の死者、3000人以上の負傷者を出し、後に蜂起の責任を問われた20人に死刑が宣告された。

10月6日には、カタルーニャ自治州首班クンパニィスが、「スペイン連邦共和国内カタルーニャ国」の成立を宣言した。「アサーニャの2年間」の改革が反故にされていく中、CEDAを中心とした右派政権が自治権を後退させることも予想されたため、これに反対するための宣言であった。だがアストゥリアスと異なり、カタルーニャの「反乱」には軍事的手段が備わっていなかった。政府が派遣した軍に対し、自治州政府はほとんど抵抗できずに降伏し、クンパニィスは逮捕された。10月の騒擾（10月革命とも）は、政府内の反動的な機運を一気に高めた。1935年1月カタルーニャの自治権は停止され、1934年12月には農地改革法の実質的効力を停止させる法律が成立した。しかし、1934年10月以降の事態は、単なる左右対立のさらなる激化と、右派による反改革的揺り戻しではない。左右の主張は過激化し、各勢力とも街頭での実力行使を強める中、政府の治安維持機能は著しく低下した。大戦間期ヨーロッパで幅広く見られた「民主政の崩壊」という過程が、スペインでも進みつつあった。

人民戦線の成立

アサーニャの改革への反対で結びついていた急進党とCEDAだが、憲法改正や自治権の問題などをめぐり、立場の相違が浮上した（1935年4月にはCEDAメンバーが一時内閣を離脱する）。1935年秋に発覚した疑獄事件は、急進党とその党首レルーの威信を失墜させ、同年9月にレルーは辞任に追い込まれる。後継内閣もCEDAの支持を得られず安定性を欠き、アルカラ・サモーラ大統領は1936年1月初旬、議会を解散した。

選挙を前にした1月15日、左派勢力は「人民戦線協定」を締結した。分裂により右派に政権を奪われたという33年選挙の教訓と、34年10月蜂起以降の弾圧の生々しい記憶が、左派の結集を促した。1930年代半ばには、ファシズムの脅威への対抗はヨーロッパ各国の左翼勢力の間で共通の目標となっていた。各国共産党の連合組織である第三インターナショナルは1935年、「反ファシズム人民戦線」の設立を呼びかけ、これに呼応してフランスで左派諸勢力が結集し政権獲得に成功していた。スペインの人民戦線もこうした文脈の中で生まれたものである。またCNTも、人民戦線には参加しなかったものの、33年選挙時とは異なり棄権戦術は採らなかった。

左派の結集は功を奏し、2月の選挙において左派は政権奪還に成功した（第一党はPSOE、99議席）。だが、人民戦線はその名称にもかかわらず、単純な選挙協定という性質の強いものであり、各勢力間での綱領や政策調整は不十分なものであった。選挙後、アルカラ・サモーラ大統領は再びアサーニャに組閣を打診する。だがアサーニャ政権にPSOEは参画せず、政権の安定にとって不安要素となった。加えてこの頃、PSOE内部での路線対立も深刻化していた。すなわち、ラルゴ・カバリェーロを筆頭とする左派が銀行の国有化などを主張する一方、プリエト率いる中道派はより穏健な政策を唱えていた。

アサーニャ政権は、選挙時に掲げた公約（34年10月蜂起で逮捕された政治犯の釈放、カタルーニャ自治政府の再建、農地改革の再着手、労働・教育・宗教などをめぐる改革）の実現を図ったが、左右の分極化が極まる情勢の中、それは到底不可能であった。とりわけ治安の悪化は深刻で、左派勢力はストライキや農村部での土地占拠を起こし、右派もテロリズムでこれに応酬する。騒然とした社会対立の中、ファランヘの指導者ホセ・アントニオも逮捕・投獄された。

4月には、大統領アルカラ・サモーラが議会で解任された。後任にふさわしい政治家はアサーニャ以外にはいなかった。だがアサーニャは自らの後継首相に、彼の望んだプリエトを据えることができず、共和主義左派のカサレス・キローガが新内閣を組織した。

スペイン内戦の勃発

社会全体を覆う暴力的雰囲気の中、軍内の右派勢力を中心にクーデタの計画が密かに進行していた。軍内では第二共和政成立当初から、王政支持・共和政反対の勢力が存在しており、アサーニャによる軍改革への反発もこうした機運を促進した。さらに治安の悪化により、軍内では政権の統治能力に関する疑念と危機感が高まった。

政権側もこうした情勢を察知し、軍内の右派有力将軍を地方に配置転換するなどしたが、軍の不満は抑えられない水準に達していた。7月13日、右派の大物政治家カルボ・ソテーロが暗殺されたことをきっかけに、7月17日未明にはモロッコで、そして18日から19日にはスペイン全土で、軍の反乱が始まった。

スペイン史上初の本格的な議会制民主主義である第二共和政は、こうしてわずか5年で崩壊したのである。

（武藤　祥）

フランコ側への徹底抗戦を訴えてマドリード市街を歩く人民戦線側の人々（1936年）

コラム
9

《歴史のスポット》
ベルチーテの歴史的廃墟

　J・サンチス・シニステーラが1986年に著した戯曲に『アイ、カルメーラ！』という作品がある。スペイン国内ばかりかベネズエラ、アルゼンチン、ベルギーなどでも上演されて、いまなお人気を博している。さらに1990年にはカルロス・サウラ監督が映画化して、翌年にはゴヤ賞を獲得し、日本でも1992年に『歌姫カルメーラ』として上映されて反響を呼んだ。

　さて内容は、以下のようなもの。1938年のスペイン内戦期、共和派陣営の町を慰問していた旅芸人の一座が、誤って前線を超えてフランコ陣営の町に迷い込んでしまう。一座の3人は捕らえられ、捕虜と兵士たちのために舞台を上映するよう求められる。カルメーラは共和国を侮辱する内容をポーランド人捕虜（彼らは共和国を支持する国際義勇兵として捕らわれていた）の前で演じることに抵抗するが、生きながらえようとする仲間の説得もあって渋々と応じる。しかし上演中、芝居の内容に大声で抗議する捕虜をファシスト兵士たちが激しく殴打するとカルメーラは、彼らを殴るなと叫んでしまう。するとカルメーラに対して容赦なく一発の銃弾が放たれたのだった。

『歌姫カルメーラ』のチラシ

　もちろんこれは戯曲だが、両陣営が陣地を取り合う血腥い内戦のなかで人びとが運命に翻弄されることはおおいにありえた。ちなみにこの戯曲で想定された町は、アラゴン自治州の州都サラゴーサから約40キロ南東のベルチーテ町であった（図1を参照）。内戦勃発後、反乱軍側の手中にあったこの町は、１９３７年8月末、国際義勇軍の支援を受けた共和国軍がアラゴン戦線で攻勢に転じようとする要衝となった。そして同年9月7日に陥落して共和国側の抵抗拠点になった。それだけにフランコ側からするとこの町を容赦することができなかった。１９３８年3月、イタリアやドイツの援助を受けて強化されたフランコ軍は、再度この町を奪還するが、激しい攻撃で町の大部分は廃墟のようになってしまった。戯曲の舞台となったのはまさにこのベルチーテ町であった。

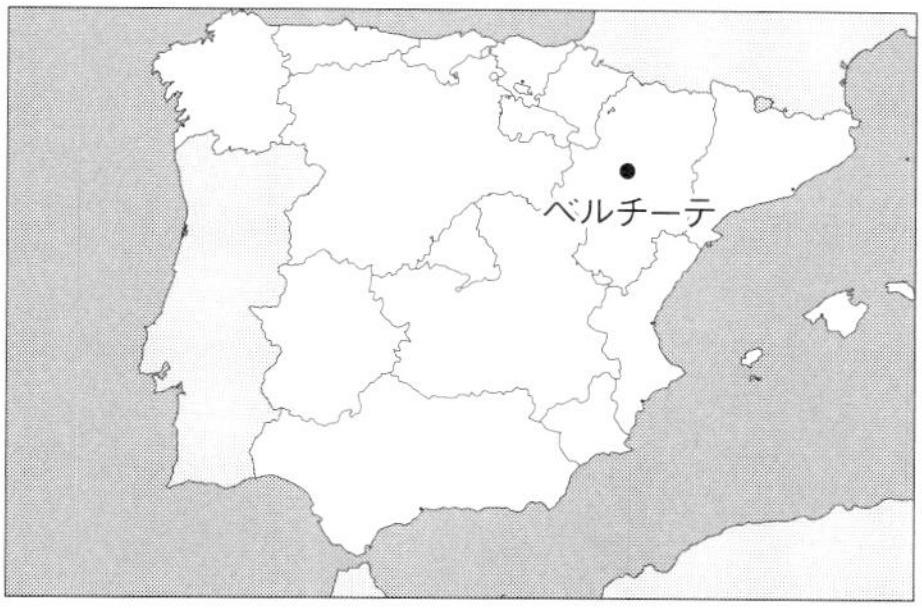

図1　アラゴン戦線の激戦地ベルチーテの場所

　内戦に勝利したフランコは、この町の復興を許さず、廃墟のままに放置するように命じ、そのために「旧ベルチーテ町」として手つかずの状態で置かれることになった。そしてフランコは、西側に隣接して新市街地を建設させ、現在の自治体である新ベルチーテ町としたが、その建設には近くにつくられた強制収容所（１０００名を収容）に捕らわれていた共和派の囚人が駆り出された。１９６４年には最後まで旧ベルチーテ町に残っていた住人が新市街地に引っ越して、戦闘の激戦地であったベルチーテは文字通りの廃墟となった。

その後、旧ベルチーテ町は、内戦による廃墟をあつかったいくつかの映画の撮影に使用されることになり、最近ではギリェルモ・デル・トロ監督のダークファンタジー『パンズ・ラビリンス』（2006年）のロケ地となった。また廃墟そのものはいまでは年間1万人以上が訪れる「内戦の生きた遺産」となっているが、80年近くの月日の経過したいま、すべての建築物の傷みが激しく、スペイン内戦の戦闘そのものの被害によるかどうかには慎重にならざるを得ない。（立石博高）

旧ベルチーテ町の廃墟の様相［出所：Wikimedia Commons/ecelan］

36 スペイン内戦

――「二つのスペイン」の全面衝突

内戦の位置づけ

1936年7月18日に始まった内戦は、スペイン現代史および1930年代のヨーロッパという二つの文脈における大事件であった。映画や文学・芸術作品の素材となったこともあり（ヘミングウェイ『誰がために鐘は鳴る』、ピカソ『ゲルニカ』など）、内戦は当時も後世においても世界的な耳目を集めた。特に左派に親近感を抱く人々からは、内戦を「ファシズムと民主主義の戦い」と捉えられることが多いが、大戦間期を通じてヨーロッパ中で昂進した左右対立の、最も暴力的な形での噴出と見る方が正確であろう。

クーデタから全面的内戦へ

軍は当初、各地の部隊が一斉に蜂起し、共和国政府の投降によって速やかに権力を掌握するという構想を描いており、全面的な武力衝突は必ずしも想定していなかった。その点で、36年7月の蜂起もまた、19世紀以来のプロヌンシアミエント（クーデタ宣言）の系譜に連なる行動であった。

だが第二共和政期に昂進した左右対立と、各勢力の動員によって、その構想は頓挫する。軍と右派勢力による権力奪取を阻止しようと、各地で左派勢力・労働者が行動を起こしたのである。マドリードとバルセローナで軍の蜂起は食い止められた一方、アンダルシーア、バスク、ナバーラなど蜂起が成功した地域も少なくなかった。

戦わずに権力を掌握するという軍の目論見が崩れたことで、スペインは公然たる内戦状態に突入した。反乱軍（ナショナリスト陣営）は一刻も早い戦争の終結を目指し、10月にはマドリードの攻略にかかる。共和国政府は一時バレンシアに移転したものの、民兵組織による粘り強い抵抗などもあって、反乱軍はマドリード攻略を断念した。この後、スペイン内戦は長期化していく。

内戦は「第二次大戦の前哨戦」としばしば形容されるように、勃発直後からヨーロッパの列強を巻き込んだ国際紛争の様相を呈した。ドイツとイタリアは内戦勃発直後から反乱軍の支援を行い、航空機の支援などに加え、11月にはフランコ政権の承認に踏み切った。とりわけイタリアは、マドリード攻防戦の後に大規模な地上軍の派遣を行うなど、ナショナリスト陣営の戦線維持に不可欠な存在となる。

他方イギリスとフランスは、紛争が全ヨーロッパに拡大することを懸念し、不干渉政策を提唱した。9月にはイギリスの主導の下、不干渉委員会が設置されたが、実効性のある関与はできなかった。独伊が公然と委員会の協定に違反して反乱軍を支援する一方、英仏が関与を躊躇したことは、共和国政府を苦境に追い込んだ。

孤立しかけた共和国政府に対し、スターリン率いるソ連が大規模な支援を表明する。反ファシズムの盟主として、そしてドイツの対外膨張に対し警戒を抱く立場として、ソ連は英仏の呼びかけに反して、共和国からの支援要請を受諾したのである。10月、スターリンはソ連が不干渉宣言に拘束されないと宣言した上で、共和国政府に対し大規模な物資援助を開始した。後に述べるように、ソ連の関与は共和国陣営内部の政治力学にも大きな影響を与えることになる。

列強の関与もあって内戦が長期化する中、それぞれの支配地域では新たな政治・経済・社会システムの構築に向けた動きが起こっていく。

ナショナリスト陣営における単一指揮権の確立

ナショナリスト陣営は、戦争遂行のための体制を比較的スムーズに築き上げた。当初反乱軍を指揮する予定だったサンフルホはクーデタ直後の飛行機事故で不慮の死を遂げるが、代わってフランコが指揮をとった。各地で蜂起した有力将軍と同輩であり、突出した威信やカリスマ性も持たないフランコであったが、実戦経験豊富なモロッコ部隊を率い、枢軸国からの支援のパイプを有していたことが大きく作用した。

36年9月、三軍の最高司令官に就任したフランコは、ついで10月にはナショナリスト陣営の国家首長にも就任した。軍事的のみならず政治的にも、個人としてのフランコを頂点とした権力の一元化がなされたのである。

ナショナリスト陣営に結集した右派諸勢力の糾合も行われた。1937年4月、フランコは政党統合令を発布し、単一政党「伝統主義とJONSのスペイン・ファランへ」（FET－JONS、以下たんに「ファランへ」と表記）を創設し、自らその指導者を任じた。ここには王党派やカルリスタなどの伝統右派、ＣＥＤＡ、さらにファシズムを掲げる元々のファランへ党など、多様な思潮を持つ勢力が流入した。だが戦争勝利という大義の下、少なくとも内戦中にこの新しいファランへ内で路線の対立が顕在化することはなかった。元々のファランへ党の創設者ホセ・アントニオが、共和国陣営により処刑されたことも、フランコに対する潜在的挑戦者が消滅したという意義があった。

ナショナリスト陣営にとって、独伊からの承認に加え、自らの正統性を高める大きな契機となったのが、カトリック教会からの全面的な支援であった。第二共和政の反教権主義的改革に大きな衝撃を受けたスペインのカトリック教会は、フランコらによる反乱を無神論・共産主義から祖国を救う「十字軍」と称賛した。１９３８年６月にはヴァチカンの教皇庁がフランコ政権を承認した。

共和国陣営における革命の試み

比較的凝集性の高かったナショナリスト陣営に対し、共和国陣営においては戦争遂行の方法や、支配地域での政治・社会のあり方をめぐる論争・対立が絶えなかった。

各党派別に結成された民兵の一元的組織化をめぐっては、共産党を例外として強い反発が起こった。ナショナリスト陣営内において、民兵組織が軍の統制下に入ったのとは対照的であった。また内戦は旧来の国家・社会構造を崩壊させ、軍事面だけではなく生産や社会活動も、労働者主体の革命組織によって担われた。バルセローナを中心とする大都市部では労働者による工場の自主・直接管理が進み、農村部でも農場の集団化が起こった。革命組織は生産以外に、食糧調達などの公的サーヴィス機能も担った。

こうした革命状況の出現に対し、共和国陣営内部での見解は分かれた。アサーニャは労働者主体の権力構築に対し明確に批判的であったし、社会労働党（ＰＳＯＥ）でもプリエトらは自発的革命に対し留保の態度を示していた。中でも最も鮮明な対立は、内戦の勝利を最優先に掲げる共産党を中心としたグループと、国家解体を機に社会革命を一気に推進しようとしたアナルコサンディカリストとの間にあった。内戦勃発直後に発足したラルゴ・カバリェーロ政権にはＰＳＯＥ、共産党、共和主義各党、全国労働連合（ＣＮＴ）、さらにはバスク・ナショナリスト党（ＰＮＶ）も加わったが、先に述べた路線対立が徐々に政権運営にも影を落としていく。

共和国陣営の内部対立を決定的に印象付けたのは、１９３７年にバルセローナで起こった「五月事件」である。これはＣＮＴおよび非主流派共産主義政党ＰＯＵＭと、共産党との対立が武力衝突に発展し、５００名近い死者が出た事件である。共産党は「五月事件」の責任をＰＯＵＭに帰し、その非合法化を求めたが、ラルゴ・カバリェーロはこれを拒否した。だが、内戦の中で影響力を持っていたのは、ソ連からの支援の窓口である共産党であった。大統領アサーニャはＰＳＯＥの中でも親ソ的なネグリンに組閣を命じた。以降共和国陣営内では共産党の主導権が確立していく。

内戦の展開

初期のマドリード攻略の失敗後、反乱軍は進攻の目標を北部工業地帯へと切り替えた。１９３７年4月には独伊の空軍部隊がゲルニカへの無差別爆撃を行った。反乱軍はビルバオ、サンタンデールなどを次々と攻略し、同年10月末には北部を完全に支配下に置いた。守勢を強いられたネグリン政権であったが、1937年12月にテルエルを攻撃し、反転攻勢を図った。テルエルは一時共和国軍が制圧したものの、38年2月末に再び反乱軍の手に落ちた。反乱軍は同年4月ついに地中海に到達し、共和国支配地域は二分された。

ネグリンが最後の攻勢をかけたのは、1938年7月、エブロ川においてであった。内戦の中でも最も激しい戦いの一つであったが、物量でやや劣る共和国軍が反乱軍の戦線を破ることはついにできなかった。エブロ川攻略の失敗により、共和国軍の敗戦が近づいてきた。各国から共和国支援のために結集した国際旅団のメンバーが徐々に帰国を始めたのは、そのことを象徴していた。

38年12月、フランコはカタルーニャへの総攻撃を開始し、翌年1月26日にバルセローナが陥落する。内戦中の社会革命の中心都市が制圧されたことで、事実上内戦の帰趨は決した。2月27日には英仏がフランコ政権を承認し、すでにフランスに逃れていたアサーニャは辞任した。さらに共和国陣営ではクーデタによりネグリンが失脚した。3月22日、共和国政府は無条件降伏を受け入れ、3月28日、フランコ率いる反乱軍はマドリードに入った。4月1日、フランコは3年にわたる内戦の終結を高らかに宣言した。

だが、終戦後もスペイン社会は勝者と敗者の分断に苦しむことになる。多くの共和国指導者が亡命する一方、共和派で戦った多くの「普通の」人々にとっては、内戦終結はその後長く続く暗黒の日々の始まりに過ぎなかった。

（武藤　祥）

37 フランコ体制の確立
――分断と困窮からの脱却

内戦終結後の課題

１９３９年４月１日、内戦はナショナリスト陣営の勝利で終結した。以降１９７５年まで、スペインはフランコ独裁の支配下に置かれることとなる。

発足当初のフランコ政権は様々な困難に直面した。３年にわたる熾烈な内戦により、人的被害はもちろん、各種インフラや生産設備の破壊、生活必需物資の不足といった経済的損失、そしてナショナリスト陣営と旧共和国陣営の間の深刻な社会的分断がもたらされた。内戦に勝利したとはいえ、フランコ政権の先行きは極めて不透明であった。

フランコ政権がその支配を堅固なものにするためには、四つの課題を解決する必要があった。安全の確保、確固たる政治体制の構築、経済の速やかな再建、そして正統性の確立である。

ここでいう安全とは、対内的・対外的に分けられる。前者は、旧共和派・左派勢力へどのように対処するかという問題であった。フランコ政権（とりわけ１９４０年代半ばまで）は、徹底的な弾圧姿勢をもって反体制勢力に対峙した。内戦終結後も武装闘争を継続させていた勢力（共産党やアナキスト系組織など）には、警察や軍を用いて壊滅が図られた。他方、市井に戻った旧共和派の市民に対しても、内

第二次フランコ内閣（1939年）

戦中の政治責任を追及する政治責任法（1939年2月施行）、共産主義・フリーメーソン弾圧法（40年3月施行）といった法律による処罰、恣意的な裁判、公衆の面前でのリンチといった直接的暴力、職場からの追放、ひいては食糧配給における差別的な取り扱いなど、あらゆる局面において弾圧・差別が行われた。社会を敵と味方に分け、前者を排除・弾圧するという戦時の論理は、内戦終結後も強く作用していた。政権側のこうした抑圧により日常生活を送ることが困難になった者が、左派系の武装ゲリラ組織に加わる例もあった。

　成立直後のフランコ政権にとって、対外的安全の鍵は独伊のファシズム体制との関係であった。前章で述べた通り、内戦中ナショナリスト陣営はヒトラー政権およびムッソリーニ政権から、様々な支援を受けていた。したがって内戦終結から半年も経たないで勃発した第二次大戦に、枢軸国側での参戦を要請されたのは必然でもあった。フランコ政権は内戦中の関係に加え、イデオロギー的にも独伊のファシズムと親和性があったが、内戦で疲弊しきった状況で新たな戦争に参加する余力はなかった。結局スペインは「非交戦参戦」という、実質的にはほぼ中立の立場を採ることになるが、大戦の展開は成立直後のフランコ政権の行く末を左右しかねない要素となっていく。

　確固たる政治体制は、フランコ政権を支える権力・支持基盤を構築する上で不可欠であった。内戦中の1938年に発足した第一次フランコ政権を踏襲する一方、様々な法・制度が整備された。国家元首法は、フランコが内閣に諮ることなく自由に法や政令を発布できるというものであった。内戦中のナショナリスト陣営においては、個人としてのフランコに対し軍事的のみならず、政治・行政的にもあらゆる権力が集中したが、これが概ね戦後にも継承されたといってよい。

フランコ体制の政治を考える際、いまひとつ重要なのは単一政党ファランへ（FET-JONS）の存在である（前章参照）。ファランへは単一政党といっても「上から」作られた性質が強く、また本来ファシズム政党が有する体系的なイデオロギー、強力な大衆的基盤、カリスマ的指導者のいずれも欠いたため、ナチ党やイタリアのファシスト党と同列視することはできない。ファランへが担ったのは統治の一翼ではなく、系列団体（青少年組織や女性部など）を通じた社会の統合、国民の教化といった役割――国家と社会とのパイプ役――であった。この点も独伊とは大きく異なる。

フランコ政権が直面した喫緊の課題は、経済の速やかな回復であった。先述の通り、内戦の結果スペインの経済はどん底の状態に陥った。生産設備の破壊や電力・原材料不足などにより生産水準は内戦勃発以前の約半分に落ち込み、失業が横行した。また、同様に深刻だったのが、食糧・生活必需物資の極端な不足である。政権は配給制を導入したが、それでもなお物資不足に苦しむ人々は、闇市場を利用せざるを得なかった。

政権は新国家の経済体制として、国家介入主義とアウタルキー（自給自足）政策を採用した。政府は全国産業公社（INI）などを通じて重要産業分野への投資・育成を行ったが、これは限られた資本・物資により経済を復興させる必要性と同時に、他国への経済的依存を防ぐという経済ナショナリズム的発想から生まれた政策であった。

また、労使関係を統制するために作られた官製の労働組織である「垂直組合」は、フランコ体制期に着手された社会・経済的再編を象徴する存在である。内戦中の1938年に発布された「労働憲章」がその起源だが、これはイタリア・ファシズムから大きな影響を受けたものである。「垂直組合」は産業セクターごとに全ての労働者と経営者（双方を合わせて「生産者」と呼ばれた）を強制加入させる形で設置され、19世紀以来スペインが直面した階級対立と社会的分断の克服がその主眼であった。だが、実際は組合への加入率は低水準にとどまり、組合内部でも理想とは裏腹に、旧来の労使関係が維持されたという。

第二共和政を打倒して成立したフランコ政権が、体制としての基盤を獲得するためには、内戦の勝利という事実を超えた、正統性の確立が必須であった。この点で大きな貢献をなしたのがカトリック教会である。前章で述べた通り、すでに内戦中からスペインのカトリック教会はナショナリスト陣営を「十字軍」と呼んで全面的な支持を与え、ヴァチカンの教皇庁も同様の立場を取っていた。教会のこうした姿勢は内戦終結後も変わらず、フランコ政権側も、様々な政策領域（教育など）でカトリックの要望を受け入れることでこれに応じた。

また、政権は個人としてのフランコに対し、権力だけでなくあらゆる権威を集中させ、カリスマ的なイメージの形成に努めた。フランコはスペイン史上の偉人たち（エル・シッドやカトリック両王）などと並ぶ存在、スペインの救世主とされ、国内の学校の教室にはフランコの肖像が掲げられた。

第二次世界大戦とフランコ体制

以上の課題を乗り越えることで、1942年頃にはフランコ政権の支配基盤は徐々に強固になっていった。だがまさに同じタイミングで、政権を大きな困難が襲う。第二次大戦の戦局が連合国側に大きく傾き始めたのである（同年11月には連合軍が北アフリカに上陸した）。

1945年6月、ヨーロッパにおける大戦はドイツの降伏によって終結した。すでにそれ以前からフランコ政権は枢軸国と距離を置き始めており、連合国側もスペインに対し融和的な姿勢をとっていたが、戦争が終結した以上もはやその必要はなくなった。また、独伊の敗色が濃厚となった大戦末期からは、左派による反体制武装闘争が再び活発化しつつあった。国内外の政治状況が大きく変容する中、フランコ政権は内戦以来続いた統治のメカニズムと論理を再構築する必要性に迫られた。

1945年7月、フランコ政権の基本法の一つであるスペイン人民憲章が発布された。この法は、意見表明や集会・結社など市民の基本的権利を大部分保障したものだが、それはあくまでも「スペインの統一に反しない」限り許容されるという、重大な留保がついていた。しかし人民憲章は、フランコ政権が独自の法制度と正統性を持つ体制であることを内外に示し、（疑似的ではあっても）民主主義的な外観を整えるという意義があった。

この頃フランコ政権は、連合国による「フランコ政権＝ファシズムの残党」という見方を払拭することに腐心していた。人民憲章はこうした意図の表れであり、さらに政権は、自らのファシズム的性質を打ち消そうと様々な策を講じる（ファランヘ書記長を内閣メンバーから外す、ファシズム式敬礼の禁止など）。だが大戦後の国際世論の潮流は「反ファシズム」であり、フランコ政権の対外的立場は極めて厳しいものであった（詳細は次章参照）。
　また１９４７年には「国家首長継承法」が、７月の国民投票での承認を経て成立した。国内での支配を確立しつつあったフランコ政権にとって最大の懸案は、ブルボン家のドン・フアン（アルフォンソ13世の息子）を擁した王政復古を目指す王党派勢力の動向であった。継承法はスペインが王政であると規定した上で、フランコは終身の摂政として国を統治し、後継の国王もしくは摂政を任命する権利を持つ、と定められた。継承法の成立によって政権は、将来の王政復古の可能性を残すことで王党派からの復古要求を封じると同時に、フランコを頂点とする統治システムを維持することに成功したのである。

（武藤　祥）

コラム 10

《歴史のスポット》エル・エスコリアルの戦没者の谷

首都マドリードから北西に約46キロ、エル・エスコリアルという町がここに位置している。第15章でも触れているように、ここにはフェリーペ2世によって建造された修道院兼宮殿が荘厳なたたずまいでカトリック王国スペインの栄光をいまに遺している。この修道院は早くも1984年に世界遺産に登録されており、「太陽の沈まぬ帝国」を肌で感じようとする人にとっては、必見の場所である。

このエル・エスコリアル修道院から北に約5キロに「戦没者の谷」と呼ばれる慰霊施設がある。1936年から1939年にかけてのスペイン内戦は、敗北した共和国陣営にも勝利した反乱軍陣営にもたくさんの犠牲者を出したが、この施設は勝利したフランコ将軍がもっぱら自陣営のために亡くなった兵士たちを讃えるために、このグアダラーマ山脈の谷に建設したものであった。内戦終結の翌年から1958年にかけての約20年間の歳月をかけて花崗岩の稜線をくりぬいた世界最大級のバシリカ「戦没者の谷聖十字架教会」と、152メートルもの高さを誇る石造の十字架を完成させたが、建設労働に駆りだされたのは2万人もの共和国派政治犯であった。R・ハリントンの言葉を借りれば、建設作業を通じて労働者たちは「自ら償いをする、罪を自覚する」機会をもつように意図されたので

豪壮にたたずむエル・エスコリアル宮殿兼修道院の全貌［スペイン政府観光局提供］

あった。

この谷には反乱軍陣営の兵士と共和国派の兵士がともに埋葬されているとされるが、フランコ将軍の意図は明白であって、碑銘に刻まれているように「神とスペインのために殉じた者たち」にとっての壮大なモニュメントであった。したがってフランコは、教会が完成すると、反乱軍の国民運動の始祖と位置づけられていたファランヘ党創設者ホセ・アントニオ・プリモ・デ・リベーラを本堂の祭壇横に埋葬させた。そして、１９７５年11月20日にフランコが死去した時、彼もこの本堂の一画に埋葬されたのであった。フランコはたしかに独裁者であったが、ナショナルカトリシズムを標榜した人物にふさわしく、その墓は簡素であり、名前だけが刻まれている。

戦没者の谷の十字架と教会の外観

フランコ死後、毎年11月20日に近い土曜日には、フランコ時代を懐かしむ人びとやファランヘ党活動家（きわめて少数政党となっていたが）による記念行事が行なわれていた。しかしその後スペインの民主化が進み、２００７年12月の「歴史的記憶法」の成立によって、スペイン内戦とフランコ独裁による迫害や暴力の問題がクローズアップされるようになると、フランコ時代を強く想起させるこの「戦没者の谷」は、その位置づけを大きく変更することを迫られることになった。カトリック宗教施設としての存続は許されたものの、「内戦を引き起こした者たち、すなわちフランコ主義者による政治集会」は一切禁じられることになり、戦没者の谷の管理者は今後、「内戦の結果亡くなったすべての人びとの名誉を讃えて、その記憶を呼び起こすこと」を目的として定めるよう義務付けられた。（立石博高）

38 戦後国際政治のなかのフランコ体制
——孤立から西側の一員へ

第二次大戦後の国際的孤立

第二次大戦での枢軸国の敗戦によって、ようやく安定軌道に乗りつつあったフランコ政権は窮地に立たされた。前章で述べた通り、フランコ政権は大戦末期から枢軸国とは明確に距離を置き、かつ人民憲章や国家首長継承法の制定などにより、自国はファシズムとは異なるということを喧伝した。

だがこうした姿勢によっても、連合国の厳しい態度を慰撫することはできなかった。1945年8月のポツダム会談においてスターリンは、フランコ政権との完全な断絶、左派政権樹立の支援を主張した。スペインに共産主義政権が成立することを危惧したイギリスがこの提案に反対したものの、全体的な雰囲気が反フランコであることに変わりはなく、8月2日に発表されたコミュニケにおいては、スペインの国連からの排除が謳われた。1946年に入ると、国際社会からの排除はますます厳しいものになった。2月9日の国連総会においては、フランコ政権がスペイン国民を代表しておらず、国連に参加することはできないという決議が採択された。同月末にはフランスがスペインとの国境を完全に封鎖した。

こうした孤立はスペインにとって経済的にも痛手であった。ドイツの敗戦によりタングステンなどの鉱物資源の輸出が断たれたことや、農産物以外に有力な輸出産品がなかったことにより、貿易赤字は短期間で大きく拡大した。この時期のスペインにとって数少ない、しかし最大の貿易相手国は、ペロン政権下のアルゼンチンであった。アルゼンチンからの小麦を中心とした食糧輸入は、内戦終結後から物資不足にあえぐスペインにとって文字通り死活的意味を持った。

同時にフランコ政権は、こうした国際的孤立を逆手にとって、国民の愛国的感情に訴えることで、国民の統合を図った。１９４６年11月にマドリードのオリエンテ広場で開催された集会には70万人もの聴衆を集め、フランコは外国からの干渉に屈しない姿勢を強調した。

「反ファシズム」から「反共主義」へ

しかし、フランコ政権の孤立がピークであった頃からすでに、その後の潮流の変化が始まっていた。46年2月の国連決議から約1ヶ月後の3月5日、英首相チャーチルによる有名な「鉄のカーテン」演説が行われた。ファシズムなき後の国際社会は東西対立という新たな局面に入りつつあった。

国際社会の基軸が東西冷戦へと移行し、アメリカ・西欧諸国の姿勢が「反ファシズム」から「反共主義」へと変容したことは、フランコ政権にとって逆風から追い風への転換であった。フランコ政権もこうした変化に機敏に対応し、自らの正統性のアピールを図る。１９４６年10月の演説でフランコは、「共産主義の攻撃目標は地中海地域にある。スペインは世界の精神的防波堤・要塞である」と述べ、反共主義を共通項として西側諸国とスペインとの共通性を強調した。また、アラブ諸国やラテンアメリカ諸国との間に友好関係を維持できたことも、スペインにとって幸運だった。特にラテンアメリカ諸国は、国連などにおいてフランコ政権排斥の動きに対し反対の立場を表明した。

中でも決定的に重要だったのが、戦後西側世界の盟主となり、かつ超大国としての地位を築いたアメリカの方針転換である。アメリカは地政学的見地からスペインを要衝とみなし、自国の冷戦戦略――特に大西洋から地中海へのアクセス――にとって重要なポイントと考えた。独裁体制であることや、枢軸国との過去の結びつきということを勘案しても、アメリカにとってスペインを西側陣営に編入することのメリットの方がはるかに大きかったのである。

1947年11月には、ソ連が国連総会にスペインに対する制裁措置の実施を提案したが、アメリカやラテンアメリカ各国の反対により否決された。翌年2月には、1946年から閉鎖されてきたフランスとの国境が開放された。1950年10月、アメリカの働きかけによって、国連総会でスペイン排斥決議が撤回された（ソ連、メキシコなどは反対、英仏は棄権）。国際社会からの排除は終わりつつあり、フランコ政権は冷戦の中に生存への道を見出したのである。

国際社会への復帰

1950年代は、フランコ政権の国際社会への復帰がより鮮明になった。アメリカは50年代初頭より、民間銀行・政府双方を通じて多額の財政支援・信用貸与を行い、フランコ政権をバックアップした。しかもこうした支援は、スペインの経済改革などを一切求めないものであり、1950年代を通じてアウタルキー政策が残存する要因ともなった。

1953年は、スペインにとって二つの重要な対外協定が結ばれた年となった。9月にアメリカとの間で結ばれた米西協定（経済援助、基地貸与、相互防衛の三協定からなる）は、冷戦構造の中でスペインが西側諸国へ編入される決定的な契機となった。もっともその内容は、スペインが巨額の経済援助を受ける代わりに、軍事的にはアメリカに大きく譲歩するものであった。例えばアメリカはスペインに対する明確な防衛義務を有さず、アメリカの一方的通告によりスペイン国内での基地使用を認める、などの条項を含んでいた。

同年8月に教皇庁との間で締結された政教協約（コンコルダート）は、よりシンボリックな意味でフランコ政権の正統性を高めた。カトリック教会は内戦中から一貫してフランコ政権を称揚し、政権側も内戦終結後、教育をはじめとする様々な領域でカトリックを優遇する政策を行ってきた。政教協約はスペイン政府とカトリックとの蜜月関係を改めて確認すると同時に、カトリック界の最高権威である教皇庁が、フランコ政権下のスペインが正統な国家であることを、世界に対して公認する意味を持った。政教協約は——すでに確固たる基盤を有していたとはいえ——国内においてフランコ政権の威信を大きく高めたが、より重要だったのが国際社会へのインパクトである。とりわけ、大戦後の西ヨーロッパ諸国に成立したキリスト教民主主義政権（西ドイツのキリスト教民主同盟、イタリアのキリスト教民主党など）は、政教協約締結以降、スペインとの関係構築に前向きな姿勢を打ち出す。スペインとアメリカが反共主義で結びついたのと同様、スペインと西欧各国はキリスト教という価値観・理念で結びついたのである。この頃のフランコ政権は、反共主義と並んで西洋世界におけるカトリック的価値観の擁護という姿勢を強く打ち出すが、そのようなアピールは以上の国際状況を反映してのことであった。

1955年1月、スペインはヨーロッパ経済協力機構（OEEC、後のOECD）へ準加盟し、さらに同年12月には国連への加盟を果たした。1950年代を通じて進んだ国際社会への復帰・統合はここに完成を見たのである。

国際経済への統合と体制への逆風

フランコ体制は自らの政治・経済システムを変えることなく国際社会の一員となったかに見えた。だがこの後スペインは思わぬ形で、「外圧」による変革を迫られることとなる。先に述べた通り、アメリカからの経済支援は、フランコ体制の非効率的な経済システムを延命させる効果があった。だが1950年代後半になると、インフレの昂進など、アウタルキー政策の限界が明らかになってきた。1959年、スペインは国際通貨基金（IMF）からの支援の条件として、同基金の示した「経済安定化計画」の受け入れを決めた。この計画は、通貨ペセータの切り下げ、緊縮財政、貿易自由化、外資規制の撤廃など、それまでの経済政策を抜本的に見直すことを迫るものであった。これ以降スペイン経済は、自由化と対外開放によって、世界経済（とりわけ西欧経済）との結びつきを強めることとなる。

しかしながら1962年、スペインはヨーロッパ経済共同体（EEC）への加盟を申請するが、民主主義国家ではないという理由で却下された。西ヨーロッパの統合は、経済だけではなく政治的価値観（民主主義）の共有の上に進んでおり、スペインは独裁を続ける限り、統合には加われないということを痛感させられた。

訪西したアイゼンハワーとフランコ（1959年）
［出所：Biblioteca Digital de la Universidad de Alcalá］

また、体制の精神的支柱とも言うべきカトリック教会との関係も、世界のカトリック界における変化の中で大きく変容した。1958年、徹底的な反共主義者であった教皇ピウス12世が死去した。新教皇ヨハネス23世は前任者に比してはるかに政治的色彩の弱い教皇であったが、同時に世界平和への強い志向を有していた。1962年に彼の主導の下で開催された第二ヴァチカン公会議において、カトリック教会は政治的自由や人権の擁護といった価値観の重視へと舵を切った。スペイン国内の教会でも、末端の聖職者を中心に、フランコ体制の人権抑圧などに批判的な声が強まっていく。1971年、首座大司教エンリケ・イ・タランコンの下で、スペイン・カトリック教会は、内戦中フランコ陣営に加担し、「十字軍」の呼称を与えたことを公式に謝罪した。

国際的孤立を乗り越え、冷戦構造の中に生存可能性を見出したフランコ体制であったが、体制末期、その国際社会から再び逆風を受けることになる。

（武藤　祥）

39 経済成長と社会変動
——内戦前と民主化前の比較

「スペイン民主化」といえば、フランコ独裁体制から、現行民主主義体制への移行という政治的な変動を意味する。本章では、その背後にあるスペイン社会の変動を見る。

二つの経済成長——世界恐慌・スペイン内戦前と民主化前

スペインを代表する現代史家の一人であるサントス・フリアは、「民主化の社会的起源」として、フランコ時代の後半、1960年代から第一次オイルショックが起きる1973年までの経済成長とそれに伴う社会変動の重要性を指摘する。つまり、その期間の経済成長率が高かったこと、それにより、スペイン社会に広範で多様な職業構成を持つ中間層が生まれたことが決定的であるとしている。その論証のためにフリアは、同じ20世紀でも、1913年から1929年の世界恐慌までの経済成長と、1960年代からオイルショックの翌年である1974年（フランコ死去の前年）までの経済成長を比較している。

具体的な数字を見てみよう（表1）。まず、第一次世界大戦の始まる前年、1913年から1929年の世界恐慌直前までの一人当たりGDPを算出すると、スペインの経済成長率は約1・53％であっ

表1　一人当たりＧＤＰ成長率（1990年基準国際購買力平価）

1913-1929	1929-1935	1935-1939	1939-1950	1950-1960	1960-1974	1974-1992
1.53	0.94	0.74	1.14	1.40	2.65	1.52

出所：マディソン・プロジェクト・データベースの数値をもとに筆者作成。
マディソン・プロジェクト・データベース2013年版URL: http://www.ggdc.net/maddison/maddison-project/home.htm

た。他方、この数値は、世界恐慌から内戦開始の前年までの期間（1929～1935年、つまりプリモ・デ・リベーラ体制末期から第二共和政にかけての時期）と、第二共和政の崩壊から内戦終了へといたる時期（1935～1939年）には、大きく後退している。次に、内戦終了から1950年の時期には成長がやや回復、次の10年でさらに成長率が伸びている。この間スペインは、1953年には米国との国交を回復、1955年には国連に加盟して孤立を脱し、国際経済に再び取り込まれることとなった。国内的には、そのようなスペイン経済の国際化への対処として1959年安定化計画が制定される。次の1960年から、第一次オイルショックの翌年、フランコ死去の前年である1974年までは、急成長を示している。この時期のスペインの経済成長率は、世界でも日本に次いで「スペインの奇跡」と言われるほど高かった。1974年以降、一人当たりＧＤＰは1992年まではプラス成長を続けるが、成長率は鈍化している。この数値を見ても、先の二つの時期（1913～1929、1960～1974年）が成長率の面で際立っていること、また、前者の20世紀初めから世界恐慌までの時期に比べ、後者の民主化直前までの時期がいかに高成長であったかが理解できるだろう。

内戦前の社会変動

これら二つの経済成長により生じた、それぞれの社会変動について見る。

世界恐慌からスペイン内戦以前の時期について、第一には、産業構造の変化を指摘できる。1900年の農業人口はスペイン全労働力の約3分の2であったが、これが半分以下に減った。工業化と技術革新が起き、特に電話及び石油内燃機関の発達が顕著であった。製造業の発展に伴い、金融・保険部門が、また技術革新に伴って、電信、交通、観光部門が発達した。とはいえ、農業は内戦以前のスペイン経済において未だ主要産業であった。農地面積も拡大し、品種改良や栽培品の多様化など農業の近代化が起こっていた。しかし、特に中心部の広大なカスティーリャ地方において、その余裕のない小規模農家が多数廃業に追い込まれた。

その結果として、第二に、国内外への移民が盛んとなった。国外では、旧植民地でスペイン語圏であるラテンアメリカ、及び隣国フランスへの移民が増えた。増加の一途をたどっていた旧植民地への労働移動は、1914〜1918年の第一次世界大戦で収束する。そこで次の目的地となったフランスに限れば、1900年には約8万人であった労働力の国外流出は、30年後にはほぼ4倍の約35万1000人となった。

国内では、農業の技術革新に投資するだけの余剰資力を持たない小規模農民は、農村を追われ、産業化が進む都市に活路を求めた。1900年から1930年にかけ、1万人以上の都市の居住人口は、スペイン全人口の約32%から約43%に増えている。二大都市マドリードとバルセローナの人口は、同じ時期にほぼ倍になった。そのような都市の内部でも階層化が顕著だった。地主・資本家・公的セクター従事者などは市街地中心部の古い建物を改築して住居とする一方、新たに農村から来た労働者たちは、自治体都市計画の及ばない郊外のバラック暮らしに追いやられた。

スペイン内戦とフランコ政権による成長の中断

20世紀初頭の経済成長は、まず農民を田舎から引き剝がして、国内の都会、あるいは隣国やスペイン語の通じる旧植民地へと呼びよせた。しかし、国内の都市に新天地を求めた労働者たちを、都会でも周辺部に留め、貧困状態に置いた。

１９１８年には、ロシア革命が成功しソヴィエト連邦が成立している。共産主義勢力による革命が世界的に起きていた時代である。スペインでは、労働者たちの貧困を緩和し、彼らが暴力的手段に訴えることを思いとどまらせるはずのさらなる経済成長は、１９２９年、大西洋の向こうからやってきた世界恐慌を境に止まった（表1）。そこから内戦までは、あと数歩の距離である。

スペイン内戦の経済的影響が深刻であったことは、表1を見れば歴然としているが、社会的な影響も大きかった。端的に言えば、それは労働人口の減少である。

それ以前の19世紀からも、「二つのスペイン」と言われてきたスペインの分断だが、第二共和政から内戦の時期には、それ以前からあった「古いスペイン」と「新しいスペイン」などの漠然としたレトリックのレベルにとどまらず、政治の左右両極を軸とするようになった。加えて、内戦には、資本家と労働者の階級対立という側面が大きい。内戦に勝ったのは大資本の支援を受けた反乱側であったが、敗者の共和国側は徹底的な弾圧の対象となった。虐殺も起きた。これは反乱側・共和国側両陣営で起きたが、勝利した反乱側地域での犠牲者の方が多い。逃れ得た人々はさらに国外に流出する。国内で生き延びた人々は、成立したフランコ政権により苦役に従事させられた。内戦からフランコ政権の期間、虐殺や苦役、あるいは証拠にはほとんど基づかない即決軍事裁判で犠牲になった人数には論争があるが、およそ数十万人とされる。虐殺や苦役で死亡した犠牲者たちが、折り重なるように大量に地中に埋められた集団遺棄地が数多く存在するが、その発掘と身元確認作業は、21世紀に入ってからも続いている。

1960年代〜1974年の経済成長と社会変動再開

先述の通り、経済成長と社会変動が再開されるのは、50年代にスペインが孤立を脱して再び国際経済に取り込まれて以降である。内戦終了後の40年代は、国際的な孤立から自給自足経済路線を取らざるを得なかったが、50年代には外貨獲得、外資の国内流入でスペイン経済が成長基調に戻り、内戦によって中断された経済成長と社会変動が再開する。

この時期の社会変動としては、第一に、労働人口の再増加が挙げられる。内戦後第二次世界大戦に参加する余裕のなかったスペインは、同大戦で大きな犠牲を出していない。その後50年代に国際経済に復帰して以降、出生率は20世紀を通じて一貫して上昇している。人口は1940年の約2600万人から、1970年の3400万人まで回復している。フランコ体制は、名目上「完全雇用」なので、その分労働力人口は増えているはずである。加えて、海外へ出稼ぎに出ていたスペイン人が、スペインの成長を知って帰国する流れが生じ始めた。

第二に、産業構造の変化である。第一次産業→第二次産業→第三次産業への産業間労働移動は、基本的に内戦開始前と同じである。1940年にそれぞれ52%、24%、24%だったものが、1975年には29％、37％、34％となっている。第三に、そのような第二次、第三次産業従事者の増加と高成長は、都市の周辺部で貧困状態に置かれた労働者を、中間層に取り込むことになる。この時期の経済成長による恩恵は、世界恐慌前とは異なり、地域や都市間、都市の内部で不均等なまま中断させられることなく、人口の広い範囲に浸透したため、分厚い中間層が形成された。第四に、その成長の中で、彼らは中高等教育の機会を得た。大学生は大幅に増えた。それはホワイトカラー人口の増加を求める産業界の要請でもあったが、同時にそれは、フランコ体制開始当初からあった国内の反体制活動を活発化させ、内戦で分断された「二つのスペイン」の「和解」を求める若い知識人や学生を産んだ。

内戦前、世界恐慌で農村を追われ、都市にたどり着いたものの周辺部で貧困生活に苦しむことを余儀なくされた労働者は、その少なくない数が暴力的手段に訴えざるを得なかった。しかし、フランコ死去直前の状況においては、都市労働者も、大学に通うことのできた彼らの子弟も、同じ街頭行動であっても、暴力ではなくデモなどのより穏健な抗議活動に訴えるようになった。

このように変動したスペイン社会が陰に陽に支持を与える形で、スペイン民主化が進行していく。

（加藤伸吾）

40 フランコ体制の崩壊から民主化へ
——スアレスのリーダーシップと市民の役割

スペインが、内戦の勝者フランシスコ・フランコの独裁体制から、現在の民主主義体制へ移行したのは、40年ほど前である。１９７５年11月20日にフランコが死去、民主化の「立役者」とされるアドルフォ・スアレスが首相に就任したのはその翌年6月、第二共和政以来の総選挙が実施されたのはさらに翌１９７７年6月、現行憲法が成立するのは１９７８年の12月である。右派政権から左派の社会労働党へ、総選挙により政権が平和裡に交代するのは、１９８２年の12月である。

スペイン国民は、自分たちで民主主義を「勝ち取った」そのプロセスを、誇りに思っている。国外からも民主化の「成功例」と言われ、当時同じく独裁体制だった諸国の「模範」とされた。

しかし、本書が執筆された２０１６年の時点で左派系の新党としてスペイン政治に存在感を示しているポデモスは、成立当初この民主化を強烈に批判していた。また、40年を経てもまだ公開されない史料が少なからずある。スペイン民主化の評価が確定するのはこれからであろう。

体制移行とスアレスのリーダーシップ

70年代初頭、すでにフランコ体制は、フランコ死後の体制存続のために、種々の策を講じていた。

フランコは、自身の後継の任は一人のみでは重いと考えたのか、国家元首としては前国王アルフォンソ13世の孫であるブルボン家のファン・カルロスを１９６９年に皇太子として立て、首相としてファン・カルロスを「後見」する存在としては、軍出身の重鎮ルイス・カレーロ・ブランコを１９７３年に指名した。しかし、首相は指名の約半年後、バスク民族主義独立を主張するテロ集団ＥＴＡ（第43章参照）に暗殺されてしまう。その後を継いだのは、カルロス・アリアス・ナバーロであった。施政方針演説では政治結社の部分的認可などの「開放化」が謳われ、内外に民主化への期待が高まった。しかし、カタルーニャのアナキストであるサルバドール・プッチ・アンティックの処刑に対する国際世論の反発や、隣国ポルトガルの民主化であるカーネーション革命などを目の当たりにし怖れを抱いた体制内保守派の圧力を受け、アリアス・ナバーロは再保守化した。経済危機や労働者のデモ対策などに成果を挙げ得ず、また、フランコ死去直前の9月、５名の銃殺を強行しさらなる国際的な批判を招くなど政権の危機に陥り、ファン・カルロスが国王に即位して半年で辞任した。

そこで就任したのが、若手のアドルフォ・スアレスである。フランコ体制の重要な政治宣伝機関であった国営放送の社長、体制内唯一の政党や唯一の労組などを包括するいわゆる国民運動《モビミエント・ナシオナル》の事務局長など要職を務めていたが、首相候補としてはダークホースで、アリアス・ナバーロ内閣の副首相で体制内改革派を代表すると目されていたマヌエル・フラガなどを押しのけての指名だった。スアレスを、フランコ体制内のどの勢力に位置付けるかは難しい。体制内強硬派かあるいは穏健派かというより、そのどこにも明確に属しておらず、それゆえに国王、及びその諮問会議議長であるトルクアート・フェルナンデス・ミランダの白羽の矢が立った可能性がある。

フランコ体制は、軍、ファランヘ、カトリック教会、官僚、及びそれぞれの内部で世代や強硬派・穏健派など多様な軸による大小様々な勢力が存在しており、フランコはその最終調停者として君臨していた。フランコ死後、この大小様々な勢力はバラバラのまま、統一した民主化のプログラムやフランコ後のヴィジョンを打ち出せず、一勢力が他を圧倒することもなく、言わば「見合い」の状態となった。その間隙を国王の後ろ盾を得たスアレスが埋める形で、彼独自の民主化を推進していくこととなる。また、この多元的である余り統一行動がとれない事情は、国内外の反体制派においても同様であった。なお、フランコの調停者としての権力もさることながら、この体制内部の限定的「多元性」を特に重視する立場からは、フランコ体制を「独裁体制」よりも「権威主義体制」と呼ぶ。本書では、便宜上「独裁」に統一してある。

スアレスが国王の認可のもと着手したのは、政治改革法の成立だった。これは、フランコ体制の「憲法」である「基本法」に取って代わるものだった。内容としては、普通選挙の実施と、フランコ体制時の一院制「国会」に代わり上下両院の二院制にすることが含まれていた。手続きとしては、政治改革法案がまずフランコ体制「国会」で可決された。その後国民投票に付され、投票率約77・8%、賛成約94・2%と圧倒的賛成を得た。総選挙はおよそ半年後に実施されたが、その半年の間、諸政党、特に内戦時共和国側の主力でフランコ体制、特に軍に反感を持つものの多いスペイン共産党（PCE）の合法化は難題であった。スアレスは、聖週間（イースター）に合法化を突然国民に向け公表した。スアレスは、このようにメディアを利用し国民世論を味方につける形で、あるいは、内閣の立法機能を利用し国会を通さない形で、垂直組合などフランコ体制の諸機関解体を次々と実施した。

総選挙では、スアレスが打ち出した、「右でも左でもない中道」のイメージ戦略に、フランコ体制末期に相次いで作られた穏健右派の諸政党が相乗りした選挙連合、民主中道同盟（UCD）が第一党、第二党にはまだ30代のリーダーで73年に「党内クーデタ」を起こして書記長となったフェリーペ・ゴンサレス率いる社会労働党がなった（表1）。

表1　1977年6月総選挙結果（下院）

会派名（アルファベット略記／代表氏名）	獲得議席数
民主中道同盟（UCD／アドルフォ・スアレス）	165
スペイン社会労働党（PSOE／フェリーペ・ゴンサレス）	118
スペイン共産党（PCE／サンティアゴ・カリーリョ）	20
国民同盟（AP／マヌエル・フラガ）	16
カタルーニャのための民主主義協定（PDPC／ジョルディ・プジョル）	11
バスク・ナショナリスト党（PNV／フアン・デ・アフリアゲーラ）	8
社会人民党－社会主義連合（PSP-US／エンリケ・ティエルノ）	6
カタルーニャ中道キリスト教民主主義連合（UC-DCC／アントン・カニェーリャス）	2
諸派	4
計	350

新しく選出された議会が取り組む課題は山積していた。内政では憲法制定、経済危機対策、極右・極左テロなど治安対策、外交では、欧州共同体への参加及び北大西洋条約機構への加盟などである。

当初は憲法制定を急ぐ声が高かったが、優先されたのは、まずは内戦からフランコ体制期までの政治犯の特赦であった。通常、独裁体制から民主主義体制へ移行する際、それ以前の抑圧を正す「移行期正義」と呼ばれるプロセスが実施されるケースが、中南米や東欧などに多く見られる。スペインは、「再度の内戦の回避」「スペイン国民の『和解』」という「大義」のもと、独裁体制下での不正義の「忘却」が行われたケースである。特赦法の審議の際、抑圧されていた側の共産党、バスク・ナショナリスト党などもこぞってこの「和解」を支持した。

次の大きな出来事は、モンクロア協定である。内容の大半は経済危機対策の政策パッケージであった。この経済協定部分には、下院に議席のある全会派代表が署名した。その署名の様子はマスコミを通じて内外に大々的に宣伝され、内戦と独裁を乗り越え「和解」したスペイン国民が到達した「合意」の象徴として、現在もよく引き合いに出される。他方、表現の自由、刑法改正、治安当局改革などの政治協定も別途締結したが、こちらはあまり脚光を浴びておらず、国民同盟（AP）のフラガが反対もしている。憲法の議論が始まるのは、これに前後する1977年10月である（次章参照）。

民主化における「非暴力化」・「非政治化」した市民の役割

このように概観すると、スペイン民主化とは基本的に政治エリート、特にスアレスの主導によって成し遂げられ、市民が「自分たちで勝ち取った」とは言い難いように見える。

しかし、市民にも一定の役割は存在する。まず、前章に見た社会変動が民主化の背景に存在し、その意味でエリートという人口のごく一部のみの意思と行動によって民主化が実現したわけではない。

また、フランコ時代末期にさかのぼると、垂直組合の多くの部分が、実はスペイン共産党に乗っ取られていた。スペイン共産党は第二共和政の内戦敗北以来亡命し国外で活動を続けていたが、独裁末期になると国内に密かに侵入して隠れ党員を増やしていた。このフランコ体制への「浸透」は、無論少数の党中央部による指示あってのことだが、フランコ体制に反感や疑念を持つスペイン国民が少なくはなかったことの証左ともいえる。このような浸透の成果もあり、スペイン経済団体連合のデータでは、フランコ体制解体前夜の1976年、ストライキの数はすでに1568件、参加者数は約370万名に上っている。アリアス・ナバーロを辞任に追い込み、スアレスが登場した危機的状況の重要な局面のひとつが、このストライキの頻発であった。加えて、先に述べた特赦法について、1977年10月の同法可決成立の前にも、二つの特赦措置が行われているが、いずれもスアレス政権が特赦を求める大規模デモの後に実施された。

しかし、これらの政治的主張の他に、当時のアンケートが示している興味深いデータがある。スペインにとって最も重要な課題は何か、との世論調査に対し、憲法や政治犯特赦を押しのけて1位となったのは、経済危機への対応であった。1970年代中盤から後半の多くのデモが、政治的テーマよりも家計など生活に直結する経済的主張のため実施されたものであった。

前章に述べた社会変動との関連でいえば、内戦前には不均等な経済成長のため多くが街頭暴力に走らざるを得なかったスペイン市民は、長い高成長の後で穏健化・保守化し、民主化直前期においては、集団的主張をするにあたってもはや暴力に訴える必要を感じていなかった。彼らの望みは、平和裡の、そして彼らの生活が脅かされないような形での、民主主義体制への移行だったのである。（加藤伸吾）

コラム 11

《歴史のスポット》マドリードの街路名変更と歴史的記憶法

2004年3月11日のマドリード同時列車爆破テロ事件の後の総選挙で社会労働党が勝利を収めると、ロドリゲス・サパテーロの政権が誕生した。8年にわたる国民党の右派政権から左派政権へと政権が変わり、不法滞在外国人への就労許可の付与など弱者や少数者に対する社会政策上の変化がみられただけではなく、スペイン内戦とフランコ独裁に対する評価の厳しい見直しと、そのなかで犠牲となったり抑圧されてきた人びとの権利の回復が、はじめて本格的に取り組まれるようになった。

こうした政権の方針に対して保守派の人びとは、「古傷を開く行為である」とか、「(フランコ死後の) 民主化移行期によって克服された内戦から漁夫の利を得ようとする」といった批判を行なったが、フランコを顕彰する目的でつくられたさまざまなモニュメントの撤廃は避けがたいものとなった。2005年3月には内戦後に完成したマドリード市内北部の新庁舎街(ヌエボス・ミニステリオス)の入り口を飾っていた「フランコ銅像」が撤去されるにいたるなど、フランコ独裁の

2005年に新庁舎街から撤去されるフランコ銅像
［EPA通信提供］

痕跡を取り除く作業がますます進行していった。

そして２００７年12月、いわゆる「歴史的記憶法」が制定されて、内戦と独裁の抑圧の犠牲者への賠償を進めると同時に、フランコ体制を表徴するシンボルの広範な撤去作業に着手することになった。「軍事蜂起、内戦、独裁の抑圧を個々にも集合的にも記憶化させている紋章、徽章、プレートその他一切のものを公共の建物や空間から撤去しなければならない」と定められたからである。

新旧の街路名を記したプレート（セビーリャ市の場合）
［出所：Wikimedia Commons/Kespito］

だが、どこまでをその対象とするかは歴史の見方と絡んでなかなか厄介である。マドリード市では２０１５年５月に左派市政となって市内道路名（スペインでは人物名が道路名となっている場合が多い）の変更の本格的取り組みに入ったが、マドリード大学歴史記憶講座が委託を受けて提出した「道路名変更希望リスト」の２５６件のなかにはジュゼップ・プラやサルバドール・ダリといった20世紀スペイン文化史を語るうえで重要な人物も含まれていた。彼らをどこまでフランコ体制支持者であったとするかの判断は難しく、この論争はしばらく続きそうな気配である。

また仮に道路名を変えるにしても、単に抹消して良いのかという問題もあるだろう。自分の国や地域の歴史にとっての負の遺産を記憶の彼方に追い遣ることが、果たして正しい歴史認識をもたらすかということである。その意味では、セビーリャ市の道路プレートのように、新旧の名前を付してその意味を語っておくことも必要であろう。

かつて、マドリード市内の道路名のなかにはファシスト政党ファランヘの創立者ホセ・アントニオ・プリモ・デ・リベーラの名にちなんだ「ホセ・アントニオ通り」があり、フランコが三軍司令官であることを意味する大将軍（ヘネラリシモ）と名付けられた「ヘネラリシモ通り」があったことを記憶する人も少なくなっている。さすがに露骨なこれらの名称は1980年代に入ってすぐに変更され、それぞれに「グラン・ビア（大通り）」と「カステリャーナ通り」とされたが、いまこれらの通りを歩いてもそのことを想起する術はない。「歴史の忘却」に追い遣られた負の歴史を、ときには歴史散歩を通してみていくことも必要ではないだろうか（図1を参照）。

（立石博高）

図1　マドリード街路名の変更——ホセ・アントニオ、ヘネラリシモの消滅［出所：立石博高『スペイン歴史散歩』行路社、2004年、11頁］

41 1978年憲法
――スペイン国民の「和解」から「合意」、「幻滅」へ

草案作成開始から国会での可決まで

スペインの現行憲法は、1978年12月6日の国民投票をもって成立した。その草案作成にあたっては、イタリアの第一共和国憲法、及びドイツ連邦共和国の基本法の影響が大きいとされる。最終草案確定までの道のりは平坦ではなく、約1年半にわたり議論が続いた。

1977年7月、総選挙により新しく選出された議会に憲法委員会が設置される。その内部でさらに7名が選出され、条文作成部会が作られた。部会構成員は可能な限り下院各会派間でのバランスが図られた。ジョルディ・スレー（共産党〔PCE〕会派）、ミケル・ロカ（カタルーニャ会派、バスク少数派もロカを代表とした）、ホセ・ペドロ・ペレス・リョルカ、ミゲル・エレーロ、ガブリエル・シスネーロス（以上3名民主中道同盟〔UCD〕会派）、グレゴリオ・ペセス・バルバ（社会労働党〔PSOE〕会派）、マヌエル・フラガ（国民同盟〔AP〕会派）の7名である。翌8月から年末まで約30回の部会会合が開かれ条文を詳細に協議した。その間の11月末、非公開で審議しているはずの憲法案がリークされ、雑誌新聞に掲載される出来事が起こった。

翌1978年1月、憲法案が条文作成部会及び憲法委員会でまとめられ官報に掲載、同時に下院で

各会派からの修正案提出が実施されたが、その総数は3000項目に及んだ。憲法委員会は、憲法問題及び公的な諸自由権に関する委員会（以下でも、「憲法委員会」とする）と名を改められ、24回の委員会が開かれてその修正案が審議された。またこの間、二大政党であるUCD代表のフェルナンド・アブリルと、PSOE代表のアルフォンソ・ゲーラがマドリード市内のレストランで会合、徹夜の突貫作業で修正案を作成した。

その結果、修正案本文及び、条文作成部会員の個人意見を併記した憲法案は7月1日下院に送致され、下院本会議でさらに12回の審議を経た結果、同月21日、賛成258、反対2、棄権14で可決された。スペインでは異例だが、8月の夏季休暇を返上して審議が継続された。

次の上院では、8月7日までに、現在史料が残っているだけでも約1250項目の修正案が提出された。条文作成部会は、これにもとづく修正案の作成を試みたが時間が足りず、上院の憲法委員会へそのまま送られた。8月から9月にかけ17回の委員会が開催されさらに修正がかけられた。個人意見併記の修正案は上院に9月21日に送致され、10回の本会議での審議を経て、修正案が作成された。

しかし、その上でなお決着を見ない条文があったため、上下両院議長のさらに上に立つ立法府の長、国会議長（現存しないポスト）のアントニオ・エルナンデス・ヒルを委員長とする、上下両院委員会が特別に立ち上げられ、最終修正案作成に臨んだ。構成員は、エルナンデス・ヒルに加え、上下両院より各議長と上下院それぞれ4名の議員であった。この上下両院委員会でようやく最終草案が確定、10月31日に下院、上院の順番で可決審議にかけられた。

下院の投票総数345（定数350）の内訳は賛成325、反対6、棄権14で、反対はAPから5名、バスク左翼党（ＥＡ）から1名が出た。棄権はバスク・ナショナリスト党（ＰＮＶ）の7名、ＡＰの３名、与党ＵＣＤからも2名、カタルーニャ会派の２名であった。

上院は投票総数２３９（定数２６６）で、賛成２２６、反対5、棄権は8であった。反対はバスク諸派2、カタルーニャ諸派2、その他諸派1、棄権はバスク諸派5、カタルーニャ諸派1、無所属1、その他諸派1であった。11月6日に国会議長は上下両院議長からの正式な報告を受け取り、国民投票に付される憲法最終草案が確定した。

地域ナショナリズムという争点と国民投票

この上下両院における最終議決時の反対及び棄権票を見れば、憲法条文作成過程における、数ある争点の中でも最大のものが理解できる。スペイン国内の地域を、憲法でいかに規定するかである。

バスク及びカタルーニャの地域ナショナリズム政党は、この憲法に賛成していないが、これには明確な原因がある。現行憲法の第2条は以下のように規定する。つまり「憲法は、すべてのスペイン人の共通かつ不可分の祖国であるスペイン国民（原語：Nación española、以下括弧内同じ）の解消不可能な統一に基礎を置くとともに、スペインを構成するもろもろの民族体（nacionalidad）及び地域（región）の自治、及び全ての民族体と地域の連帯を承認かつ保証する」。問題は、スペイン全体が大文字のNación、つまり国民と認められる一方、バスク、カタルーニャなどがそれに該当すると理解されていた「民族体」という別の語が使用されていることである。バスク及びカタルーニャ諸派は、この憲法条文交渉中一貫して、バスクやカタルーニャなどのスペイン国内の地域について、「民族体」ではなく「民族

（nación）」の語を挿入する形での位置付けを求めてきたが、それは果たされなかったのである。他方、フランコ体制出身者が多くを占め、スペインの統一を重視するスペイン・ナショナリズムの立場であるAPは、党としては賛成票を投じる方針であったものの、結局多くの反対と棄権を出したが、その理由の一つがまさに、この民族体の語が挿入されたことにあった。民族ならぬ民族体という語を用いたことがすでに一定の譲歩である一方、それすら認められないというAP議員も多かったのである。これは、およそ40年後のカタルーニャ独立をめぐる情勢に影響を及ぼすこととなる。

なお、このスペイン国内の地域の独自性に関する有力な根拠として言及されるものに、バスク語、カタルーニャ語、ガリシア語など、語彙や文法などカスティーリャ語とは明確に異なる諸言語がある。現行憲法で、それら地域の「民族」としての位置付けはされなかったが、スペインの地方自治の単位である自治州（後述）においては、第3条第1項にスペイン全体の公用語として規定されるカスティーリャ語に加え、同第2項では、それ以外の諸言語も各州での公用語としての地位が認められる道が開かれた（コラム12参照）。

12月6日の国民投票では、87・78%の圧倒的賛成を得たが、実はこの時の投票率は67・11%と、政治改革法の国民投票や、第1回総選挙に比べ低かった。この低い投票率については、以下のような説明がよくなされる。つまり、スペイン内戦とフランコ体制後の「和解」を経て、スペイン国民は「合意」にたどり着いた。その「合意」の象徴として、前章に述べたモンクロア協定と、この憲法を挙げうる。しかし、「国民的合意」と言っても全ての政党を含むものではなかった。また、憲法制定過程が長引く間も経済危機が継続し、国民の生活が脅かされる状況が続いたこと、加えて、下院での審議開始前、レストランで二大政党代表者が会談する、いわば「密室」での交渉という「非民主的」なプロセスを目にしたスペイン市民は、民主化開始時の希望を失い「幻滅」したという。

内　容

次に、憲法の具体的な内容を見ておきたい。まず前文には、「民主的共存」という語が挿入され、権威主義的・中央集権的なフランコ体制と一線が画された。法治国家の原理も前文で確認されている。他にも、国民一人一人の尊厳ある生活内容の確保といった、憲法全体を貫く原則が確認される。続く「序」（第1条～第9条）について、第1条では、スペインが「社会的かつ民主的な法治国家」であり、法秩序の至高の価値は、自由、正義、平等、及び政治的多元主義であるとされる（同条第1項）。同時に、国民主権は同第2項、議会君主制であることが同第3項に明記される。第2条・第3条については前述の通りだが、第3条について補足するなら、同第3項では、スペインの言語的多様性は「スペインの文化的資産」とされている。

次の第1部は国民の基本的な権利と義務について規定する。基本的人権は第10条によって保障され、同条から第55条までの第1章が諸権利の規定となっている。フランコ体制時代はカトリック国家であり、離婚は禁止されていたが、この第1章の規定で離婚に道が開かれた（具体化はさらに後の法律制定による）。また、ストライキ権などの労働権もこの第1章に規定がある。また、第16条には、積年の懸案であった国家と宗教の関係が規定されている。「イデオロギー、宗教、信仰の自由」が保障され、「いかなる宗教も国家的性格を持たない」とされる一方、「公的権力はスペイン社会における心情に配慮せねばならず、カトリック教会その他各宗教宗派と、その配慮の結果に基づいた協力関係を維持しなくてはならない」との明確な規定があり、その一節で唯一名指されているカトリック教会が、他宗教に比べはるかに多額の補助金を受け取るなど優遇される際にその根拠とされることもある。

第2章は国王及び王家に関する規定（第56～65条）である。第3章～第6章は立法・行政・司法の三権に関する規定で、第3章は上下両院（第66～96条）、第4章は内閣及び執政府（第97～107条）、第5章内閣と議会の関係（第108～116条）、第6章司法権（第117～127条）と分かれている。第7章は国家財政について扱う（第128～136条）。

第8章は、交渉でも大きな争点となった自治州《コムニダーデス・アウトノマス》を含む地方自治について規定する。第1部では、第2条にある原則をさらに敷衍し（第137～139条）、第2部では市と県について規定する（第140～142条）。自治州については、実に16の条文（第143～158条）が割かれたが、結果として、「自治国家《エスタード・アウトノミコ》」と呼ばれる自治州体制が完全に成立するのは、憲法の制定以降、各自治州とスペイン国家が自治に関する自治憲章《エスタトゥート・デ・アウトノミーア》を締結、それがスペイン国家の公布する法律により具体化され（第147条）、さらに、憲法制定4年後の1982年に自治プロセス調整組織法（LOAPA）が成立し、全17自治州2自治都市が揃うのを待たなければならなかった。なお、このような事情のため、憲法第3条第2項には、カスティーリャ語に加えてどの言語が公用語とされるかについては明確には規定がなく、それは自治憲章に委ねられることとなった（コラム12を参照）。

これまでの改憲

第9章と第10章には、憲法そのものに関わる規定がある。つまり、第9章（第159〜165条）は憲法裁判所、第10章（第166〜169条）は憲法改正手続きである。

これまで、2回の憲法改正が行われている。第1回目は1992年、第13条第2項が改正された。欧州共同体のマーストリヒト条約の批准にともない、外国人に対し、市議会議員の被選挙権を、条約や法令により認めると規定された。第2回目は2011年で、国と市及び自治州の公的債務に関する第135条に関し、「予算安定化」という原則が明記されたほか、同条第2項には、債務割合の上限として、欧州連合が加盟国に対して定めるところを超えてはならないと規定された。この第135条第2項が適用されるのは2020年からである。

なお、2012年頃始まったカタルーニャの独立機運高揚に関連し、2015年カタルーニャ自治州議会で可決された、スペインからの分離プロセスを開始するとした動議に関し、憲法裁判所が実質上の違憲判決を出している。また、2015年総選挙後の情勢において、独立機運に対するスペイン国家側の対応として、改憲による連邦制への移行が左派系諸政党で議論されている。

（加藤伸吾）

42 スアレス政権～ゴンサレス政権

――民主主義国家体制の確立

アドルフォ・スアレス政権後期（1979～1981年）

スアレスが、民衆の支持を受けながら、民主化を主導したのは第40章にも述べた通りである。本章では、憲法が成立して民主主義体制となった後を見ていく。

1979年3月1日に実施された総選挙では、二大政党である民主中道同盟（UCD）と社会労働党（PSOE）の議席数は、それぞれ選挙前と大きく変わらなかった。スアレスとゴンサレスはともに、「合意は終わった」と明言した。つまり、民主化開始当初から1979年総選挙前まで、特に特赦法やモンクロア協定が成立した同年10月のスペイン政治の「雰囲気」を特徴づける、政党間「合意」は終わったとした。

スアレス政権の重要な政治的業績の一つは、憲法制定前から引き続いていた、最も重要な地域であるバスク及びカタルーニャと、スペイン国家の間で自治協定が締結されたことである。それ以前、すでにバスク、カタルーニャ双方の暫定自治政府は成立していた。カタルーニャは1977年10月、バスクは同年12月であるが、この自治協定は、その双方の自治政府とスペイン国家の間で締結された。その交渉において、代表者との直接交渉を好むスアレスの政治スタイルが遺憾なく発揮された。バス

表1　1979年総選挙結果（下院）

会派名（アルファベット略記／代表氏名）	獲得議席数（改選前）
民主中道同盟（UCD／アドルフォ・スアレス）	168 (165)
スペイン社会労働党（PSOE／フェリーペ・ゴンサレス）	121 (118)
スペイン共産党（PCE／サンティアゴ・カリーリョ）	23 (20)
民主主義同盟（CD／マヌエル・フラガ）（前回はAP）	10 (16)
集中と統一（CiU／ジョルディ・プジョル）（前回のPDPCとUDCが連合）	8 (11)
バスク・ナショナリスト党（PNV／シャビエル・アルサリュス）	7 (8)
アンダルシーア社会党－アンダルシーア党（PSA-PA／アレハンドロ・ロハス・マルコス）	5 (-)
エリ・バタスナ（HB／フランシスコ・レタメンディア）	3 (3)
諸派	5
計	350

クに関しては、同時に経済協定が締結され、結果的に他の地域とは異なる財政上の優遇措置がバスクに対してのみ与えられることとなるが、同様のものはカタルーニャについては締結されなかった。これは、およそ40年後の2012年ごろ以降、カタルーニャ独立機運が高揚した際に争点となる。

バスクとカタルーニャの自治協定は、憲法第150条第2項に基づき、国家から各自治州に、独自の立法府、執政府、司法府、警察組織などの設置を認めるなど、大幅な権限を移譲するものであった。1979年10月25日それぞれの州民投票を経て可決された。

しかし、この自治州に関する問題は、スアレス政権及び与党UCDのアキレス腱であった。もともと、UCDはキリスト教民主主義、社会民主主義などの中道あるいは中道右派の政治勢力の寄り合い所帯で、スアレスの国民的人気、及びリーダー同士の直接交渉で決着を図る政治的技量によって維持されてきたが、こと自治州への大幅な権限の移譲に関しては、党内に多数の反対の勢力を抱えていたのである。

加えて内政面では、経済危機が相変わらず継続していた。バスク民族主義過激派であるETAのテロは、1980年10月だけでも8名を殺害した（第43章参照）。外交面もパレスチナのアラファトやキューバのカストロとの会談による関係強化など、スアレス独自路線が党内の反発を呼んだ。

1981年1月末、スアレスは突如、UCD党首に加え、スペイン首相としても辞任することを決定、党内、国王、次いでテレビを通じて国民に伝えた。

レオポルド・カルボ・ソテーロ政権（1981～1982年）

そこで後を継いでファン・カルロス国王から組閣要請をされたのが、UCDでスアレスの後を継いだレオポルド・カルボ・ソテーロであった。

しかし、その首相信任投票の只中に起きたのが、2月23日のクーデタ未遂事件である。クーデタ計画はハイメ・ミランス・デル・ボッシュ大将らを首謀者とし、アントニオ・テヘーロ中佐率いる実行部隊が、カルボ・ソテーロに対する2回目の信任投票中に下院議場に突入し、実弾の発砲も含めた威嚇の上、ほぼ定数に達していた下院議員全員を人質にとって、国王を中心とする軍事政権復活を主張した。しかし、その国王本人は民主主義体制と憲法を支持すると早々に表明して、翌日には未遂に終わった。クーデタ進行中、ミランス・デル・ボッシュが管轄するバレンシアでは、戦車が街頭に展開するなどしたが、他の大都市部では、民主主義を支持する民衆が街頭に繰り出して大規模な抗議行動が行われた。

カルボ・ソテーロの信任投票は、第1回目では169票と下院の絶対過半数176に達しなかった。しかしクーデタ未遂事件後に再開された第2回目投票では、早期の政権確立が重要と考えられ、18

6票を獲得して首相に就任した。

カルボ・ソテーロ政権期の主要な業績は、第一に、スアレスの仕事を引き継いで、いわゆる「自治国家」が成立したことである。バスク、カタルーニャ、加えてガリシアは、そもそも第二共和政時代には他地域とは異なる特権的な地位を認められており、それを根拠として、1978年憲法下の体制でも同様の特殊な地位を要求していた。その3地域に加えて、アンダルシーアは、1979年総選挙ではすでに地域ナショナリスト政党が議席を獲得しており、かつPSOE最大の地盤であった。1981年与党UCDとPSOEの間で締結された自治州に関する協定では、バスク、カタルーニャ、ガリシアにそのアンダルシーアを加えた4地域に対し、憲法151条に基づいて他に優先しかつ短期間で自治州としての地位が認められることとなった。早期の協定締結にはクーデタ後に復活した与野党間の融和的な雰囲気も影響したとされる。

しかし、続いて成立した自治プロセス調整組織法（LOAPA）では、その4自治州が当初求めていた自治権限における他自治州との差別化は認められず、結果的に現在の17自治州がほぼ同等の自治権を得ることとなる。

内政面での業績としては、第二に、離婚を認可する法律を通過させたことも付け加えられる。カトリック教会が強い国家の中道右派政権としては異例のように思われるが、現実問題としてカトリックの習慣に合わせた生活を維持している家庭はこの頃からすでに漸減傾向にあり、その現実に合わせた措置である。

第三の業績は、北大西洋条約機構（NATO）への加盟である。加盟交渉はクーデタ未遂事件の余韻覚めやらぬ中で行われた。事件に連座した軍人たちの裁判と同時進行でもあり、加盟に合わせ軍組織や装備の近代化が要求されることとなった。こちらもクーデタ後の与野党間の融和的な雰囲気もあって、比較的スムーズに国会を通過した。

このように、1年半という短期間ながら、顕著な成果を残したカルボ・ソテーロ政権であり、スアレスが民主主義体制への移行以外にやり残した仕事のうち少なからぬ部分が解決を見た。しかし、民主化以前からの経済危機はまだ解決とはいえなかった。加えて、与党UCD内の危機的状況は、クーデタの陰に隠れて継続しており、1982年の総選挙前時点で、UCDはほぼ瓦解と呼んでいい状況で、創立者スアレス本人が離脱して新党を立ち上げる有様であった。UCD内の諸勢力は、党勢を立て直しつつあったフラガの国民同盟（AP）に接近していった。

フェリーペ・ゴンサレス政権（1982〜1996年）

1979年総選挙時、ゴンサレスはUCDに勝てなかったため党内から疑義を突きつけられ、一度は書記長を辞任した。しかし、1982年総選挙に先立つ党大会では、敗北の原因は内戦前と変わらない部分のある党綱領にも原因ありとして、綱領からのマルクス主義と反王制につながる共和主義の放棄を掲げて、書記長に再選された。かくして党内主導権を強化し臨んだ1982年総選挙では、「変革」「機能するスペイン」など当時としては斬新なスローガンを掲げたゴンサレス得意の選挙キャンペーンで、下院200議席を超える圧勝を収めた。なお、この絶対過半数は、1986年及び1989年の各総選挙でも、次第に議席数を減らしながらも維持されることとなる。

表2　1982年総選挙結果（下院）

会派名（アルファベット略記／代表氏名）	獲得議席数（改選前）
スペイン社会労働党（PSOE／フェリーペ・ゴンサレス）	202 (121)
国民同盟－国民民主党（AP-PDP／マヌエル・フラガ）	107(10)
集中と統一（CiU／ジョルディ・プジョル）	12 (8)
民主中道同盟（UCD／ランデリーノ・ラビーリャ）	11 (157)
バスク・ナショナリスト党（PNV／シャビエル・アルサリュス）	8 (7)
スペイン共産党（PCE／サンティアゴ・カリーリョ）	4 (23)
民主社会中道党（CDS／アドルフォ・スアレス）	2 (–)
エリ・バタスナ（HB／フランシスコ・レタメンディア）	2 (3)
カタルーニャ共和左派（ERC／フランセスク・ビセンス）	1 (1)
バスク左派－社会主義のための左派（EE／フアン・マリア・バンドレス）	1 (1)
計	350

15年にわたったゴンサレス政権だが、最初の難題はＮＡＴＯ加盟継続の是非であった。当初ゴンサレス本人もＰＳＯＥもＮＡＴＯ加盟には反対しており、ＰＳＯＥ支持者にも反対は多かった。しかしクーデタ後の情勢もあって一度加盟した後簡単に脱退するわけにもいかず、ゴンサレスは加盟継続の是非を国民投票に委ねた。国論は二分され、約59・42%の低投票率、かつ賛成は52・5%とかろうじて過半数を上回る程度だったが、辛くも加盟継続が決まった。その直後の１９８３年、米国との間に二国間友好・防衛・経済協力協定が締結されたのは、これと無関係ではないであろう。

ＮＡＴＯ加盟継続も、カルボ・ソテーロ期と同じく、軍の近代化と表裏一体的に進められた。ゴンサレス政権期、セーラ国防大臣のもと人員削減及び職業軍人化、文民統制の確立、装備面など近代化が進んだ。

外交上のもう一つの課題は、欧州統合への参画である。ゴンサレスは首相就任当初から欧州共同体（ＥＣ、当時）への加盟交渉を進めた。ＵＣＤ時代にはやや緊張が高まっていたフランスとの関係が、両国ともに社会党政権になっており改善していたこと、及び交渉当時のＥＣ議長国がスペインと友好的であったイタリアであったことも幸いし、１９８６年にはポルトガルと並んでＥＣ加盟を達成した。

内政に目を転じると、最大の課題は経済運営であった。党名にもある通りの労働者政党ではあるが、積年の経済危機脱出のため、労働者解雇条件の緩和、昇給率抑制、インフレ抑制や、重工業の合理化、自動車企業ＳＥＡＴ《セアト》を始めとする国有企業民営化などの産業構造転換を推進した。失業率は一時20%近くに達したが、経済マクロ指標は改善、１９８５年には好景気に転じた。ここに１９７３年オイルショックに始まった危機的状況は収束し、１９９２年までは他の欧州各国平均を上回る成長率を見せることになる。この好景気の波に乗り、年金などの社会資本の整備と公教育、保健医療体制の整備も進められ、他の欧州諸国並みのいわゆる「福祉国家」と内外に認められるようになった。

１９９２年には、民主化し成長したスペインの「象徴」である、バルセローナ五輪とセビーリャ万博が開催された。しかし、１９８０年代前半の、新自由主義的とさえ呼びうる経済・財政運営が労組の反発を招いた結果、１９８８年には大規模なゼネストが打たれた。この辺りから長期政権に陰りが見え始める。政権末期には、長期政権につきものの政治腐敗事件が次々と露見した。１９８９年と１９９１年には長年の副首相・社労党副書記長としてゴンサレスの右腕であったアルフォンソ・ゲーラの弟が関与した不正政治資金事件が暴露され、ゲーラは副首相を辞任した。また、ＥＴＡに対する白色テロ事件であるＧＡＬ事件もこの時期に明るみに出ている。ＥＴＡは民主化以降もテロ行為を繰り返していた（第43章参照）。これに対し、治安当局が自ら法律の一線を越え、ＥＴＡ構成員の誘拐や殺害を実行していたことが明るみに出た。ゴンサレス本人の関与も疑われた。

１９９３年総選挙で、ＰＳＯＥは辛くも比較第一党を維持しつつも、ついに絶対過半数を失った。

１９９４年の欧州議会選挙では、当時フラガからホセ・マリア・アスナールへと総裁の座をバトンタッチして党イメージの一新に成功していた国民党（ＰＰ）へと、ついに第一党の座を明け渡した。

他方、１９９５年、財政及び社会福祉分野に関し、いわゆる「トレード協定」が国会ほぼ全会派の賛成で可決された。これは、下院での過半数に不足する議席数に関し与党を補完する立場を確立していた集中と統一（Ｃ・ｉ・Ｕ）が提出した文書に基づいて導入された、年金システムの収支均衡と維持のための協定である。

しかし、ＰＳＯＥはすでに「失速」と言える状況にあった。翌１９９６年、ゴンサレスは起死回生の前倒し総選挙に打って出たが、敗北し下野した。

（加藤伸吾）

43 アスナール政権～ラホイ政権

――「中級国」スペインの諸課題

ホセ・マリア・アスナール政権（1996～2004年）

国民党（PP）は、スアレスの民主中道同盟（UCD）の崩壊後、多くのUCD議員を吸収し、右派の大全国政党としての地歩を固めていった。1993年、PPの創設者であり、フランコ体制下で副首相などを務めたフラガは、ホセ・マリア・アスナールを直々に指名しPP総裁の座を譲った。

アスナール自身もフランコ体制の税務官僚であったが、民主化後にカスティーリャ・イ・レオン自治州首相などを歴任して、フラガ後の国民党を担う右派の有力政治家としての名声を得た。総裁就任後は、社会労働党（PSOE）及びゴンサレスとの対決姿勢を明確に打ち出して、当時汚職や白色テロ疑惑などダーティなイメージを負っていたPSOEに代わる、中道右派の政権担当可能な政党としての認識を確立させることに成功し、1996年の政権奪取につなげた。しかし同年の総選挙では下院過半数を獲得できず、カタルーニャ州議会与党で同州自治権限の漸進的な拡大を狙うジョルディ・プジョルの集中と統一（CiU）の閣外協力を得ながら政権を運営した。続く2000年の総選挙では、約68・71%とスペインとしては低投票率ながら、下院の絶対過半数を獲得、CiUとの協力関係は基本的には維持しつつも、安定的な政権運営が可能となった。

内政面では、新自由主義的な経済・財政運営が特徴的である。ＰＳＯＥ政権時のスペイン経済は、１９８５年までが「危機」と呼ばれた。その後は拡大基調に入ったが、ゴンサレス政権末期の１９９３年には一度マイナス成長に転じる。アスナール時代に入ると再び拡大基調となり、失業率、インフレ率ともに低下した。

アスナールは、通信会社のテレフォニカ、石油会社のレプソルの完全民営化など、ＰＳＯＥ時代に増加した公的赤字の削減を目指した。労働市場改革にも着手し、昇給率の上昇抑制を図るとともに、政労使交渉を進めて、解雇一時金への公的補助を減らすとともに終身雇用を促進する内容の政労使協定を１９９７年に締結した。社会福祉政策に関しては、ゴンサレス少数与党時代の１９９５年に成立していた、トレード協定の継続が確認された（第42章参照）。これらの経済・財政運営の成果でもあり、また成長要因の一つともなったのが、１９９８年の欧州統一通貨ユーロへの加入であった（２００２年流通開始）。加入には公的債務などに関する条件があったものの、経済の好調にも支えられクリアした。

他方、この時期のスペイン経済は不動産業・建設業により牽引されていた部分が大きく、土地バブル化していたのが実態であった。この原因については諸説ある。１９８５年から１９９１年までの景気拡大時に土地価格が過小評価されていたことや、スペインのベビーブーム世代によって住宅需要が急上昇し、同時に、後にリーマン・ショックの原因となるサブプライムローンがスペインでも拡大していたことなどが挙げられている。

他に、注目すべきアスナール政権の政策の一つに、外国人法がある。スペイン初の外国人法が成立したのは、前ゴンサレス時代の１９８５年であった。丁度「危機」と言われる経済状況が改善に転じたとされる年である。経済が不調だった時代には他の西欧諸国や旧植民地の中南米への移民送り出し国であったスペインだが、経済の好転に伴って移民受け入れ国に転じていたのである（表1）。経済がさらに拡大基調に入り、移民の増加傾向が定着していたアスナール第1期政権では、旧外国人法が現状にそぐわなくなった。１９９９年には現状への適合を企図した改正外国人法が、少数与党のＰＰ以外の全会派の賛成で成立した。しかし翌年、絶対過半数を得たＰＰは、実質上外国人の入国を制限する形で外国人法を再改正した。しかし、非正規移民の数は増え続け、２０００年、２００１年には移民正規化の措置がとられ、合計約20万人の非正規移民が正規化された。

外交については、一貫して国際的プレゼンスの向上が追求された。ゴンサレス時代に比して米英との大西洋同盟への比重が高かったとされるのも、大国への接近によるプレゼンス向上策と考えれば整合的である。アジア・アフリカ関係も同様の意図

表1　スペイン在住の外国人増加の動き

年	総人口	国内居住外国人人口	
		実数	1998年を100とした場合の指数
1998	39,215,566	637,085	100.00
1999	39,453,204	748,954	117.56
2000	39,575,911	923,879	145.02
2001	39,746,185	1,370,657	215.15
2002	39,859,948	1,977,944	310.47
2003	42,717,064	2,664,168	418.18
2004	43,197,684	3,034,326	476.28
2005	44,108,530	3,730,610	585.57
2006	44,009,969	3,930,916	617.02
2007	44,784,659	4,449,434	698.41
2008	45,668,938	5,086,295	798.37
2009	46,239,271	5,386,659	845.52
2010	46,486,621	5,402,579	848.02
2011	46,667,175	5,312,441	833.87
2012	46,818,216	5,236,030	821.87
2013	46,727,890	5,072,680	796.23
2014	46,512,199	4,677,059	734.13
2015	46,439,864	4,447,852	698.16

出所：スペイン国立統計局

で重視されている。対アジア外交の政策大綱が整備されたのもアスナール時代で、大綱ではスペインを「中級国」として自己定義しているが、好景気を背景に積極的な国際協力外交を展開した。

米英への接近によるプレゼンス向上の最も象徴的な事例が、２００３年イラク戦争への派兵である。国内的には世論が二分されたが、大勢としては派兵反対の方が多かった。また、アスナール政権での大臣経験者が離党するなど、党内にも反対の声はあったが、アスナールは派兵を強行した。

その派兵後、２００４年総選挙を3日後に控えた3月11日、平日朝の通勤ラッシュ時に起きたのが、マドリード連続列車爆破テロ事件である。死者は１９３名、負傷は約１９００名にのぼった。当初政府はＥＴＡの犯行であると発表したが訂正、イスラーム原理主義テロ組織の犯行と判明した。後の犯行声明では、イラク戦争へのスペインの派兵が犯行の動機と明言されている。一時は総選挙中止も検討されたが、テロに屈しない姿勢を内外に示すためにも予定通り実施された。

アスナールは2期8年で首相を辞める旨表明しており、後継にはマリアーノ・ラホイが指名されていた。テロ事件前の予想では、ＰＰが第一党とされていたがそれに反し、サパテーロ書記長のＰＳＯＥが勝利を収めた。

ホセ・ルイス・ロドリゲス・サパテーロ政権（２００４〜２０１１年）

ＰＳＯＥは、民主化に前後して、当時存在していた多様な社会主義政党を吸収しており、また地域を軸とする政党連合の形態を取っていることなどもあって、旧出身政党や地域、世代などを軸にした党内勢力が存在し、書記長交代時には内部闘争が活発化するのが恒例である。

サパテーロは、書記長就任前さほど注目を集めていなかったが、若手を中心とした、イギリスの労働党ブレアの「第三の道」にならった左右の中道を行く路線「新しい道」を掲げたグループの支持を受け、ゴンサレス世代の指導層に取って代わった。2004年総選挙にはイラク即時撤兵を公約に掲げて臨み、マドリード連続爆破テロ事件後のPPの拙劣な対応も相まって、少数ながら第一党を確保し首相に就任した。2008年総選挙でも勝利して、通算2期約8年務めている。イラク即時撤兵は就任直後実施されたが、米英の批判を受けた。

第1期目では、経済の好調がアスナール時代から続いていた。これを利して社会福祉の積極的拡充策が取られた。若年向け住宅手当、新生児のいる家庭を支援する「赤ちゃん手当」などが導入された。また、少数与党であったPSOEは、法案可決の際に主な協力相手として統一左翼（IU）を選んでいたが、IUは、スペインの歴史認識問題に対する政府としての取り組みを求めた。その結果が、2007年に成立したいわゆる「歴史的記憶法」である。内戦及びフランコ体制の抑圧の犠牲者に対する補償や、街頭や公的施設などからのフランコ体制のモニュメントなどの撤去、内戦公文書館への関連文書集約などを内容とする（コラム11参照）。

移民政策では、2005年に50万人規模の非正規移民合法化措置が取られた。その後2000年代後半にスペインに到達する移民はピークを迎える。これに対し、サパテーロ政権は中央省庁改革の際、従来内務省管轄であった移民関連部局を移民政策総局としてまとめて格上げの上で労働省に移管し、省名も「労働・移民省」となった。移民統合政策にも積極的に乗り出し、非政府組織に大きな役割を担わせる政策大綱の策定と基金の創設が実施された。

外交面では、前政権とは対照的な政策が目立った。首相就任直後のイラク撤兵により、特に米国との距離が開いた。重点地域として再び欧州に主軸が置かれたが、これは、移民政策において一国のみの対策では不可能と判断し、欧州連合を通じた統一的な移民政策を推進しようとした事情にもよる。また、対アフリカ外交の政策大綱が策定されるなど、国際協力外交は前政権以上に重視された。

２期目に入ると政策が大きく変わる。２００８年のリーマン・ショックの影響で、サパテーロは経済危機対策に大きく舵を切らざるを得なかった。第一に、公的債務抑制のため、憲法１３５条第２項の改正が実施され、欧州連合の基準をそのまま国内に適用するとされた（第41章参照）。次に、労働時間削減や解雇条件の緩和を含む労働市場改革が２０１０年から２０１１年にかけ実施された。２０１０年９月にＰＳＯＥ系の労働者総同盟（ＵＧＴ）及び共産党系の労働者委員会（ＣＣＯＯ）などによるゼネストが打たれるなどの反発も大きかったが、他方でスペイン経団連（ＣＥＯＥ）からも労働市場流動化には不十分として支持を得られなかった。

加えて、末期にはアンダルシーアＰＳＯＥに、欧州連合からの原資も入っていた労働者保護のための基金に関して、資金の大規模流用疑惑が浮上、ＰＳＯＥから多数の逮捕者を出した。サパテーロは、自らの政界引退を表明の上で総選挙を約４ヶ月前倒しで実施したが、政権の維持には至らなかった。

ETA

ここで特に、サパテーロ第２期政権での出来事として、バスク地域の独立を掲げる武装マルクス主義組織、祖国バスクと自由（ＥＴＡ）の「武装闘争の完全停止」宣言に言及しておく。

図1　ETAによるテロ被害者数の推移

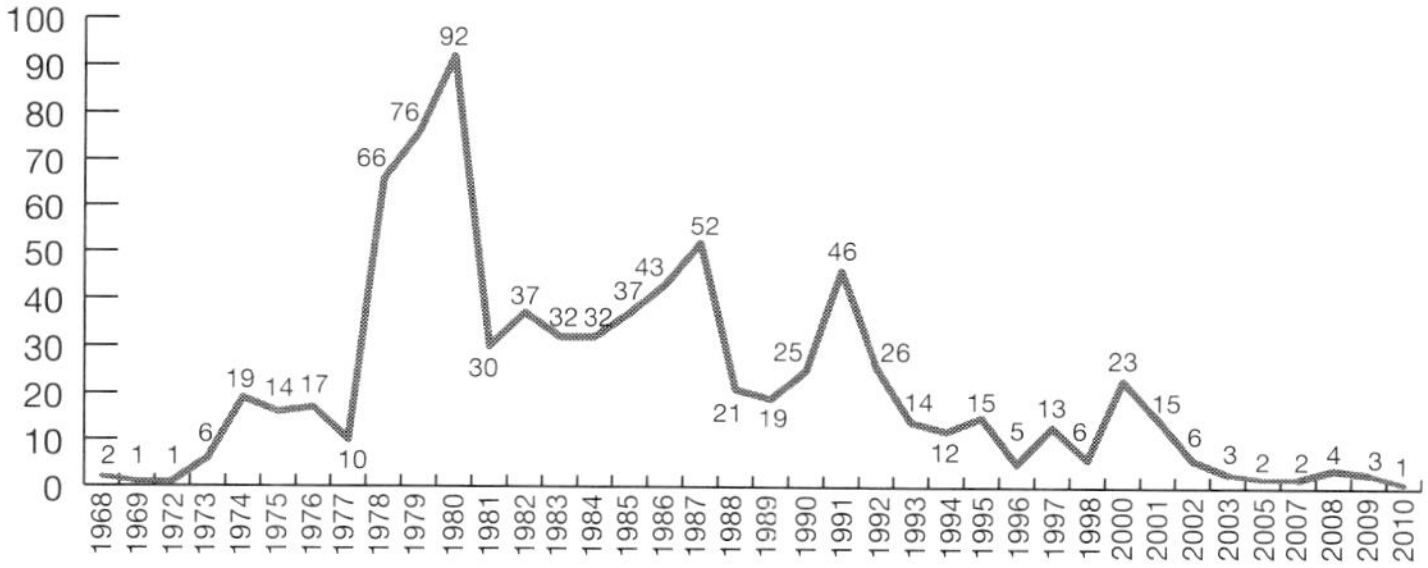

出所：テロ被害者協会ウェブページより作成。

ＥＴＡは１９５９年頃創設されたとみられ、元々は、現在も国会下院に議席を有し、民主化後、しばしば断絶しつつも長くバスク自治州の与党の地位にある、バスク・ナショナリスト党（ＰＮＶ）の民族主義強硬派が同党から独立して生まれた。図１に見られるように、民主化後にＥＴＡテロ被害者は急増し、その後も高いまま推移した。民主化歴代政権にとって、ＥＴＡテロ問題は一貫して優先順位の高いものだった。ゴンサレス政権の治安当局が、白色テロにまで手を染めたことは前章でも述べた。しかし、アスナール政権期の２０００年ごろ、非公式の国際的チャンネルを通じて、中央政府やバスク自治州政府、ＰＮＶなどを交えた対話と、ＥＴＡの武装解除と解体に向けた交渉が始まったとされる。２００３年には「停戦」が実現したが、２００６年には再び犠牲者が出た。

他方でＥＴＡも多数の逮捕者を出して組織として弱体化を続けていたため、政治の場へ「闘争」の主軸を次第に移しつつあるとされる。そのためか、ＥＴＡは２０１１年、冒頭に述べた「武装闘争の完全停止」を宣言して、２０１６年時点まで犠牲者は出ていない。一方、バスク自治州議会や同州内の市議会で、

ＥＴＡと関連が深いとされる政党から市長が出る事例が多い。

マリアーノ・ラホイ政権（２０１１～２０１５年）

マリアーノ・ラホイは、アスナール政権で閣僚を歴任、アスナールがフラガに指名された時と同様に、アスナールから指名を受け２００４年ＰＰの総裁に就任した。２００４年総選挙では下馬評に反し勝てなかったのは前述の通りだが、その後２００８年も連敗、一時期ＰＰ総裁退陣も噂されたものの、党内穏健派におされ再出馬、２０１１年総選挙後にようやく首相の座に就いた。

第2期サパテーロ政権の新自由主義的な経済危機対策を更に加速させる形で、経済・財政運営が行われた。財政の緊縮策に関して、２０１２年度の国家予算は、総額としては、前年比約11％減となったサパテーロ第2期の２０１１年度と大差なかったが、例えば外務・協力省が前年比約63・５％減となるなど、各省庁向け合計額は約16・９％の大幅削減となった。

失業率は、サパテーロ政権の第1期から実は上昇し続けていたが、同第2期のリーマン・ショック後さらに急上昇、２００９年にはついに20％を突破した。とりわけ、統計上は学生も含まれているものの、25歳未満の若年層の失業率は例年50％を上回っている。サパテーロ政権に引き続き、ラホイ政権も２０１３年に再び労働市場改革を実施し、さらなる解雇条件の緩和などを行った。その結果、合計の失業率は２０１３年以降減少傾向にある（図2）。

外交面では、日本を含むアジア諸国歴訪などが行われたが、前述の予算大幅減などを見ても自明の通り、外交そのものの優先順位が低いままである。前述の経済・財政運営は、国際通貨基金、欧州委

図2　失業率の推移

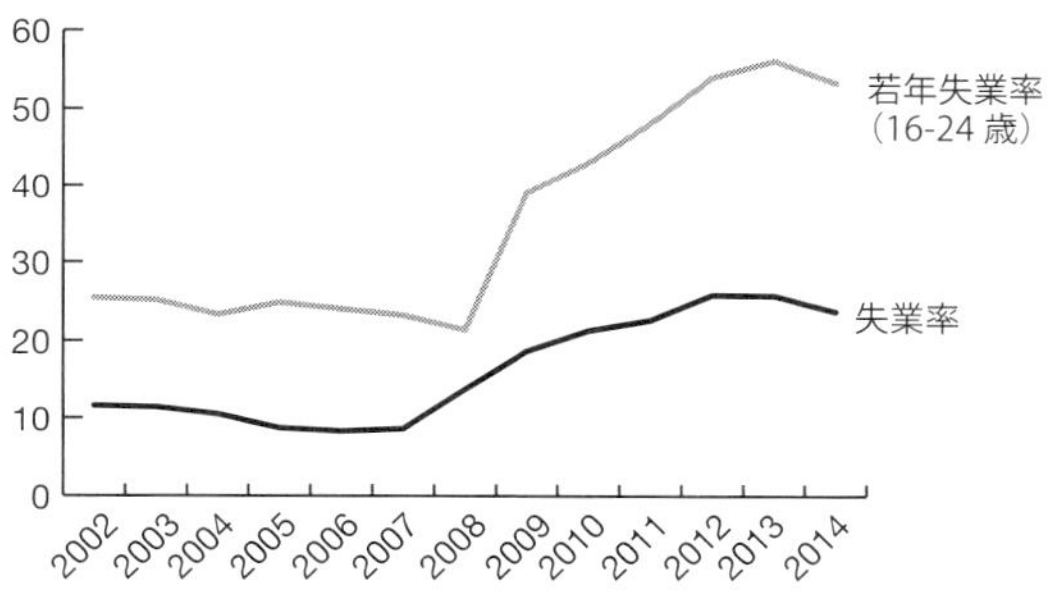

出所：スペイン国立統計局

員会、欧州中央銀行のいわゆる「トロイカ」の提示する基本線をなぞる形になっている（次章参照）。

２０１５年の総選挙に向けては、２０１２年に前後して、カタルーニャ独立機運が高まってきている。スペイン現行憲法の条文作成においては、カタルーニャは他のバスクなどと並び「民族体《ナシオナリダー》」として規定されており、「民族《ナシオン》」として認知されなかったという経緯がある（第41章参照）。２０１２年には、「我々は民族、決めるのは我々」というスローガンを掲げた大規模なデモが行われ、独立機運高揚の先鞭となった。

これに加えて、ラホイ政権の経済・財政運営を考慮する必要がある。カタルーニャ自治州としては、自治州への予算再配分とカタルーニャから国庫に納めている税などを合わせた収支がマイナスの状態が続き、「リーマン・ショック後経済危機の割りを一番食っているのはカタルーニャ」との立場から、ラホイ政権への批判を次第に強めていた。２０１２年、民衆の支持を背景に、カタルーニャ自治州首相のアルトゥール・マスは、これを改善するべくスペイン政府との経済協定締結を提案したが、マスとの直接対話に臨んだラホイは受け入れなかった。以降マスはラホイ政権への批判を強めていく。

さらに、２０１５年総選挙を視野に、ＰＰはカタルーニャ独立派をことさら強硬に批判することで、

表2　2015年12月総選挙結果（下院）

会派名（アルファベット略記／会派の基となる政党代表氏名〔下院に議席があるとは限らない〕）	獲得議席数（改選前）
国民党（PP／マリアーノ・ラホイ）	123 (186)
スペイン社会労働党（PSOE／ペドロ・サンチェス）	90 (110)
ポデモス（なし／パブロ・イグレシアス）	69 (-)
市民党（C's／アルベール・リベーラ）	40 (-)
カタルーニャ共和左派（ERC／ウリオル・ジュンケーラス）	9 (3)
民主主義と自由（LD／アルトゥール・マス）	8 (10)
バスク・ナショナリスト党（EAJ-PNV／アンドーニ・オルトゥサル）	6 (5)
人民統一（UP／アルベルト・ガルソン）（元は統一左翼〔IU〕）	2 (9)
祖国バスク・ビルドゥ（EH-Bildu／アシエル・アライス）	2 (7)
カナリアス連合（CC／パウリーノ・リベーロ）	1 (2)
計	350

カタルーニャにおけるPPの支持率低下と独立機運のさらなる高揚という犠牲を払いながらも、それ以外の地域でのPP支持率上昇を図るという戦略を採用した。その結果が、2015年のいわゆる「カタルーニャ独立プロセス」開始の背景にある（第50章参照）。

しかし、PSOEとその各政権と同様に、PPとラホイ政権も政治資金がらみの腐敗と無縁ではなかった。まず、PPバレンシア支部に大規模な贈賄疑獄事件が発生する（グルテル事件）。次に、PP本部の「金庫番」が、企業からの不正な政治資金をラホイ本人も含めたPP幹部に配分した様子を記録した裏帳簿とされるものがリークされた（バルセナス事件）。

このような大政党の金権体質を批判したのが、2011年統一地方選挙前夜の5月15日に全国同時多発的に発生した市民運動「15－M《キンセ・エメ》」である。またそれに前後して、市民運動に出自を持つとする二つの新興政党が現れた。右派の市民党《シウダダーノス》と、左派のポデモスである。

2015年12月の総選挙では、両党とも下院に一大勢力を築き上げた。従来の構図は、まずＰＰ・ＰＳＯＥの二大政党があり、ＰＮＶや、マスの出身政党である集中と統一（Ｃ・ｉ・Ｕ）、及びスペイン共産党が１９８５年に他党と連合して創設した統一左翼（ＩＵ）などの少数政党が加わって、二大政党のどちらかが少数与党となった場合に存在感を発揮するものであった。市民党とポデモスは、ＰＰとＰＳＯＥ、ＩＵを切り崩すような形で、このスペインにおける政党の構図を書き換えたのである。

なお、２０１６年夏の時点では、ラホイ率いるＰＰが比較第一党となった２０１５年総選挙後の政権交渉が行われたが失敗し、２０１６年６月に出直し総選挙となった。議席配分は大きく変わらず、ＰＰは少数与党のままで、誰が首相になるのか、再度の出直し総選挙があり得るのかを含め、不透明な状勢が続いている。スペインの政党システムは二大政党優位から、単独多数を取れない多数の政党が拮抗する様相へと転換しつつあるように見える。

（加藤伸吾）

44 欧州統合とスペイン
――欧州のなかのスペイン、スペインのなかの欧州

現代スペインの観光資源の一つである、グラナダのアルハンブラ宮殿、コルドバのメスキータなどは、他の欧州諸国には見られないイスラーム時代の様式と、その後再征服したキリスト教の様式、それにユダヤ教の三つの要素が渾然一体となっているところに魅力の一つがあろう。

そのイスラーム時代が数世紀の長きにわたったために、スペインは他の欧州諸国と異なる面があることを、「アフリカはピレネー山脈に始まる」と「揶揄」されるようになったのは、19世紀頃からである。その19世紀末、農業・国家財政・教育など様々な面での改革を主張した知識人ホアキン・コスタにとって、「改革」とは「ヨーロッパ化」のことであった。和訳も多い20世紀スペインを代表する思想家で、「スペインのヨーロッパ化」を掲げるホセ・オルテガ・イ・ガセーと、「ヨーロッパのスペイン化」を掲げる大哲学者ミゲル・デ・ウナムーノの間の論争は、スペイン思想史上に名高い。

このように、スペインにとって「ヨーロッパ」とは、その南の境界、アフリカとの間にあって、自らの一部であるのか、あるいは自らの外にあるものか、長らく決して自明とはならないものであった。

欧州統合への参加

現在のスペインは、欧州連合（ＥＵ）、ユーロ、シェンゲン協定に加盟しており、その意味では間違いなく欧州の一部である。

第二次世界大戦後に始まった欧州統合プロセスに、スペインが初めて参加を働きかけたのは、まだフランコ体制時代の１９６２年であった。それ以前には、米国との条約締結、国連加盟と順調に国際社会への復帰を果たしていた。しかし、欧州共同体（ＥＣ、当時）は、すでに民主主義国家であることがその加盟要件となっていた。フランコ体制は「有機的民主主義」という体裁をとっていたが、それがＥＣ加盟国の言うところの民主主義であるとは認められず、参加は却下された。とはいえ、経済面では１９７０年に欧州経済共同体（ＥＥＣ）と関税を下げる協定が結ばれた。

スアレスが首相となり第二共和政以来初の総選挙が実施された後の１９７７年７月、改めてＥＣへの加盟交渉開始が申請された。実際に交渉が開始されたのは、１９７９年であった。

その後の交渉を政治面と経済面に大きく分けると、まず政治面では、欧州共同体が規定する人権に関する諸規約を、スペインも批准することが求められた。１９７６年に発効した国際人権規約については、社会権規約・自由権規約双方とも批准することが加盟の条件となっていたが、これは１９７７年総選挙前の同年４月すでに批准されていた。また、欧州人権条約の実効を保障する機関である欧州人権裁判所が属する欧州評議会への加盟も条件にあったが、同じ１９７７年11月には欧州人権条約そのものを、それを補完する欧州社会憲章は１９７９年11月にそれぞれ批准している。

経済面に関しては、フランコ時代の保護主義的な経済政策の名残が交渉当時には残っていたため、その交渉にはスペイン経済全体のさらなる開放・自由化という側面があった。関税に関しては、工業製品部門は大きな問題とならなかったが、農林水産業製品部門での交渉が難航した。こちらは、ＥＣの共同農業政策が存在しており、域外に対して閉鎖的な政策を取っているため、開放・自由化というよりも、スペイン行政による保護下から、ＥＣによる保護下へ移行することを実質上意味しており、それに伴う行政技術的な問題が山積していた。加えて、すでに加盟国であったフランスやイタリア、同時に加盟交渉を進めていたポルトガルなど他の農業大国との兼ね合いが大きかった。結果的に、この農林水産業部門が、加盟交渉長期化の主たる原因であった。なお、加盟後のスペインは、ＥＣ共通農業政策と欧州農業基金の最大の受益国の一つとなっている。

経済面での交渉が長期化する一方で、１９８１年2月23日の軍による下院議場占拠及びクーデタ未遂事件や、翌年別のクーデタ未遂事件が発覚し、スペインの民主主義がまだ完全に安泰とは思われていない状況であった。これを受け、欧州議会は欧州委員会に対し、スペインとの加盟交渉迅速化を求める勧告を決議し、１９８４年までの交渉終了を示唆した。

結局、欧州共同体加盟条約にゴンサレス首相が署名したのは、１９８５年6月12日のことであった。

民主化後のスペインにとってのヨーロッパ

長期化しても途中で交渉が頓挫することがなかったのは、スアレス、カルボ・ソテーロ、ゴンサレスと三つの政権にわたって続いた加盟交渉当時、国会に議席を有しながら欧州統合への参加に反対する政党は存在していなかったことも大きいであろう。以降も現在まで、濃淡こそあれ、各政権及び主要政党は、親欧州主義を基本的に維持している。

スペインと欧州で足並みが揃わなかった大きな事例は、イラク戦争である。欧州の独仏枢軸と言われるように、ドイツとフランスは欧州統合の発想が生まれた二国間関係を構成する国家であり、同時に域内大国であるが、この二国ともイラク戦争の有志連合には当初から参加していない。加えて、前章でも述べた通り、スペイン国内の世論にも反対が強かったが、当時のアスナール政権は派兵を強行した。また、コソヴォ独立に関しても、他のEU域内諸国が軒並み独立を承認する中、西欧では唯一反対している。当時はサパテーロ政権で、アスナール政権よりさらに親欧州の立場を明確にしていたが、スペインにはカタルーニャ、バスクといった、独立志向が根強く存在する地域がある。コソヴォ独立を認めては、外交政策と地方自治政策がダブルスタンダードになってしまうという事情がある。

スペイン国民の世論も、概ね親欧州主義で一貫している。表1は、ECあるいはEUに対する感情に関する、スペイン首相府社会調査センター（CIS）による世論調査結果である。年により項目の精度が異なるが、どの回も大多数が親欧州主義的であるとわかる。

表1　EC/EUに対するスペイン国民の感情

EC/EUに対して	1994年	2004年	2014年
かなりの好感	6.3	13.5	6.1
十分な好感	47.0	70.5	27.4
若干の好感	（項目なし）	（項目なし）	24.8
どちらでもない	29.3	（項目なし）	17.3
若干の反感	（項目なし）	（項目なし）	11.1
十分な反感	5.6	5.0	6.4
かなりの反感	0.9	0.8	3.1
わからない・無回答	10.9	10.1	3.8

出所：CIS

経済危機と近年の反欧州感情

それでも2014年の結果で、それ以前の2回に比して「反感」

の方へ少し振れているのは、経済危機以降の一連の情勢があるためと推測できる。経済危機に対応したサパテーロ（第2期）、ラホイ二つの政権はどちらも、国際通貨基金・欧州委員会・欧州中央銀行のいわゆる「トロイカ（三頭立て馬車）」の示した路線に沿った経済・財政運営を行っている。また、リーマン・ショック以降のスペイン経済危機の本質は、土地バブル崩壊を引き金の一つとする金融危機にあるといえるが、ラホイ政権の２０１２年には、国内の銀行救済のためにＥＵ加盟国から約１０００億ユーロ、当時の換算レートで約13兆円規模の金融支援を受けている。

図1　スペインの貧困及び社会的排除（AROPE）指標の推移

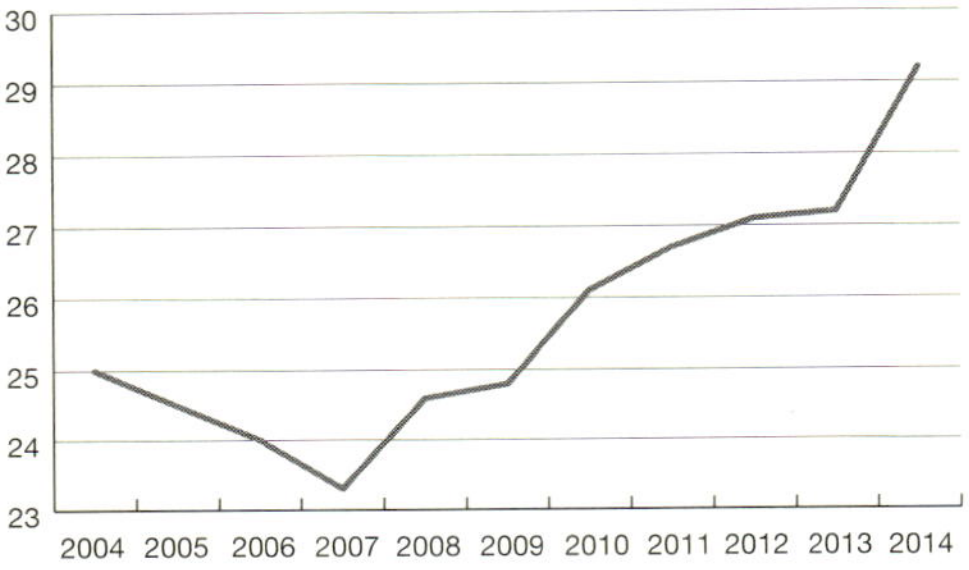

出所：欧州統計局

ＥＵ諸国に対し、前章でも触れた２０１１年に起こった市民運動では、このトロイカとその意向に唯々諾々とするスペイン政府、及びその資金注入を受けている大手銀行の経営層が非難されている。現在のスペイン社会で広がる格差の大きな原因の一つは、トロイカによる政策が富の再配分の方向に機能していないことにあるというのである。

銀行が公的資金で救済される一方、貧困層は増え続け、格差が広がっているとのデータがある。ＥＵは、域内共通の社会政策大綱「欧州２０２０戦略」の一環として、貧困と社会的排除の状態にある域内人口を、２０２０年までに２００４年比で２０００万人削減するとの目標を掲げている。その計測には貧困及び社会的排除（AROPE：At the Risk Of Poverty and social Exclusion）指標が使用される。スペインではこの指標が、好景気時の２００７年に向かって下がったが、２００８年から再び上昇に転じている。

欧州とスペイン共通の政治的趨勢──多数政党の拮抗による政治の停滞

２０１５年総選挙で下院に69議席の勢力を一度に獲得した新党・ポデモスは、先の論理をもって欧州レベルの諸政策を批判する市民運動に出自を持つと主張している。創設当初は、反トロイカの姿勢を打ち出していたが、総選挙が近づくにつれ、「極左政党」とのイメージを薄めるために、トロイカに対する強硬な批判は、以前ほど前面に出ていない。なお、ポデモスは、同様の論理で反欧州を掲げていたギリシャの与党ギリシャ急進左派連合（シリザ）と友好的関係を維持し、「草の根的出自」を前面に打ち出す政党同士の国境を超えた連帯をアピールしている。

また、これに限らず、前章末尾に述べた、二大政党優位から多数の政党への転換、及びそれに起因する政治の停滞自体が、そもそも欧州域内他国にも見られる趨勢の、スペインにおける表れともいえるかもしれない。２０１４年から翌年にかけて、ギリシャのシリザ政権によって同国のみならず欧州全体の政治・経済が停滞したことが想起される。スペイン地方自治のレベルでも、カタルーニャ独立機運の高揚に際し、２０１５年自治州議会選挙後における州議会の構成が、既存政党の優位崩壊、多数政党の拮抗による政治の停滞という、欧州及びスペインの政治とよく似た状況を呈している。

「欧州２０２０戦略」が終了する２０２０年、スペインを含む欧州域内で、その目標はどれほど達成されているのだろうか。先の対ＥＵ感情に関する世論調査が再び大規模に実施されることが予想される２０２４年、スペイン社会に広がる格差と欧州レベルでの動きを直結させる論理は、まだ存在しているのだろうか。そして、多数政党の拮抗による政治の停滞という問いに対し、スペインと欧州は、将来いかなる回答を示すのだろうか。

（加藤伸吾）

第Ⅵ部

自治州国家の歴史的背景

45 中世諸国家と「ヒスパニア」

――多様性を含んだ理念

現在の「スペイン」という国名は、ラテン語の「ヒスパニア（Hispania）」を語源としている。ではなぜローマ人は、ヒスパニアと呼んだのか。最も有力な説はフェニキア起源説（ウサギ？ 鍛冶？）であるが、他にも様々な解釈が提示されており、現状では合意に至ってはいないようである。語源はさておき、中世においてもラテン語、ロマンス語を問わず「ヒスパニア」という語彙は史料に頻繁に登場するものの、極めて多義的に用いられており、捉えどころがない。この点で、現代における「スペイン」の一体性をめぐる議論と似ているのかもしれない。なぜなら、証言する個々人ごとに、その意味するところが微妙にずれてしまい、誤解を生んでしまうことが多いからである。

古代ローマ時代において、ヒスパニアはイベリア半島の属州を指す行政地理概念であった。これを継承し、地理概念としての「イベリア半島」という意味を前提としながら、半島社会における何らかの一体性を強調する場合が多いように思う。ちなみに同じく語源の特定できない「アンダルス」であるが、支配初期に鋳造されたバイリンガルのディナール金貨では、「アンダルス」と「ヒスパニア」が対応する語句となっている。

イベリア半島南のアンダルス社会であれ、次第に台頭してくる北のキリスト教諸国社会であれ、西ゴート王国統治時代という共通する過去を保有していた。言語的には、ラテン語と、これを俗語化した口語としてのロマンス語で互いに意思疎通が可能であった。法的にも、アンダルスのモサラベ社会、キリスト教諸国社会ともに『西ゴート法典』が共通の法源として用いられた。

政治的にも「ヒスパニア」という概念を用いた一体性を強調する場合がある。それがイベリア半島固有の「ヒスパニア皇帝」理念である。コルドバ「殉教運動」が発生してモサラベが北方へ亡命し、いわゆるレコンキスタ理念が醸成されていく9世紀のアストゥリアス王国で、この半島固有の皇帝理念が誕生している。その実態は摑みがたいものの、この称号が登場する時期と史料の記述を勘案するならば、キリスト教諸国のみならずムスリムの支配するアンダルスをも含んだ、イベリア半島全域に対する政治的覇権を意味する称号であったと考えるのが妥当と思う。

アンダルスでは次第に「イスラーム社会形成」が進行していき、ムワッラドが多数派となったことは明らかである。しかしそれでも一定の共属意識がアンダルス・ムスリム臣民と北のキリスト教徒社会との間にはあったと思われる。たとえばベルベル系のムラービト、ムワッヒド両王朝によるアンダルス支配時期、北のキリスト教徒に恭順すべきか否かで揺れ動く姿も歴史書には登場する。

さらに時間意識すなわち暦においても、イベリア半島固有の慣習が長らく存続した。ラテン語やロマンス語、そしてアラビア語で「ヒスパニア暦」あるいは「カエサル暦」の名で登場する固有の暦である。これは初代ローマ皇帝アウグストゥスによって実施された、全支配領域規模の戸口調査（ケンスス）を起源とする暦と当時考えられていたようであり、いわゆるユリウス暦の38年前を初年とする換算法である。この暦は、4世紀から西ゴート王国時代を経て、地域差を伴いながらもイベリア半島で使用され続けた。

しかしこの「ヒスパニア暦」の利用傾向自体に、半島諸国の地域性が強く現れている。この暦はカタルーニャではほとんど普及せず、12世紀に同君連合となったアラゴンもこれに影響される形で、13世紀を境にユリウス暦へと統一される一方、カスティーリャ王国では14世紀後半まで「ヒスパニア暦」が王国公式の暦であり続けた。言うなれば、11世紀頃の時点で、共通の過去と理念をある程度は共有していたイベリア半島の諸国家が、時代を経るにしたがって各々固有の道筋を選択していったことを暦の利用状況が示唆している。

まず政治・社会支配体制の面での、半島内の地域的差異を見てみたい。10世紀から11世紀にかけてキリスト教諸国が「封建革命」あるいは「封建変動」と呼ばれる社会激変を被ったことはよく知られている。この結果、カスティーリャ、レオン、アラゴン、ナバーラ、そしてカタルーニャがそれぞれ「封建化」したことは間違いない。しかし王権と軍事をもっぱら担う在地の所領貴族との間に取り結ばれた機構は千差万別であった。複数の類型に分類可能な都市分布（「自由」な辺境都市か？ 商業都市か？）、聖職者層の自立性をはじめとする多岐にわたる権力構造要因が絡み合いながら、諸国の各地域の支配を特徴づけた。

諸王国は身分制議会に代表される統治機構を保持していた点で共通している。しかしここでも各地域の固有性が頭をもたげてくる。カスティーリャ王国の場合、13世紀後半のアルフォンソ10世以後の歴代諸王によって、王国で統一された法制度の下で行政・財務機構の中央集権化が試みられ始めた。逆説的にも14世紀後半以後、「脆弱な」トラスタマラ系のカスティーリャ諸王は、自らの支配の正統性を確保するための諸改革が功を奏し、ある程度の成果を挙げることができた。しかしアラゴン連合王国の場合、同君連合の当初から内陸のアラゴンと、地中海に面したカタルーニャという「水と油」に近い領域を一人の王のもとで束ねなければならなかった。地中海方面への拡大を成し遂げた後も、同君連合を構成する政治単位ごとで、法制と議会は別々であり続けた。13世紀から14世紀前半にかけての華々しい「地中海帝国」への道とは対照的に、14世紀後半から15世紀にかけてのアラゴン連合王国の歴史は、政治的不安定さを常に内包したものとなった。

これに加えて言語の面でも、地域的差異は進行している。中世盛期までの共通語としてのラテン語は、各地の俗語に道を譲っていった。特に俗語化の傾向が著しいのが、カスティーリャ王国である。既に13世紀前半の聖王フェルナンド3世の時代からラテン語に代わる行政言語として用いられ始めたカスティーリャ語は、賢王と綽名される息子アルフォンソ10世の歴史・法律・科学における編纂事業を通じて、その地位が確固たるものとされた。一方のアラゴンでは、やはり連合王国であることがネックとなり、言語的な統一はなされず、その都度、ラテン語か、ロマンス諸語かを使い分ける必要があった。実際に当時の文書を読んでみても、カスティーリャ王国内の行政文書のほとんどが、現在のスペイン語の知識でほぼ読みこなせる中世カスティーリャ語で記載されているのに対して、アラゴン連合王国の文書は複数の方言が入り混じり、解読に非常に苦労するのである。

さらにキリスト教諸国の地域差が激しいのは、ムデハル共同体の分布である。11世紀以後のキリスト教諸国による個別の南下拡大政策の結果、各地で降伏し残留を決意したムデハルが取りこまれていくことは既に述べた（第10章参照）。カスティーリャ王国では、有名なトレードをはじめとするメセータ中央部の諸都市、そして現在のカスティーリャ＝ラ・マンチャ、エストレマドゥーラ両自治州域に点在した騎士修道会大所領を中心に、ムデハルが居住していた。しかし王国の人口比率からするならば、中世を通して圧倒的な少数派に留まったと結論付けざるをえない。

アラゴン連合王国では、カタルーニャ、アラゴン、バレンシアそれぞれで状況が全く異なる。カタルーニャでは15世紀末の時点で住民の1％程度であるが、アラゴンは約11％、そしてバレンシアは30％以上のムデハル人口を抱えている。その社会経済的状況も地域ごとで異なり、カスティーリャのムデハルは自らの信仰アイデンティティに直結するアラビア語の知識すら失っていくのに対して、農村部に集住する傾向の強いバレンシアにおいては、むしろアラビア語のみで生活し、キリスト教徒住民とも限定的にしか交わらない隔絶されたムデハル社会を築いていた。

なお、このムデハル分布がキリスト教諸国の「寛容度合い」を示すわけではないことは断っておかねばならない。むしろカスティーリャ王国では反ムデハル暴動が起きず、かたや最もムデハルが残存したバレンシアでは、ムデハルが猜疑の目で見られ、虐殺・暴動へと発展する場合が多かった。またバレンシアでは、ムデハル芸術が全く残存していない。

現在のスペインを旅しても痛感させられる地域的多様性は、既に中世において定着していたと言っても過言ではなかろう。

（黒田祐我）

46 スペイン近世国家のなかの諸地域
――複合王政の時代

第Ⅲ部でみたように、カトリック両王からハプスブルク朝にかけてのスペイン王国は「複合王政《モナルキア・イスパニカ》」によって治められていた。近世史家エリオットが提唱したこの概念は、中世以来の諸王国がそれぞれの政体、法、税制、言語などを維持したまま、統一的な国家制度をつくることなく、共通の君主（王朝）を戴くことによって緩やかに結びついた近世ヨーロッパの国制と、それを保っていくための君主による統治技法のあり方を表している。そのため、カスティーリャやカタルーニャなどのスペイン諸王国《レイノス・デ・エスパーニャ》だけでなく、ステュアート朝時代のイングランドとスコットランドや、中東欧のオーストリア・ハプスブルク家領などにも、この表現は当てはまる。

複合王政の下では、諸王国はひとつの王朝がそれぞれの君主位を家産として継承したことで結びついたにすぎず、エリオットが紹介する17世紀の表現を借りれば、「等しく重要なもの同士の《アエクェ・プリンキパリテル》」立場にある諸王国のあいだには制度上の支配・服従の関係はなかった。また君主と各王国の関係も、アメリカ植民地とは異なり軍事的な征服権にもとづくわけではないため、君主には身分制議会をはじめとする各王国の政体を改変・統合することは許されなかった。そのため、カスティーリャ王としては王権優位の統治が可能であったハプスブルク王家も、バルセローナ伯やバレンシア王としては、アラゴン連合王国の統治契約主義《パクティスモ》を尊重せざるをえなかったのである。

このような国制上の制約を抱えていたスペイン王権は、第19章でみたように、近世国家の統合理念としてカトリック信仰を重視した。レコンキスタを完遂した王権は、異教徒（ユダヤ教徒とイスラーム教徒）を追放・強制改宗に処し、隠れユダヤ教徒摘発のための異端審問所を各王国に設置した。またカスティーリャ王国では、個々の都市や聖俗団体の側からも、先祖に異教徒の血が混ざっている者（新キリスト教徒）を排除する「血の純潔」規約が設けられ、社会規範化していった。世俗面では各王国の政体が温存されていたからこそ、カトリック王《エル・カトリコ》が治めるカトリック王国《モナルキア・カトリカ》としての宗教的統一性が執拗に求められたといってよい。

その一方で、現実的な統治技法としては、王権が各王国の特権身分層との協力関係を維持できるかが決定的に重要であった。貴族、高位聖職者、都市支配層などからなる特権身分層は、領主権、大土地所有、都市当局の公職の占有、税制・商業・金融上の特権などにもとづいて、各王国における身分制秩序の頂点に立っていた。たとえば、アラゴン連合王国のなかでも、内陸のアラゴン王国では土地貴族が、地中海に面するカタルーニャ公国ではバルセローナの大商人をはじめとする有力市民層がその中核となり、身分制議会やその常設代表部を掌握していた。彼らは、特権にもとづいて地域民衆を支配する一方で、各王国の法や制度への侵害とみなされる改革や財政負担を王権が求めてくると、みずからの権力基盤である地域政体を守るために王権と対立することも辞さなかった。このように、王権と民衆という上下どちらの存在に対しても、既存の地域秩序を固守することが彼らの行動原理であった。そのため、複合王政の安定のためには、王権が各王国の政体を尊重し、王国ごとの特権身分層からの忠誠を維持していくことが必要だった。逆にいえば、スペイン王権による統治が揺らいだのは、民衆蜂起が起きた時ではなく、各王国の実権を握る特権身分層が離反した時であった。

たとえば、1568年に反乱が始まったネーデルラント諸州では、異端審問所の導入などに対するカルヴァン派の反発とあいまって、スペイン王権による強権的な統治が各州議会を占める貴族層の反発を招き、北部7州は1581年にハプスブルク家の君主権を否定し、オランダ連邦共和国の形成に向かうことになった。また、フェリーペ2世が王位を継承したポルトガル王国でも、17世紀になるとオランダにブラジルを攻撃されるなどスペイン王国の一員であるがゆえの不利益を被り、オリバーレス伯公爵の軍隊統合構想《ウニオン・デ・アルマス》でも重い軍事負担を求められたため、1640年12月に貴族層に担がれたブラガンサ朝が独立を宣言した。オランダとポルトガルは複合王政からの離脱が成功したヨーロッパでも数少ない例であるが、たんなる民衆蜂起ではなく、各地域の特権身分層が主体になった分離運動であったことがその背景にあった。

これに対してカタルーニャでは、より複雑な展開がみられた。軍隊統合構想に反発するカタルーニャ特権身分層は、フェリーペ4世が議会を召集しても軍事負担を拒否し、対仏戦争のために国王軍が駐屯することにも反発していた。そのようななか、1640年6月に農民暴動が発生して国王の代理人たる副王の死亡という事態にいたると、特権身分層もスペイン王権への反乱に踏みきった。ただし、民衆暴動によって既存の身分制秩序が乱されることを恐れた特権身分層は、フランス王ルイ13世をバルセローナ伯として推戴し、スペイン王権からの分離と同時に、フランス王権の下での地域社会の安定化を図った。その後、フランス軍駐屯にカタルーニャ各層が不満を募らせると、1652年に特権身分層はスペイン王権に帰順したが、旧来からの地域政体は維持された。この一連の行動は、上下からの挑戦を退けることで、地域政体とそのなかでの身分制支配を守ろうとする地域特権身分層としての典型的なものであったといってよい。

なおカスティーリャ王国では、レコンキスタ期の再植民のために広大な農村部への管轄権が都市当局に与えられたため、それを掌握する都市寡頭支配層が大貴族とならんで特権身分層の中核を担っていた。近世にはカスティーリャ王国でも官僚機構がまだ弱体であったため、王権は在地社会を掌握する都市支配層に徴税などを委託せざるをえなかった。アラゴン連合王国と比較すれば王権による裁量の余地は大きいとはいえ、カスティーリャ王国もまた、特権身分層との協力関係を必要とする統治体制であったといえよう。このカスティーリャ都市支配層も、第15章でみたように、１５２０年代初頭のコムニダーデスの乱初期には王権への掣肘を試みたが、民衆による市政開放要求や反領主制蜂起が始まると、地域の身分制秩序が動揺することを嫌って最終的には王権に帰順している。

したがって、王権がスペイン王国を安定的に治めていくためには、カスティーリャも含めた各王国の地域政体と身分制秩序を尊重しつつ、マドリードの宮廷や各王国の副王府での官職分配や恩顧関係をつうじて、その地の特権身分層からの忠誠を保ちつづけることが必要であった。複合王政の時代における近世国家と地域の関係とは、このような王権と各王国の特権身分層のあいだの緊張をはらんだ関係に集約されるといってよい。

その一方で、近世ヨーロッパでは、特権身分層を頂点とする身分制社会の構造が厳然として存在し、身分階層を超越して人々を統合するようなアイデンティティ意識はまだ生まれていなかったが、それは複合王政の下にある諸王国のレベルでも同様であった。そのため、たとえば17世紀のカタルーニャ反乱を「カタルーニャ人」全体を糾合した民族的な抵抗運動として描き出すことは、歴史学の立場からは慎まねばならない。ただし、これは民衆の存在を無視してよいということではない。むしろ、民衆蜂起に際しての「国王万歳、悪政に死を」という掛け声が象徴するように、民衆にとっての王とは、圧制を排して公共善を実現してくれるはずの、父なる存在として思い描かれた点に留意すべきである。それをふまえて、近世における王権・特権身分層・民衆という三者の関係を地域ごとに検討することが、この時期の国家・地域関係の実像に近づくことにつながるであろう。

いずれにせよ、スペインの複合王政は新組織王令によって終わりを迎えた。スペイン継承戦争の勝者たるブルボン王権は、１７０７年にはアラゴン王国とバレンシア王国の、１７１６年にはカタルーニャ公国の政体を廃してカスティーリャ王国の政体を導入し、スペイン王国の制度的な統一をほぼ達成した（ただし、ブルボン朝を支持したバスク、ナバーラは中世以来の地方特権《フエロス》を維持した）。これによってアラゴン連合王国が解体され、カタルーニャでは行政・裁判でのカスティーリャ語強制が始まったことは事実である。しかしその一方で、18世紀のカタルーニャでは新興ブルジョワが国内関税の消滅したスペイン市場とア

現在のスペイン国旗に描かれた国章。盾の部分にカスティーリャ（城《カスティーリョ》）、レオン（獅子《レオン》）、アラゴン連合王国（金の地に４本線の赤）、ナバーラ（鎖）、グラナダ（ザクロの実《グラナダ》）が描かれ、中央にはブルボン王家の紋章（ユリの花）がある。複合王政時代における王の紋章の名残をとどめている

メリカ植民地市場を活用して経済成長を実現したように（第23章参照）、複合王政が解体した状況を逆手にとって利用した地域エリートの積極性にも注目しなければ、近世から近代へとつづく時期の地域社会がもっていた活力を見落としてしまうだろう。

（内村俊太）

47 近代国家と地域ナショナリズムの関係

——国民国家化の副産物

前章で見たように、ブルボン朝スペインはそれまでの複合王政を大きく変え、中央集権化を進めた。しかし、スペイン継承戦争で自らに味方した一部地域の特権を保障したため、厳密な意味での法的一元化は18世紀の時点では達成されず、各地域の歴史的な一体性が解体されたわけではなかった。

19世紀は、その他のヨーロッパ諸国同様、スペインも国民国家建設を目指した時期であった。しかし19世紀末にヨーロッパがナショナリズムの時代に入った時に、スペインでは、国家の一体性を不可欠の前提とするスペイン・ナショナリズムへの対抗として、地域ナショナリズムが誕生し、両者の対立構図は現在まで続いている。こうした地域ナショナリズムが現在においても相対的に強い理由として、スペイン人という国民意識形成の難しさが指摘されている。主な理由として、中塚次郎は以下の点を挙げている。

まず、19世紀では学校教育が十分には普及せず、識字率が低かったことから、公用語たるスペイン語の浸透に遅れが生じた。その結果、普段人々の間で使われる地域の言語が廃れることはなかった。

また、他国では徴兵制及び軍隊が故郷や階級の異なる人々に共通の経験をもたらし、国民統合の機能を果たし得たが、スペインではその役目を果たさなかった。国内の社会秩序が混乱すると、しばしば軍隊が投入されたため、市民の間で反軍感情が高まった。そして富裕層を対象とした兵役免除制度は、あからさまに経済格差を市民に見せつけた。極めつけは軍隊の置かれた環境であった。衛生環境や武器装備の劣悪さゆえ、平時においても病死・事故死率が高く、19世紀末の植民地戦争においては兵士の約2割が死亡した。スペイン統合のシンボルとなり得る国旗・国歌も定着しなかった。国旗のデザインは幾度となく変更され、国歌の歌詞は20世紀まで制定されなかったのである。

ところで、国民国家を形成しようという議論は、スペイン独立戦争の最中、自由主義者によって開かれたカディス議会で初めて行なわれた。彼らは、スペイン各地域が有しているそれぞれの一体性が尊重されなければならないとしつつも、新しい諸制度の中で様々な人と緊密な関係を築くためには、地域語を放棄する必要があると主張していたのである。こうしたカディス議会の行為は、ナポレオンの軍隊がスペインから撤退してフェルナンド7世が復権するとすべて否定されて絶対王政が復活したものの、いわゆるアンシアン・レジームの解体と国民国家の形成に向かう流れは不可避であった。

フェルナンド7世の死去に伴い自由主義者が政府に加わると、1833年に地方行政の強化を目的として県《プロビンシア》制度が導入された。全国を49県とするもので、1927年にカナリア県が2県に分割されて全50県となった以外は現在まで変更されていない。ただし、第49章で後述する20世紀末の自治州国家体制の成立後は、県の行政権限が大幅に減じられている。

また1833年には、県の上位区分としての地域《レヒオン》が構想された。全国を15の地域とするもので、その区画としては歴史的要因が重視された。しかし、各地域を正式な行政区画へと格上げする試みは幾度となくなされたが、実現することなく1873年に第一共和政が成立することとなった。

図１　県制度と地域構想

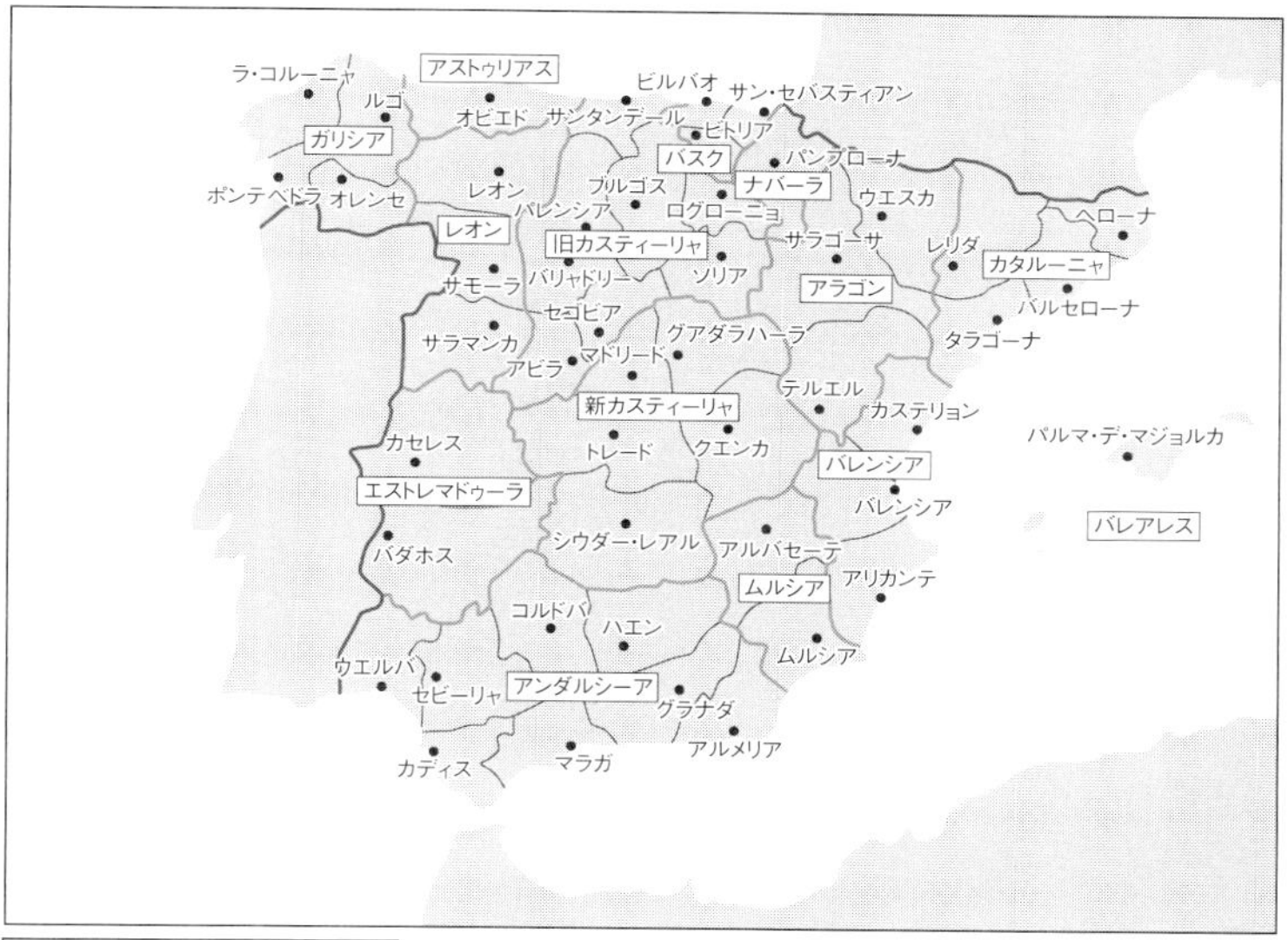

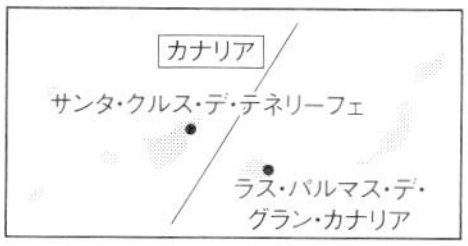

細線は県境、太線は想定されていた地方境であり、□内はその地方名。
出所：立石博高他編『スペインにおける国家と地域』国際書院、2002年、22頁を一部加工。

成立した県制度や地域の構想は、治安維持や地方行政の合理化および経済開発が目的であり、地域の独自性を尊重するためのものではなかった。対して、第一共和政における連邦構成国家《エスタード》（邦）は、極端な中央集権制を修正し、分権的な地方自治を導入しようとしたことから、それまでの発想とは異なる連邦共和主義をめざすものであった。他方、領域区分については、それまでに構想されていた地域と大差なかった。しかしこの連邦制の試みは、第一共和政そのものが短命だったため、ほとんど実効性を持たなかった。

このように、第一共和政期における連邦共和政の試みを除けば、県の導入や地域の構想は中央集権化を目的としていた。しかし結果的に、これらの試みでは国民国家としての統合を強めることはできなかった。導入または構想された制度は、人々の生活圏を無視する人工的・均一的なものではなく、古くから存在する歴史的なつながりを重視していたため、国民国家としての統合を促進させるものではなかったと考えられる。

１８７４年に王政復古体制になっても地域を設定する試みは続けられたが、多くの場合、１８３３年の地域構想が下地になっていた。その一方で、19世紀末にいちはやく工業化を遂げたカタルーニャとバスクで地域ナショナリズムが生まれたため、もはや行政単位としての「地域」が問題となる段階は終わりつつあった。

くわえて１８９８年の米西戦争の結果は、地域ナショナリズムの拡大を許すことになった。同戦争に敗れた結果、地域からスペインを立て直すべしとの声が地域ナショナリストから上がったのである。一般に戦争は愛国精神を駆り立てるのに寄与すると考えられているが、米西戦争は、スペイン・ナショナリズムを強めるよりも、むしろ地域ナショナリズムの台頭をもたらしたのである。

したがって20世紀に入ると、王政復古体制は地域ナショナリズムへの対応を迫られることになった。地域ナショナリズムはスペイン国家と正統性を巡って争い、カタルーニャやバスクにおいて王政復古体制に挑戦した。この頃の地域ナショナリズムは、保守派の系譜であることが特徴である。中でも１９０６年に保守的なリーガ（地域主義連盟）を中心に結成された「カタルーニャの連帯」は、カタルーニャの歴史的個性の尊重を要求した。「カタルーニャの連帯」は勢力を拡大し、１９０７年の総選挙ではカタルーニャにおいて圧勝した。以後、全国政党はカタルーニャでの勢力確保が困難になったのである。

選挙戦の勝利に並行して、リーガは全国各地で宣伝を行ない、ガリシアではカタルーニャの動向に呼応して「ガリシアの連帯」が結成された。バスクでは1907年にビルバオ市長が地域ナショナリストから選出され、1917年には地域ナショナリストがビスカーヤ県議長になった。この頃から、各地の地域ナショナリズムの中でも、カタルーニャの地域ナショナリズムが大きな影響力を持つようになっていった。

王政復古体制は、全国規模でのナショナリズムが弱かったスペインにおいて、いくつかの改革を試みて、地域ナショナリズムの高まりに対処しようとした。例えば、国民から評判の悪かった徴兵制では、兵役期間の短縮制度は残ったものの、兵役免除制度を廃止した。また地方分権化を推進し、県・市町村の権限拡大を試みた。

しかし地域ナショナリズム興隆の流れに抗うことはできず、カタルーニャを統合する目的で1913年にカタルーニャ4県からなる県連合体《マンクムニタット》が承認された（発足は翌年）。県連合体は、立法機関を持たない行政的性格の強い制度であったが、各県が拠出する財源をもとに、産業基盤の整備やカタルーニャ文化の振興に成果を挙げた。自治権の獲得という観点から見れば、県連合体は程遠い存在であったが、県より広域の連合体が承認された意味は小さくなく、各地域がこぞってカタルーニャに続けと県連合体の設置を求めたのである。

第一次世界大戦の不参加を決めたスペインは、未曾有の経済成長と社会変容を経験した。その結果、王政復古体制は限界を露呈することとなり、地域ナショナリズムはますます盛り上がり、彼らは自治権を要求するようになった。また、インフレに苦しむ労働者がストライキを展開し、それを背景に社会主義者やアナキストによる活動が激化した。この時期の地域ナショナリストはブルジョワジーなどの保守的な勢力が主流であったため、彼らによる王政復古体制への挑戦が社会革命路線と混同されることをおそれ、下からの運動とは一線を画した。しかし、体制に危機をもたらしたという点では、両者の運動は同じ意味を持った。王政復古体制が機能不全となったことは、最終的にプリモ・デ・リベーラによるクーデタをもたらした（1923年）。結果、軍事独裁体制が築かれ、王政復古体制が経験していた危機は一時的に収束したのである。

軍事独裁は地域ナショナリズム運動を弾圧し、カタルーニャの県連合体は1925年に廃止された。地域ナショナリズムの復権は、第二共和政の誕生まで待たねばならなかった。

（永田智成）

48 第二共和政およびフランコ体制下における地域

――自治権の付与と撤回の歴史

中塚次郎によれば、プリモ・デ・リベーラによる独裁体制は、地域ナショナリズム勢力に以下のような変化をもたらした。第一に、独裁が共通の敵となったため、各地の地域ナショナリストの結束が進んだ。そして、共和政樹立と社会改革を目指す左派が地域ナショナリストに接近したのである。第二に、これまで地域ナショナリズム運動を牽引してきた保守的な勢力が、独裁に協力的な姿勢を示したため、地域ナショナリストの中で保守派は権威を失墜させ、代わって左派寄りの勢力が台頭した。第三に、地域ナショナリストの大多数は、自治権拡大のためには共和政樹立が必要であると考えるようになったことである。

プリモ・デ・リベーラ独裁体制は、経済政策の失敗などにより1930年に倒れ、続いて国王アルフォンソ13世も国外に亡命したため、王政が崩壊し、第二共和政が成立した。第二共和政の成立には、左派寄りの地域ナショナリストも協力した。他方、保守系のリーガとバスク・ナショナリスト党（PNV）は、共和主義者や社会主義者とともに左派カタルーニャ・ナショナリストが参加した共和政樹立のためのサン・セバスティアン協定には調印しなかった。

地域ナショナリストの協力を仰いで成立した第二共和政は、開始から相反する政策を実行しなければばならなかった。まず、王政のアンチテーゼとして共和政が成立したため、王政の認めなかった自治権を認定する必要があった。自治権の付与は、共和政樹立に協力した地域ナショナリストからの支持をつなぎとめるためにも必要であった。他方、共和政樹立に尽力したその他の勢力は、広範な自治権の設定が中央政府の権限を減退させ、必要な社会改革の遂行にとって阻害要因になることを危惧していたため、自治権拡大に歯止めをかけようと考えていた。

そのため、当初はカタルーニャのみに自治権を付与する方向で調整が図られた。この判断がなされた理由のひとつは、前章で見たように、カタルーニャにおいて、全国政党の影響力が及ばないことにあった。中央政界では1931年から33年にかけて左派が政権を握り、同政権は共和政樹立に協力した左派カタルーニャ・ナショナリストを取り込むことで、カタルーニャでの共和政の安定を図ろうとしたのである。他方、バスクではカトリック的で保守的なPNVがバスク・ナショナリストの主力であったため、彼らに自治権を付与することでバスクが反共和政の牙城となることを恐れ、中央政府はバスクの自治権付与について当初検討課題としなかった。ガリシアのナショナリズムは相対的に脆弱であり、特段の対応はなされなかった。これらの方針から、保守的な地域ナショナリズムには自治権を与えないという中央政府のメッセージが見て取れる。

カタルーニャの自治権問題は、憲法制定議会で議論されることとなった。しかし、いざ自治権の中身の議論になると、地域ナショナリストの考えと中央政府の考えに大きな隔たりがあることが明らかになった。カタルーニャでは、連邦制を前提とした広範な自治権を獲得する自治憲章案が住民投票を経て可決したのに対し、憲法制定議会における憲法草案での議論では、連邦制の導入を否定し、限定的な自治権を付与する方向で話が進められたのである。その後、議会において地域ナショナリスト勢力と中央政府の間で様々な妥協が図られた結果、スペインは連邦制国家ではなく統合国家《エスタード・インテグラル》であると定義され、自治権は自治憲章が成立した地域に与えられることとなった。自治憲章が成立するためには、当該地域の市町村議会において総議員の3分の2の賛成をもって発議され、住民投票において有権者の3分の2の賛成を得たうえで、国会での承認という三段階の手続きが必要となった。

こうした1931年憲法の規定は、批判にさらされた。ひとつは、自治憲章の発議に必要な票数のハードルが高すぎることである。中央政府はカタルーニャにのみ自治権を付与する予定であり、カタルーニャだけがこのハードルをクリアできると思われた。実際、カタルーニャの後を追って挑戦したバスクとガリシアでは、この条件に苦戦した。もうひとつは、自治憲章案が住民投票で賛成を受けてから国会で審議されるため、自治憲章案は国会で大幅に修正される可能性が高く、住民投票の正統性が失われる恐れがあったことである。実際、カタルーニャの事例においても、国会での議論を経た結果、自治権は大幅に縮小された。例えば、地域言語であるカタルーニャ語はスペイン語とならんで地域の公用語とされたが、教育言語とすることは認められなかった。

カタルーニャ共和主義左翼（ERC）などの急進的な勢力はこのことに反発したが、カタルーニャ・ナショナリストの主力は、まずは自治権が付与されることを是とし、連邦制実現を将来の課題として妥協したのである。確かに、県連合体に比べれば、自治の水準は高まっており、彼らはカタルーニャに明示的に自治権が設定された事実を重視したのである。

こうして1932年に自治憲章が承認され、カタルーニャ自治政府が成立した。このことは以下の二つの結果をもたらした。ひとつは、カタルーニャの事例が自治政府のモデルになったことである。カタルーニャの自治権を超える要求は非現実的とみなされ、同モデルが自治権の要求に制約を課すことになった。もうひとつは、その他の地域ナショナリストがカタルーニャだけ優遇される状況に反発したことである。

それだけにカタルーニャは、バスクやガリシアといった他の地域が自治権を獲得できるように尽力した。それは三地域名をとったガレウスカ協定として結実した。しかし、結果としてガレウスカ協定は意味をなさなかった。そもそも保守的なＰＮＶとＥＲＣは路線の違いを抱えていたが、１９３３年末の総選挙では自治権に無関心な中道勢力が勝利し、翌年の10月革命によってカタルーニャ自治憲章が停止されるという状況において、ガレウスカ協定は有効に機能しなかったのである。それでもバスクは、１９３３年に自治憲章案を住民投票においてなんとか承認にこぎつけ、内戦開始直後の国会審議の結果、共和国から自治権が与えられた。ガリシアにおいても、不正が指摘されるものの、１９３６年に自治憲章案が住民投票を通過した。内戦勃発により、ガリシアの自治憲章案が国会で審議されることはなかったが、住民投票を通過したという事実は、後の自治州国家体制において特別な扱いを受けるという重要な意味を持ったのである。

１９３６年に成立した左派による人民戦線政府は、カタルーニャの自治権を復活させ、他の地域の自治権獲得に好意的な姿勢を示した。しかし、上記三つ以外のいずれの地域の挑戦も自治憲章案の住民投票にまで漕ぎ着けることができず、スペインは内戦へと突入したのである。

内戦はクーデタを引き起こした反乱軍が勝利し、その結果フランコ体制が成立した。フランコ体制の政策は、一言で言えば、第二共和政の否定であった。フランコ体制は、誕生当初から中央集権化を目指した。１９５８年の政令で中央政府から派遣される県知事《ゴベルナドール・シビル》を各県の最高責任者として中央政府－県知事というトップ・ダウン方式の指揮命令系統を整備し、市町村を含めた地方が中央政府の意向に従う強力な中央集権体制を作り上げたのである。また、ひとつのスペインという観念を植えつけるべく、地域ナショナリズムを否定し、バスクやカタルーニャの自治権を廃止した。公的な場での地域言語の使用は禁止され、カスティーリャ語（スペイン語）の使用が義務付けられたのである。

このようにフランコ体制はひとつのスペインを建設すべく、スペイン・ナショナリズムを高揚させる方針を貫いた。フランコは１９３７年に政党統一令を発布して全政党を解散させ、ファシズム政党を母体に諸勢力を合流させて「伝統主義とＪＯＮＳのスペイン・ファランヘ」（たんにファランヘとも）を結成した（第36章）。上記の政党を包含した国民運動《モビミエント・ナシオナル》はフランコ体制を通じて唯一公式の政治組織として存在したが、党員数のピークは内戦末期の約80万人にとどまり、大衆を大規模に動員できる勢力とはならなかった。

法律の分野では、確かにフランコ基本法（フランコ体制における事実上の憲法）七法が成立したが、フランコ体制以前に成立した刑法や刑事訴訟法といった法律は、一部の改正を除き、体制末期までそのまま存続した。特に民法典においては、地域の慣習法が否定されなかったのである。

１９６０年代に入ると、植民地解放闘争に影響を受けた新しい地域ナショナリズム運動がバスク、ガリシア、カナリアで生まれた。それを代表するものが、「祖国バスクと自由（ＥＴＡ）」による武力闘争であった。効果的な反体制運動が乏しかったフランコ体制において、ＥＴＡは一定の共感を得た。

そして、ＥＴＡは１９７３年にカレーロ・ブランコ首相の爆殺に成功し、武力闘争が有効であると捉え、その後のみずからの路線としたのである。

このようにフランコ体制は、一体のスペインを作り上げるべくスペイン・ナショナリズムを高揚させようとしたが、部分的な成功しか得られなかった。他方、「地域」に類する制度の設定をフランコは最後まで拒絶した。体制末期のアリアス・ナバーロ政権期に地方自治憲章が制定されたが、その成立はフランコの死後であり、施行に至っては、スアレス首相が再三の施行延期を指示し、同法は暫定自治州《プレアウトノミーア》設置の根拠法になったに過ぎなかったのである。

（永田智成）

49 自治州国家の構造
——進行形の制度

フランコ体制期のスペインは、財政的にも過度な中央集権体制であったが、１９７５年のフランコ死後に開始された民主化と共に地方分権化が進められた。現在のスペインは、17の自治州と二つの自治都市から構成されており、自治州国家《エスタード・デ・ラス・アウトノミーアス》または自治国家《エスタード・アウトノミコ》と称されている。

１９７８年に成立したスペイン憲法は第２条において、スペイン・ネーションを統一の単位としつつ、諸民族体《ナシオナリダーデス》と諸地域の自治権の保障を謳っている。また、第８編第３章では、自治州について規定されており、自治州の設置方法（１４３条・１５１条）や、中央政府と自治州政府それぞれの排他的権限（１４８条・１４９条）が規定されている。ただし、憲法が定めている自治州の権限は、実際に有することができる権限の一部でしかなく、各自治州が有する権限は、各自治州が作成する自治憲章の内容に委ねられている。

各自治州は、一院制の州議会と行政府を有し、州議会議員は、各県を単位とした比例代表制の選挙によって選出される。州議会は、憲法の規定に反しない限り、州内で効力を発揮する法律を自由に制定することができる。州議会での指名に基づいて選出される州首相の儀典における序列は高く、その治める州内においては、中央政府の副首相よりも上位に位置付けられる。

図１　自治州国家体制の成立

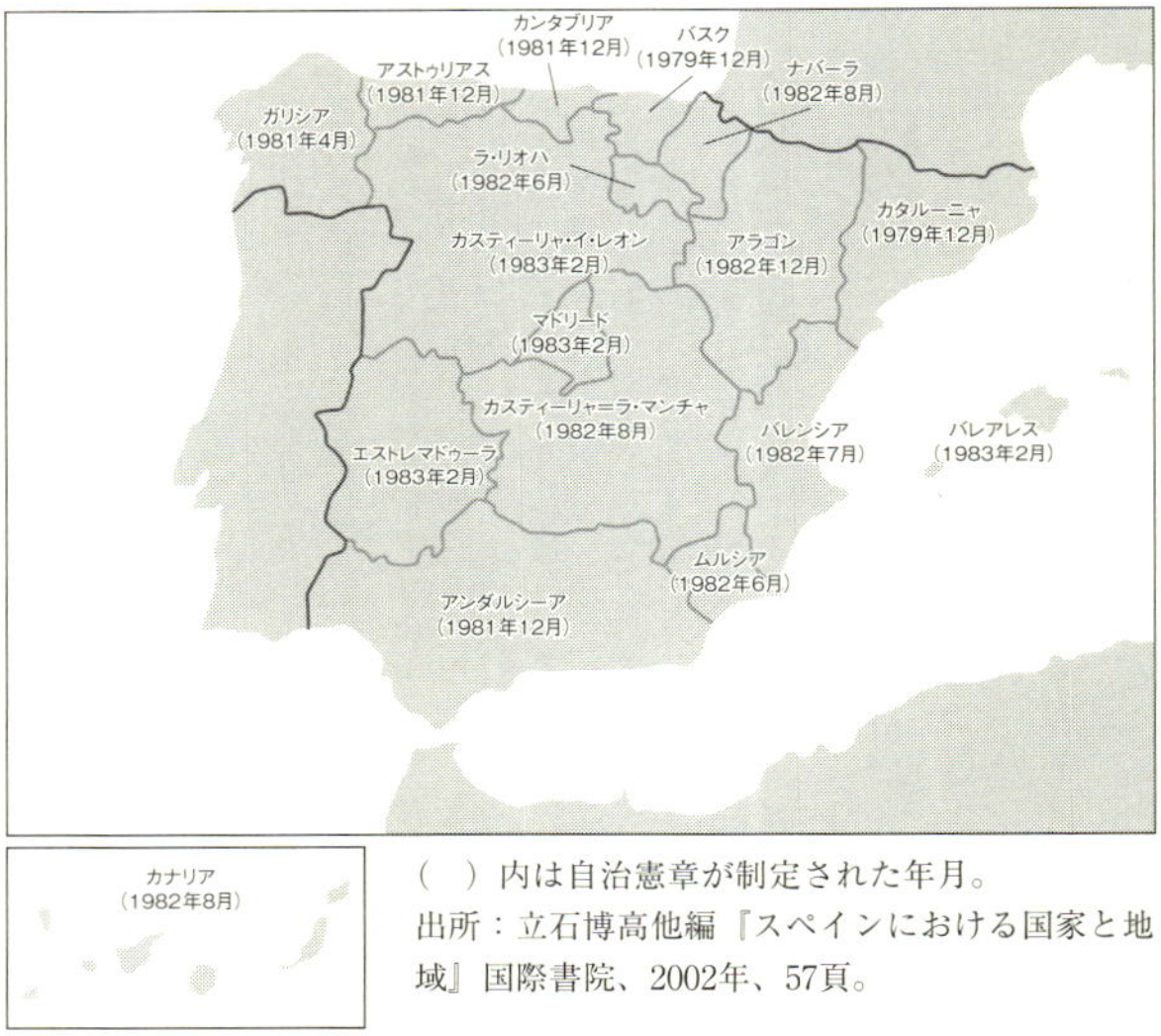

（　）内は自治憲章が制定された年月。
出所：立石博高他編『スペインにおける国家と地域』国際書院、2002年、57頁。

こうした自治州国家体制は、間に合わせの対応として民主化期に導入されたものである。そのため自治州の設置は、体系的には行なわれず、複雑な様相を呈した。憲法では、二つのレベルの自治州の設置方法が規定され、俗に低速ルート・高速ルートと呼ばれている。低速ルートによる自治州設置は、手続きが容易であるが、自治州設置から5年間は自治権が制限された。他方、高速ルートによる自治州は、低速ルートのように自治権が制限されることはないが、自治州設置の発議と自治憲章制定のための住民投票が必要となるため、低速ルートに比べて、設置のハードルは高かった。ところが、中央政府は1977年10月のカタルーニャ暫定自治州を皮切りに、憲法が公布されるまでに14の暫定自治州を誕生させた。そのため、自治州の設置は既成事実化され、憲法起草における議論は自治州の設置を前提としたものとなり、憲法公布後の実質的な作業は、暫定自治州を自治州として追認することであった。

では、なぜ憲法の公布を待たずに暫定自治州という形で自治州の設置が急がれたのであろうか。それは、地域ナショナリズムが問題化すると、全国レベルでの民主化プロセスに支障が出かねなかったため、それを回避するためには自治権の付与が有効であると考えられたからである。前章で見たように、カタルーニャ、バスク、ガリシアは、第二共和政期に住民投票において自治憲章案が承認された地域であり、地域ナショナリズムが活発な地域であった。民主化期の中央政府は、こうした地域に自治権の付与、すなわち自治州を設置することで、地域ナショナリストの懐柔を図ろうとしたのである。ゆえに当初中央政府は、地域ナショナリズムが強いと考えられていた上記三地域に限定して自治権を付与しようとした。この三地域が当初から特別扱いを受けていたということは、憲法の経過規定において、三地域が住民投票を行なわなくても高速ルートによる自治州設置が認められていたことからもわかる。他方、第二共和政期の自治権とは切り離して考えるよう地域ナショナリストに中央政府が要請した点も自治州国家体制成立過程の特徴である。

憲法が公布された後、中央政府は、カタルーニャ、バスク、ガリシアを除いた11の暫定自治州を低速ルートによる自治州として成立させようとしたが、その方針にアンダルシーアが反発した。アンダルシーアは、カタルーニャ、バスク、ガリシアのみが特権的な自治州であることを容認できないとし、憲法に規定された高速ルートに挑戦すると表明したのである。

中央政府は、高速ルート挑戦にかかる手続きの煩雑さやコストの膨大さを理由にアンダルシーアによる高速ルート挑戦に反対した。議会制民主主義が誕生したばかりのスペインにおいて、政治過程の大半を自治州設置プロセスに占められるわけにはいかなかったからである。しかし、アンダルシーアは中央政府の反対にもかかわらず、住民投票などの手続きを強行し、最終的に自治憲章案が住民投票において賛成多数となり、高速ルートによる自治州となった。この結果を受けて、バレンシアとカナリアも高速ルートに挑戦する意向を示したのである。

中央政府は、高速ルートに挑戦しようとする自治州に歯止めをかけ、また、各自治州が有する権限を均一にすべく、１９８２年に与野党間で自治州協定を締結した。この協定では、憲法の規定に従った高速ルートによる自治州への挑戦は、アンダルシーアが最後であると確認され、カナリアとバレンシアは、特例により手続きなしで高速ルートによる自治州となった。また、スペインは17の自治州から構成されると確認され、すでに述べた地域（カタルーニャ、バスク、ガリシア、アンダルシーア、バレンシア、カナリア）以外には、歴史上長らく地方特権《フエロス》を享受してきた経緯のあるナバーラのみが高速ルートの自治州とされた。それ以外の地域は全て低速ルートによる自治州とされた。この与野党間の合意は、「自治プロセス調整組織法（ＬＯＡＰＡ）」として結実した。自治州の領域については、マドリードをはじめいくつかの県が単独で一州として成立し、ナバーラがバスクと分離したものの、基本は１８３３年に構想された「地域」が踏襲された。

しかし同法により、全自治州に認められることになった州政府、州議会、州の高等裁判所の設置は、高速ルート自治州の特権であると考えられていたため、カタルーニャとバスクの両自治州政府は反発し、ＬＯＡＰＡが違憲であると憲法裁判所に提訴した。結果は、ＬＯＡＰＡの大部分が違憲であるとする判決であった。裁判所は、中央政府が自治州プロセスを主導することは認められず、また憲法の欠缺を法律で補完することは出来ないと判断したのである。このため中央政府は、違憲とされた箇所を削除して「自治プロセス法（LPA）」として施行しなおした。その結果、自治憲章の交渉では、自治州ごとに中央政府と自治州政府の交渉が行なわれ、自治州によって自治憲章の内容が相違することとなった。1983年までに17の自治州による自治州国家体制が発足したが、各自治州が有する自治権を同質化するという中央政府の試みは、失敗に終わったのである。

スペインのネーションはスペインのみであるとする中央政府の立場からすれば、自治州によって有する権限の範囲が異なる不均一な自治州国家体制というのは、統治の効率性という観点から都合が悪かった。他方、低速ルートの自治州は、高速ルートの自治州と同等の権限を有することが悲願であった。その動きは、全ての低速ルートによる自治州が成立から5年が経過した1988年に自治州の同質化に関する議論として再燃した。すでに述べたように、低速ルートによる自治州は、成立から5年間は自治権が制限されていた。同質的な自治州国家体制を導入したい中央政府ではあったが、LOAPAが違憲となったように、中央政府が主導して各自治州が有する権限を均一にすることは認められなかった。そこで中央政界において、1992年2月に再び与野党間で自治州に関する協定が締結され、同年12月に「憲法143条によって成立した自治州への権限委譲に関する組織法」が成立した。これにより、いわゆる低速ルートの自治州に対して、新たに教育などの30項目の権限が中央政府から自治州政府へと移管され、実質的に高速ルートと低速ルートの自治州が有する権限に差がなくなったのである。

これまで見てきたように、自治州国家体制は、自治州を設置するという理念が先行し、具体的な自治権の中身については、議論が先送りされてきた。言い換えれば、自治州国家体制は現在進行形で自治権の拡大が可能なシステムであった。この性質は、カタルーニャなどの地域ナショナリストに自治権の拡大という目標を与え、スペインという国家の枠内で活動することへのインセンティブを与えた。一部、バスク地方ではＥＴＡによるテロ事件が発生したが、それが治安の問題とはなっても、民主主義への脅威とはならなかったのである。

他方、いつまでも拡張する可能性を秘める自治州国家体制は、中央政府にとって都合の悪いものであった。そこで１９９６年に成立したアスナール政権は、それまで中央政府が掌ってきた移管可能な権限を全て自治州政府に移管し、自治州国家の完成を目指した。その目的のため、１９９８年までに大学等の高等教育に関する権限を自治州政府に移管し、２００1年には国立保健機構（ＩＮＳＡＬＵＤ）を廃止して、保健衛生分野の権限を自治州政府に移管した。この時点で、政府から自治州政府へ移管できる権限を実質的に全て移管したと言える。

連邦制国家の比較研究をしているスウェンデンによれば、自治州国家体制の非対称性は年を追うごとに解消されていき、現在の自治州国家体制は、上院が地域代表議会として機能していないこと、中央・自治州政府間の利害調整のための閣僚会議がわずかしか開かれていないといった連邦制国家が成立する上での重要な特性を欠いているものの、その他の連邦制国家が有すべき特性のほとんどを有している。実際、今後スペインが連邦制国家へと生まれ変わったとしても、自治州政府が有する権限に劇的な変化は生まれない。連邦制導入の主張が大きなインパクトを持っていないのがその証左である。自治州国家体制は誕生から30年を経て、連邦制国家と遜色のないレベルになったのである。

（永田智成）

コラム 12

《国家と地域の諸相》
スペインの諸言語と地域ナショナリズム

中世の時代にカスティーリャ地方に端を発して拡大したスペイン語（カスティーリャ語とも）が近代以後スペインの正統かつ唯一の言語であるという理解は、地域固有の言語を母語とする諸地域の言語的・文化的独自性の主張と往々にして対立し、少なからぬ摩擦や紛争を引き起こしてきた。20世紀の内戦と独裁を経てようやくスペインは1978年、民主的憲法を獲得したが、それは国家と諸地域のこうした対立に和解の道を開こうとするものであった。

1978年憲法は、「スペイン国民《ネーション》のゆるぎない統一」を前提としながらも、地域固有の言語をもつ地域を民族体《ナシオナリダー》と規定して、多言語社会の現実に向き合おうとした。スペインという国家《ステイト》の公用語はカスティーリャ語であるが、設立される自治州において地域固有の言語が存在する場合にはそれを各自治州内の公用語として設定する権利を保障したのである。総じて、「スペインにおける言語的様態の豊かさ」は、「尊重と保護の対象」たる文化財であるからだ（同憲法第3条）。

この憲法規定にしたがって、現在、州内公用語をもつ自治州は六つで、カタルーニャ、バレアレス諸島、バレンシアではカタルーニャ語（バレンシアではバレンシア語と呼ぶ）、ガリシアでガリシア語、バスクとナバーラでバスク語が、それぞれスペイン語とともに公用語である。さらにカタルーニャ自治州ではアラン渓谷で使われるアラン語（オック語アラン方言）が、自治州発足の当時は自治州内の言語様態の豊かさのために「保護の対象」となり、2006年には州内公用語の地位を獲得している。そのほか公用語にはなっていないが保護の対象とされる固有言語として、アラゴンのアラゴン語、アストゥリアスのアストゥリアス語（バブレ語）などがある。

スペインにおける言語的様態の多様性は、古代から中世にかけて数々の民族が到来し、さまざまなかたちで地域性が維持されていったからにほかならない。言葉は、ある社会集団と他の社会集団とを区別するマーカーであり、集団に属する人びとの共属意識の維持にとって格好の要素であったからである。そして社会集団の政治的地理的な拡大や縮小の動きに応じて、言語人口も拡大あるいは縮小しているのである。

図1は地域固有の言語として比較的大きな広がりをもつバスク語、カタルーニャ語、ガリシア語の分布図であるが、言語分布と自治州区分とは重なり合わないことに注意したい。これらの言語分布のうちスペイン国家内でカスティーリャ語を母語とする地域は、全体のおおよそ7割の面積にすぎないことにも注意したい。

もっとも、歴史的に見ればカスティーリャ語は、北部のブルゴスを基点にして10世紀に成立し

図1　現代イベリアの少数言語地域［出所：立石博高編『スペイン・ポルトガル史』山川出版社、2000年、11頁］

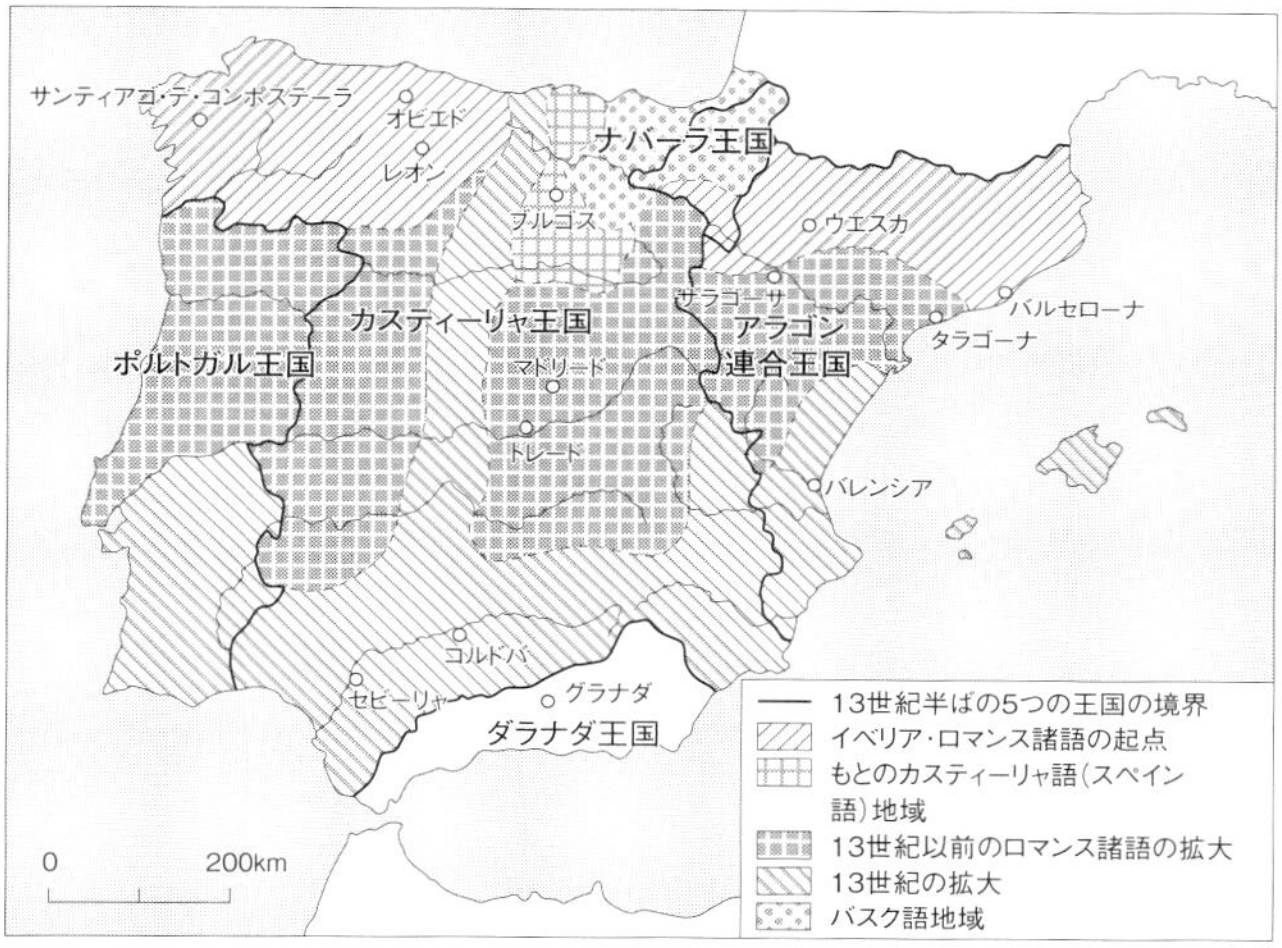

図 2　中世イベリアのロマンス諸語の拡大［出所：前掲書、11 頁］

たカスティーリャ伯領の固有言語であった。それがこれだけの広大な地域の母語となり、かつ公用語としてのスペイン語の地位を獲得したのは、図2に見られるように、カスティーリャ王国が、中世から近世にかけて政治的地理的拡大をみせたからにほかならない。15世紀末のカトリック両王の時に人文学者ネブリーハは『カスティーリャ語文法』を著した（第14章を参照）。レコンキスタによってカスティーリャ王国の支配下に入ったイスラーム教徒、ビスカーヤ人（バスク人）、ナバーラ人などにこの文法書をカスティーリャ語修得のために活用してほしいという願いがそこには込められていた。まさに「言語は帝国の伴侶」として拡大するからであった。

しかし近世のスペイン帝国でカスティーリャ語が唯一の公用語になることはなかった。17世紀前半にオリバーレス伯公爵は、「スペインを構成する諸王国をカスティーリャの流儀と法に従わせること」に努めて、国家の一元化を企図したとされる（第18章を参照）。しかしオリバーレスは、帝国統治のかなめとなるカスティーリャ貴族の子弟教育については、「スペイン語、ポルトガル語、リムーザン語（当時、カタルーニャ語はこのように称された）、ラテン語、イタリア語、そしてフランス語を完全に読めなければならない」と述べていた。黄金世紀のスペイン文学の隆盛にみられるようにカスティーリャ語の伸長は著しかったが、カスティーリャ語が「国家語」の地位を獲得するのはまだ先のことであった。

しかしブルボン王朝支配の時代から旧体制崩壊の時期にかけて、国家の唯一の公用語という考え方が強まっていった。新しい自由主義国家の建設をめざす動きのなかで、カタルーニャ人プチブランは、新たな国家の人びとの絆を創りあげるには「地方語を放棄する」必要があると説いて、「国民言語」たるスペイン語の修得を唱えた。

その後、広範な社会基盤にもとづいた国民国家の形成に失敗したスペインには、固有言語を擁する諸地域の地域ナショナリズムが台頭した（第33、47章を参照）。これらの地域に一定の自治権を付与して国家と地域の対立を緩和しようとした第二共和政をスペイン国家の統一を危機にさらすものとして糾弾し、内戦に勝利したフランコ独裁は、スペイン語を称揚するとともに「地方語」を弾圧した。スペインは「一つにして、偉大で、自由である」と謳われ、「おまえがスペイン人ならスペ

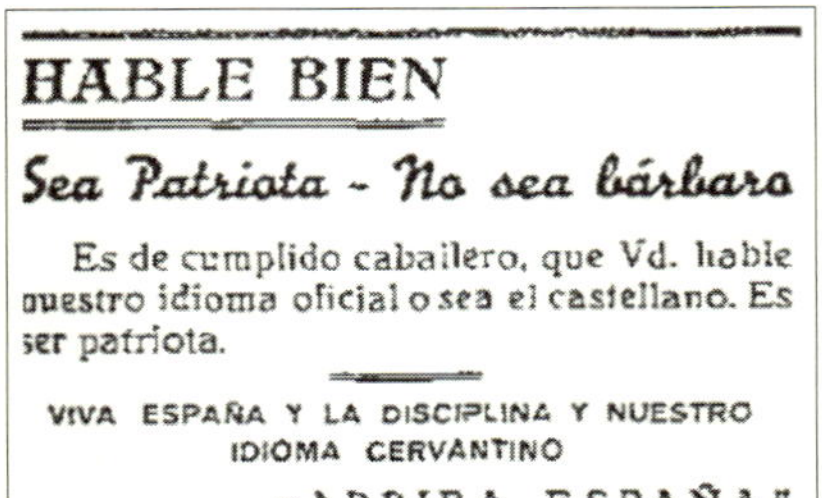
HABLE BIEN

Sea Patriota - No sea bárbaro

Es de cumplido caballero, que Vd. hable nuestro idioma oficial o sea el castellano. Es ser patriota.

VIVA ESPAÑA Y LA DISCIPLINA Y NUESTRO IDIOMA CERVANTINO

¡¡ARRIBA ESPAÑA!!

Octavilla. Imprenta Sindical. A Coruña. 1942

1942年にガリシアで配布されたビラ

イン語で話せ!」、「正しく話せ! 愛国者たれ、野蛮人になるな!」とスペイン語を母語としない人びとに強要したのであった。

したがって、フランコ独裁の終焉後のスペインで、固有の言語をもつ諸地域、すなわち民族体が、それぞれに言語正常化法を自治州内で成立させ、地域言語の復権に努めたことはいうまでもない。カタルーニャのように、スペインの他地域から移住してきたスペイン語話者の一部が、そうした言語政策の行き過ぎに反発したということも事実であった。いまカタルーニャは「ネーションを唱える地域」の先陣をきっているが、ある領域の言語＝文化的一体性を過度に前面に押し出そうとすることは、社会的に大きな摩擦をうむことになろう。国内にとどまらず国外からの移住者も急増し、人びとの移動が盛んになっている現在、国家レベルであれ地域レベルであれ、社会の多言語多文化状況が紛れもなく進んでいるからである。国家にも地域にも、さまざまなマイノリティの立場に配慮した社会政策の遂行が求められているといえよう（カタルーニャについては明石書店『カタルーニャを知るための50章』を参照されたい）。

（立石博高）

50 21世紀における国家と地域の関係への模索

――独立という新たな問題との対峙

前章で見たように、現在の自治州国家体制は、連邦制の重要な特性を多く有する分権的な体制となった。各自治州政府が持つ権限は、平準化され、誕生時と比べて大きな権限を有するようになったのである。ところが昨今、自治州国家体制は新たな局面を迎えている。バルセローナを中心とするカタルーニャがスペインからの独立を模索し始めたのである。独立を標榜するに至った経緯には、様々な要因が絡み合っているが、改正したカタルーニャ自治憲章の一部が違憲判決を受けたことに端を発していると考えられている。

２００３年のカタルーニャ州議会選挙では、カタルーニャ社会党（ＰＳＣ）を中心とした左派３党がカタルーニャ自治憲章の改正を公約に掲げて勝利し、マラガイを州首相とする左派３党連立政権が誕生した。中央政界では、２００４年の総選挙で社会労働党（ＰＳＯＥ）が勝利し、サパテーロ政権が誕生した。サパテーロ政権は、前アスナール政権において悪化した地域ナショナリストとの関係改善を掲げ、カタルーニャ自治憲章の改正を容認する意向を示した。サパテーロ政権による後押しもあり、左派３党連立政権は、公約通り自治憲章の改正手続きに入り、州議会での審議、国会での審議、カタルーニャにおける住民投票を経て、改正カタルーニャ自治憲章は２００６年に成立した。主な改正点は、自治憲章前文ではあるものの、カタルーニャを民族《ナシオー》と位置付けたこと、カタルーニャ州政府が中央政府と対等な地位にあるとしたこと、州内においてカタルーニャ語の習得を義務化したこと等であった。

しかし、当時野党であった国民党（ＰＰ）は、国会における自治憲章に関する審議において一貫して反対の立場を貫き、同憲章の半分以上にあたる１００を超える条文に対して、違憲立法審査を憲法裁判所に請求した。同様の違憲立法審査請求は、その他の自治州政府からもなされた。最終的に請求から数年を経た２０１０年に、憲法裁判所は同憲章のうち14か所が違憲であるという判決を下したのである。

憲法裁判所が違憲と判断した箇所は、憲法が中央政府の排他的権限と規定した権限を州の自治権であると規定した点や固有名詞の表記をカタルーニャ語のみとしたこと等に限定され、自治憲章改正を支持していたサパテーロ首相は、この判決を最大限カタルーニャに配慮した判決であると評価した。例えば、憲法の規定ではスペインにおけるネーションの単位はスペイン総体のみであるとされていたが、カタルーニャをネーションと規定した憲章前文には法的拘束力がないとして、違憲とは判断されなかったのである。

しかしカタルーニャでは、一般にこの判決は中央政府による挑発ないし嫌がらせと受け止められた。マラガイ州首相の後を受けたモンティーリャ州首相も、この判決はカタルーニャ州民の民意を踏みにじるものであると表明し、州民に抗議デモへの参加を呼び掛けたのである。デモには主催者発表で約１５０万人の参加があったとされている。

さらに、経済不況がこの状況に拍車をかけたと考えられる。スペインは90年代中頃から長らく好景気に恵まれていたが、２００８年のリーマン・ショックに端を発する欧州経済危機がスペイン経済を直撃し、それ以降経済は低迷した。２０１０年に州政権の座についたマス州首相も、深刻な経済不況に対応せざるを得ず、緊縮財政策を展開したが、十分な効果を挙げるには至らず、ついに２０１２年の夏に州財政が破綻の危機に直面した。その解決方法としてカタルーニャ州議会は、中央政府に緊急の財政支援を要請するだけでなく、カタルーニャ州内で徴税する国税を自由に州財政へ組み込めるよう提案したのである。後者の提案は、既にバスクやナバーラと中央政府が締結している経済合意《コンシエルト・エコノミコ》をカタルーニャにも導入するということと同義であった。しかしラホイ首相は、カタルーニャへの緊急財政支援に関しては応じたものの、国税の自由使用には同意しなかった。このラホイ首相の回答は、カタルーニャにおいて、再び中央政府によるカタルーニャへの嫌がらせとみなされたのである。

経済合意を締結していない自治州は、主に中央政府からの交付金でその財政を賄っている。例えばカタルーニャでは、州内で徴税した税金のうち、州財政に交付金として還元されるのは約６割である。経済合意が認められない以上、カタルーニャがより豊かになるためには、スペインからの独立しかないと世間一般で主張されるようになった。彼らの解釈によれば、独立すればカタルーニャで徴税した税金を全て自由に使えるようになるからである。

民主化期において、カタルーニャなどの地域ナショナリストによる活動が民主化プロセスとスペインの一体性維持に困難をもたらしかねないと危惧した中央政府は、自治州を設置し、彼らに自治権を与えた。ところが、実際には民主化期にスペインからの独立を主張する勢力は少数派であった。そし

表1　国と自治州の権限の型

自治州の排他的権限	競合権限	共管権限	国の排他的権限	他の型の権限
自治州機構 農業・牧畜 観光 社会扶助・サービス 狩猟・漁業 商業・消費 工業 都市計画 自治州内の鉄道・交通 自治州運営の空港 自治州内の川の水利権 自治州運営の博物館・図書館	経済の総合計画 教育 市町村制度 保健医療 信用貸付と貯蓄金庫(caja) 公行政と公務員 環境 マス・メディア	労働法制 商業・監獄法 知的・工業所有権 薬事法制	防衛・軍 外交 国籍・外国人・亡命 国際貿易 通貨 信用貸付・銀行・保険の整備 在外保健医療 自治州をまたぐ鉄道・交通 AENAが運営する空港 国が管轄する港 自治州をまたぐ川の水利権 国が運営する博物館・図書館	文化 原産地の呼称 公社 公共秩序 自治州テレビ

出所：中島晶子『南欧福祉国家スペインの形成と変容』ミネルヴァ書房、2012年、54頁を一部変更。

て独立を主張する人たちは、カタルーニャよりもバスクに多く、カタルーニャの地域ナショナリストは、スペインという枠内での自治権拡大を目指した。カタルーニャにおける独立推進派は、２０１０年以降に増加しており、新しい現象であると指摘できる。

２０１０年以降に独立推進派が増加した直接の契機は、既に述べたように、改正カタルーニャ自治憲章に対する違憲判決であると考えられるが、運動が盛り上がりを見せるようになった背景には、自治州誕生からのカタルーニャ州政府の政策が関係していると考えられる。

カタルーニャ州首相を23年間（１９８０〜２００３年）務めたプジョルは、将来にわたって自治権の拡大が可能となる自治州国家体制に活路を見出した地域ナショナリストであった。彼は公共の場でのカタルーニャ語の使用を事実上義務化し、カタルーニャ語による公教育を実現した。またカタルーニャ語の普及を目的として、州営のカタルーニャ語によるテレビ局を開設した。これらの政策は、州民がカタルーニャ語に触れる機会を増大させ、これらの政策が導入されてから30年以上経過した今では、カタルーニャ語を解さない州民はほとんど存在しなくなった。プジョルは、カタルーニャ・ナショナリズムが、言語と密接な関係にあり、カタルーニャ語をアイデンティティの拠り所にしていると述べている。

現在、独立運動が盛り上がりをみせるようになった要因のひとつに、こうしたナショナリズムを惹起しやすい言語政策が長年にわたって実施されてきたことがあると考えられる。

カタルーニャの地域ナショナリスト政党は、スペイン国会の下院においても議席を有しており、少数与党の政権運営に協力する見返りとしてカタルーニャ州警察の権限拡大といった新たな自治権を獲得することで、その政治的存在感を示してきた。ところが、自治州国家体制が完成に近づき、新たに得られる自治権がほとんどない状況では、地域ナショナリスト政党の戦略も見直さざるを得なかった。このことにくわえて経済不況といった要素が複合的に絡み合って、カタルーニャの独立運動が展開されているという見方も可能であろう。

長らく連邦制は、多民族国家を安定させるのに有効な制度であるとされてきた。しかし近年、実は連邦制に分離独立を抑止する効果はなく、かえって分離独立を助長する効果をもたらすのではないかと指摘する研究が存在する。この点につき、スペインの自治州国家体制もいわゆる「連邦制の逆説」論の一事例ではないかと指摘されている。さほど多くなかったカタルーニャの独立推進派が、自治州国家体制の導入後、増加しているように見えるからである。また、カタルーニャの独立問題が浮上した要因として、民主化期の制度設計に問題があったことを指摘する研究は数多く存在する。例えばペラス・ロペスは、自治州国家体制の制度設計が場当たり的であったため、進行形の制度となり、体制の完成を目指せば目指すほど、スペインが分裂していくと主張している。

しかし自治州国家体制に分離独立運動を助長させるメカニズムが存在するという指摘には、筆者は懐疑的である。なぜなら、各自治州に大幅な自治権が与えられて、自治州国家体制が連邦制に近い存在となったにもかかわらず、独立運動はカタルーニャ以外で盛り上がっていないからである。今のところカタルーニャの動きに追従しようという自治州は存在しない。むしろ民主化期に最も多く独立推進派が存在し、独立のための武力闘争まで展開していたバスクでは、自治州国家体制の発展の中で独立の主張は沈静化し、ETAは2010年に停戦宣言を出すに至っている。自治州国家体制は様々な問題を抱えているものの、スペインが民主化から30年以上にわたって分離独立問題と無縁であったということから、自治州国家体制と分離独立運動の盛り上がりには因果関係がないか、もしくは、自治州国家体制に一定の分離抑止効果があったと見るのが妥当であろう。

またカタルーニャにおいて、本当に多くの州民がスペインからの独立を望んでいるのか疑問が残る。確かに多数の州民が独立のデモに参加しているが、それはお祭り的な要素が強いからである。2014年に行なわれた独立の是非を問う法的拘束力のない住民投票では独立賛成票が多数を占めたが、近年行なわれた二度の州議会選挙では、マス州首相が独立を掲げながら、自らが指揮した選挙連合は票数でも議席数でも過半数におよばなかった。結局マスは2015年に行なわれた州議会選挙の後の首班指名を得ることができず、プッチダモンに事後を託し、州首相の座を去らねばならなかった。

2015年総選挙は、民主化以来保たれてきた政党システムを激変させた。このことはスペイン政治が新たな局面に入ったことを意味している。国家と地域の関係も例外ではなく、カタルーニャの独立運動は収束に向かうのか、あるいはカタルーニャに追従する自治州が現れるのか、ようやく成熟期を迎えた自治州国家体制は、また新たな局面に入っている。

（永田智成）

コラム 13

《地域の諸相》社会問題と地域アイデンティティ

　スペインの諸地域がその独自のアイデンティティを主張し、地域自治の獲得をめざした運動を展開する場合、地域固有の言語が存在することは大きな要因であった。というのも国家の公用語の強制が、往々にして深刻な軋轢と対立を生んでいたからである。固有の言語を擁する地域は、1978年憲法によって単なる地域《レヒオン》ではなく民族体《ナシオナリダー》という呼称を与えられていて、地域固有の言語は自治州内の公用語の地位を与えられている。

　しかしアンダルシーアは、これらの民族体とは違い固有の言語がないからといって、単なる地域に甘んじたわけではなかった。スペインの中でも経済的後進地域であり、カタルーニャなどの工業地域に多くの移住者を送り出していたアンダルシーアは、フランコ独裁終焉後の民主化の過程で、大土地所有制度の支配的な後進的産業構造を正すには、地域の大きな自治を獲得し、また地域の独自性と自律性を回復するために地域文化を復興することが必要であるという認識が、多くの住民たちに共有されるようになったのである。

アンダルシーアを「ネーション」と唱える落書き［Metro Centric 撮影］

　そしてここで起ち現れたアンダルシーア主義は、すでに地歩を固めていたカタルーニャやバスク地方、ガリシアの地域ナショナリズムと競う形で、強い自己主張を行なうようになっていった。1980年2月の住民投票を経て翌年に自治州となったアンダルシーアは、これらの自治州に倣って自治憲章で自らを民族体《ナシオナリダー》と規定した。さらに歴史的自治州が、民族体《ナシオナリダー》という規定を超えて、さらに民族《ナシオン》と主張し始めると、同じように自らを民族《ナシオン》と唱える動きも生じたのであった。

アンダルシーア自治州の人びとの話す言葉は、多少とも強い変種ではあるが、カスティーリャ語（スペイン語）であることに間違いはない。いわゆる言語ナショナリズムは唱えられない現実があるものの、スペイン国家と結託する経済的オリガーキー（寡頭支配層）によって犠牲にされてきたという被害者意識から、アンダルシーアは独自の文化の復権と地域経済の発展という戦略を模索して今日に至っている。ちなみに、２００７年の改正自治憲章では、自治権の更なる強化を実現するとともに、民族体《ナシオナリダー》から進んで歴史的民族体《ナシオナリダー・イストリカ》という定義を自らに与えている（この地域については、明石書店『アンダルシアを知るための53章』を参照されたい）。

一方、最近のカタルーニャの政治的動きをみると、言語＝文化的一体性を第一義的に唱えてきたカタルーニャの地域ナショナリズムが、じつは一枚岩ではなかったことが明らかになっている。カタルーニャでは２００６年に中央政府との一定の妥協の上に新たな自治憲章を成立させたが、この憲章のいくつかの条項に憲法裁判所からの違憲判決が下されるにいたって、一気に独立派の勢力が勢いを増し、中央政府の頑なな姿勢も相まって、２０１３年１月にカタルーニャ議会は「カタルーニャ民族の主権と自決権の宣言」を採択し、２０１５年９月の自治州議会選挙で独立派が過半数の議席を占めると、同年11月に同議会はカタルーニャ独立手続きの開始を宣言した。憲法裁判所はこれを違憲として無効判決を下し、中央政府と独立派が首班となったカタルーニャ自治州政府とのあいだの緊張はますます高まっている。

今後、カタルーニャの動きがどのような展開をみせるか予測しがたいが、独立派は9月の自治州議会選挙で得票数では過半数をしめておらず、その後の世論調査でもこのままカタルーニャが独立に向かうプロセスを始めることには慎重な意見が強い。さらに注目すべきはバルセローナ市の政治動向である。バルセローナはカタルーニャ自治州の州都であるだけではなく、自治州の人口の2割以上が集中し、政治的にも経済的にもカタルーニャの文字通りの中心都市である。このバルセローナで行なわれた2015年5月の自治体選挙で、2010年から独立運動を主導してきた保守派・左派が一体となった「独立」キャンペーンに対して勝利したのが、既成政党にとらわれない左派市民運動の連合体「みんなのバルセローナ」であった。

この運動の代表で新たなバルセローナ市長となったアダ・クラウは、スペインとの関係において独立か連邦制かさまざまな考えがあるにせよ、いま同市にとって喫緊の課題は、「経済的危機からの脱却、雇用の創造、社会的不平等の解消」にあると断言している。バルセローナ市には急増する外国人労働者を含め、多くの低所得者・貧困層が集中しているのである。従来の独立派はこうした社会的経済的格差に真剣に向き合うことなく、中央政府からの独立というバラ色の未来像を描いて、社会問題を放置してきたことは否めない。いま、こうした矛盾の解決プロセスも包みこんだ地域アイデンティティの新たな構築が求められているといえよう。

（立石博高）

2015年6月、クラウの市長就任を祝って集まったバルセローナ市民。ここでは、カタルーニャの旗が掲げられていない
［Enric Català撮影］

おわりに

明石書店ではすでに国・地域別の「エリア・スタディーズ」シリーズを出版しており、私も若い研究者と共著で、『アンダルシアを知るための53章』と『カタルーニャを知るための50章』を著している。このたび国別の「歴史シリーズ」を出版されるということで、スペインの巻を引き受けることになったが、少なからず躊躇した。というのもこれまでに何冊かの概説書を手掛けており、二番煎じ的なものにしたくなかったからである。

かつてスペインでは自国史を眺めるにあたって二つの論点が対立し、ときには相手を貶めるような言説もみられた。一つの論点は、「二つのスペイン」という争いで、伝統か革新か、保守主義か自由主義かというイデオロギー的な対立であり、とくに前者の立場にたつと、カトリック信仰をナショナルな価値観と重ね合わせて後者を論駁した。伝統的歴史学によれば、啓蒙思想や自由主義思想はスペインの本質にそぐわないものであった。内戦後のフランコ体制のなかで、ナショナルカトリシズムが強要されていたことは、反体制的な歴史学をも過度にイデオロギー的なものにしていた。

もう一つの論点は「スペインの本質」がどの時代に形作られたかというものであった。ともに内戦後は国外への亡命を余儀なくされたアメリコ・カストロとクラウディオ・サンチェス・アルボルノスという二人の歴史家がこの論争の相対立する論客であったが、前者は中世のキリスト教・ユダヤ教・イスラームの三宗教の共存とその後の非キリスト教の排除の時代の精神的葛藤に特殊スペインの本質をみることができると唱えた。一方、後者は早くもローマ化の時代にスペイン人がつくられ、その後の歴史の流れは西ヨーロッパと軌を一にしたというものであった。

こうした論争の当否は別にして、上記二つの論争のいずれもが近代国家スペインを所与のものとしていたきらいがある。本書のなかでとくに国家と諸地域の関係について紙幅を割いているように、スペインはつねに多元的社会であり、多言語・多文化を擁して、時代ごとの国家のあり方は大きく地域との関係によって左右されてきた。いま、そうした点からのスペインの歴史の見直しが必要とされているのである。

こうして、私の大学教員時代の最後の教え子の一人である内村俊太さんに、思い切った若手の陣容で概説をまとめるよう依頼して、その構成案を提出してもらった。するとほぼ40年前に私がスペインの歴史にとりかかったころとはしっかりと違う切り口で、近代国家スペインを必ずしも到達地点においていない、多様で多元的なスペインが浮かび上がるように工夫されていた。そこで、次世代の中核となる若手研究者による概説書となることを明石書店に理解していただいたうえで、執筆者の方がたには、平易な叙述を心がけるとともに、あまりに専門的にならない範囲でそれぞれの研究の持ち味を出してくれるようにお願いした。また通史部分とは別に13のコラムをもうけて、歴史散歩のスポット紹介として、時代と空間を超えたスペインの歴史の面白さを伝えられるように努めた。

こうして出来上がったのが本書であるが、全体を通しての用語や訳語の統一には編集者の多大な協力をいただいた。イスパノフィロ（スペイン愛好家）でもある兼子千亜紀さんに、この場を借りてとくに感謝の意を表したい。本書が、一般読者にとっても歴史を学ばれる学生諸氏にとっても、21世紀の基本的入門書となることを願ってやまない。

2016年4月　残雪の浅間山麓にて

立石 博高

《参考文献》

第Ⅰ部　古代から中世へ

栗田伸子・佐藤育子『興亡の世界史9　通商国家カルタゴ』講談社、２００９年。

関哲行・中塚次郎・立石博高編『世界歴史大系　スペイン史（1）』山川出版社、２００８年。

立石博高編『スペイン・ポルトガル史』（新版世界各国史16）山川出版社、２０００年。

玉置さよ子『西ゴート王国の君主と法』創研出版、１９９６年。

長谷川博隆『ハンニバル――地中海世界の覇権をかけて』講談社、２００５年。

Blázquez, J. M., *España romana*, Madrid, 1996.

Bravo, G., *Hispania y el Imperio*, Madrid, 2001.

Collins, R., *Visigothic Spain, 409–711*, Oxford, 2004.

第Ⅱ部　中世のダイナミズム

安達かおり『イスラム・スペインとモサラベ』彩流社、１９９７年。

足立孝「ラテン・ヨーロッパの辺境と征服・入植運動」堀越宏一・甚野尚志編『15のテーマで学ぶ中世ヨーロッパ史』ミネルヴァ書房、２０１３年、１８４～２０４頁。

伊東俊太郎『十二世紀ルネサンス――西欧世界へのアラビア文明の影響』岩波書店、１９９３年。

K・B・ウルフ（林邦夫訳）『コルドバの殉教者たち――イスラム・スペインのキリスト教徒』刀水書房、１９９８年。

A・カストロ（本田誠二訳）『スペイン人とは誰か――その起源と実像』水声社、２０１２年。

黒田祐我「アンダルス社会から封建社会へ――農村社会構造研究とレコンキスタの新解釈」『史学雑誌』第１１８編第10号、２００９年、62～86頁。

黒田祐我「両文明を越境する傭兵――中世西地中海世界におけるキリスト教徒」『歴史学研究』８８１号、２０１１年、12～21、48頁。

黒田祐我「十字軍としての『レコンキスタ』？――中世カスティーリャ王国における対異教徒戦争」甚野尚志・踊共二編『中近世ヨーロッパの政治と宗教』ミネルヴァ書房、２０１４年、３２３～３４４頁。

黒田祐我『レコンキスタの実像――中世後期カスティーリャ・グラナダ間における戦争と平和』刀水書房、２０１６年。

C・サンチェス・アルボルノス（北田よ志子訳）『スペインとイスラム――あるヨーロッパ中世』八千代出版、１９８８年。

芝修身『真説レコンキスタ――〈イスラーム vs. キリスト教〉史観をこえて』書肆心水、２００７年。

芝修身『古都トレド――異教徒・異民族共存の街』昭和堂、

２０１６年。
関哲行『スペインのユダヤ人』山川出版社、２００３年。
関哲行『スペイン巡礼史——「地の果ての聖地」を辿る』講談社、２００６年。
林邦夫「イスラームと向き合うヨーロッパ」小澤実・薩摩秀登・林邦夫『辺境のダイナミズム』岩波書店、２００９年、２１５〜３０５頁。
M・R・メノカル（足立孝訳）『寛容の文化——ムスリム、ユダヤ人、キリスト教徒の中世スペイン』名古屋大学出版会、２００５年。
S・ランシマン（榊原勝・藤澤房俊訳）『シチリアの晩禱——13世紀後半の地中海世界の歴史』太陽出版、２００２年。
D・W・ローマックス（林邦夫訳）『レコンキスタ——中世スペインの国土回復運動』刀水書房、１９９６年。
Bisson, Th. N., *The Medieval Crown of Aragon: A Short History*, New York, 1986.
Fernández Conde, F. J., *La España de los siglos XIII al XV: Transformaciones del feudalismo tardío*. 2 edición revisada, San Sebastián, 2004.
Glick, T. F. and Pi-Sunyer, O., "Acculturation as an Explanatory Concept in Spanish History," *Comparative Studies in Society and History,* 11, 1969, pp.136-154.
Kennedy, H., *Muslim Spain and Portugal: a Political History of al-Andalus*, London, 1996.
Lewis, A. R., "The Closing of the Medieval Frontier, 1250-1350," *Speculum*, 33, 1958, pp.475-483.
Mínguez Fernández, J. M., *La España de los siglos VI al XIII, guerra, expansión y transformaciones: en busca de una frágil unidad*, San Sebastián, 2ed., 2004.
Mínguez Fernández, J. M., *La Reconquista,* Madrid, 2005.
Powers, J. F., *A Society Organized for War: the Iberian Municipal Militias in the Central Middle Ages, 1000-1284*, Berkeley, 1988.

第Ⅲ部　近世のスペイン帝国

網野徹哉『興亡の世界史12　インカとスペイン　帝国の交錯』講談社、２００８年。

江村洋『カール５世——中世ヨーロッパ最後の栄光』東京書籍、１９９２年。

J・H・エリオット（藤田一成訳）『リシュリューとオリバーレス——17世紀ヨーロッパの抗争』岩波書店、１９８８年。

J・H・エリオット（藤田一成訳）『スペイン帝国の興亡——１４６９－１７１６（岩波モダンクラシックス）』岩波書店、２００９年。

岡本信照『「俗語」から「国家語」へ——スペイン黄金世紀の言語思想史』春風社、２０１１年。

奥野良知「18世紀のスペイン」関哲行・立石博高・中塚次郎編『世界歴史大系　スペイン史２』山川出版社、２００８年。

H・ケイメン（立石博高訳）『スペインの黄金時代』岩波書店、２００９年。

R・L・ケーガン（立石博高訳）『夢と異端審問——16世紀スペインの一女性』松籟社、１９９４年。

E・ケドゥリー編（関哲行・立石博高・宮前安子訳）『スペインのユダヤ人』平凡社、１９９５年。

佐竹謙一『浮気な国王フェリペ４世の宮廷生活』岩波書店、２００３年。

芝修身『近世スペイン農業——帝国の発展と衰退の分析』昭和堂、２００３年。

清水憲男「ネブリハ論序説——スペイン・ルネサンスへの視座」『思想』７６２号、１９８７年、68～91頁。

清水憲男『ドン・キホーテの世紀——スペイン黄金時代を読む』岩波書店、１９９０年。

関哲行・踊共二『忘れられたマイノリティ——迫害と共生のヨーロッパ史』山川出版社、２０１６年。

関哲行・立石博高編訳『大航海の時代——スペインと新大陸』同文舘出版、１９９８年。

高澤紀恵『主権国家体制の成立』山川出版社、１９９７年。

高橋均・網野徹哉『世界の歴史18　ラテンアメリカ文明の興亡』中公文庫、２００９年。

立石博高「啓蒙スペインの新定住地開拓事業——その理念を中心として」『外国文学研究』（同志社大学）第42号、１９８５年、87～１２２頁。

立石博高「パブロ・デ・オラビーデの啓蒙思想（その１）」『外国文学研究』（同志社大学）第58号、１９９０年、１１４～１３２頁。

成瀬治「国際政治の展開」『岩波講座世界歴史14　近代１』岩波書店、１９６９年、27～１０５頁。

エリオ・アントニオ・デ・ネブリハ（中岡省治訳）『カスティリャ語文法』大阪外国語大学学術出版委員会、１９９６年。

長谷川輝夫・大久保桂子・土肥恒之『世界の歴史17　ヨーロッパ近世の開花』中公文庫、２００９年。

平山篤子『スペイン帝国と中華帝国の邂逅——16・17世紀のマニラ』法政大学出版局、２０１２年。

B・ベナサール（宮前安子訳）『スペイン人——16－19世紀の行動と心性』彩流社、２００３年。

J・ペレ（塚本哲也監修、遠藤ゆかり訳）『カール５世とハプスブルク帝国』創元社、２００２年。

宮崎和夫「ハプスブルク朝スペインと地中海」歴史学研究会編『地中海世界史２　多元的世界の展開』青木書店、２００３年、１７０～２０７頁。

H・ラペール（染田秀藤訳）『カール５世』白水社、１９７５年。

Albareda Salvadó, J., *La Guerra de Sucesión de España (1700-1714)*, Barcelona, 2010.

Anes, G., *El Antiguo Régimen: los Borbones*, Madrid, 1975.

Anes, G., *Economía e Ilustración en la España del siglo XVIII*, Madrid, 1981.

Ayms, J. R. ed., *España y la Revolución Francesa*, Barcelona, 1989.

Ayms, J. R., *La Guerra de la Independencia en España (1808-1814)*, Madrid, 2008.

Domínguez Ortiz, A., *Carlos III y la España de la Ilustración*, Madrid, 1988.

Domínguez Ortiz, A., *Sociedad y Estado en el siglo XVIII español*, Madrid, 1986.

González Enciso, A., *Felipe V. La renovación de España*, Pamplona, 2003.

Kamen, H., *The War of Succession in Spain, 1700-1715*, London, 1969.

Llombart, V., *Campomanes, economista y político de Carlos III*, Madrid, 1992.

第Ⅳ部　近代国家形成に向けて

池田実「[資料]（邦訳）スペイン１８１２年憲法（カディス憲法）」『山梨大学教育人間科学部紀要』１巻１号、２０００年、87～１１３頁。

Ｉ・ウォーラーステイン（川北稔訳）『近代世界システムⅢ――「資本主義的世界経済」の再拡大　１７３０ｓ－１８４０ｓ』名古屋大学出版会、２０１３年。

君塚直隆『近代ヨーロッパ国際政治史』有斐閣、２０１０年。

関哲行・立石博高・中塚次郎編『世界歴史体系　スペイン史２　近現代・地域からの視座』山川出版社、２００８年。

立石博高編著『概説　近代スペイン文化史――18世紀から現代まで』ミネルヴァ書房、２０１５年。

中本香「カディス議会とアメリカ問題」『Estudios Hispánicos』39巻、２０１４年、65～92頁。

長谷川貴彦『産業革命』山川出版社、２０１２年。

Ｅ・Ｊ・ホブズボーム（野口建彦・野口照子訳）『帝国の時代――１８７５－１９１４　Ⅰ』みすず書房、１９９３年。

Bahamonde, A., *Historia de España vol.23: España en democracia El Sexenio, 1868-1874*, Madrid, 1996.

Cowans, J., ed. *Modern Spain: A Documentary History*, Philadelphia, 2003.

Fontana, J., *Historia de España vol 6: La época del liberalismo*, Barcelona, 2007.

Gil Andrés, C., *50 cosas que hay que saber sobre historia de España*, Barcelona, 2013.

Alvaerez Junco, J. and A. Shubert ed., *Spanish History since 1808*, London, 2000.

Phillips, Jr, William D. and C. R. Phillips, *A Concise History of Spain*, Cambridge, 2010.

Varela Ortega, J., *Los amigos políticos: Partidos, elecciones y caciquismo en la Restauración (1875-1900)*, Madrid, 2001.

Villares, R., y J. Moreno Luzón, *Historia de España, Vol. 7: Restauración y dictadura*, Barcelona, 2009.

第Ⅴ部　現代のスペインへ

M・S・アレグザンダー、H・グラハム（山口正之監訳）『フランスとスペインの人民戦線』大阪経済法科大学出版部、１９９４年。

碇順治『現代スペインの歴史――激動の世紀から飛躍の世紀へ』彩流社、２００５年。

池谷知明ほか編『新・西欧比較政治』一藝社、２０１５年。

楠貞義ほか編『スペイン現代史』大修館書店、１９９９年。

関哲行・立石博高・中塚次郎編『世界歴史大系　スペイン史2　近現代・地域からの視座』山川出版社、２００８年。

立石博高・中塚次郎編『スペインにおける国家と地域――ナショナリズムの相克』国際書院、２００２年。

戸門一衛『スペインの実験――社会労働党政権の12年』朝日新聞社、１９９４年。

永田智成『フランコ体制からの民主化――スアレスの政治手法』木鐸社、２０１６年。

日本スペイン法研究会ほか編『現代スペイン法入門』嵯峨野書院、２０１０年。

野上和裕「スペイン」馬場康雄・平島健司編『ヨーロッパ比較政治ハンドブック［第2版］』東京大学出版会、２０１０年。

A・ビーヴァー（根岸隆夫訳）『スペイン内戦（上・下）』みすず書房、２０１１年。

深澤安博『アブドゥルカリームの恐怖』論創社、２０１５年。

R・フレーザー（長谷川四郎訳）『壁に隠れて――理髪師マヌエルとスペイン内乱』平凡社、１９７３年。

P・プレストン（宮下嶺夫訳）『スペイン内戦――包囲された共和国１９３６-１９３９』明石書店、２００９年。

G・ブレナン（鈴木隆訳）『スペインの迷路』合同出版、１９６７年。

G・ブレナン（幸田礼雅訳）『素顔のスペイン』新評論、１９９８年。

S・G・ペイン（小箕俊介訳）『ファランヘ党――スペイン・ファシズムの歴史』れんが書房新社、１９８２年。

細田晴子『戦後スペインと国際安全保障――米西関係に見るミドルパワー外交の可能性と限界』千倉書房、２０１２年。

B・ボロテン（渡利三郎訳）『スペイン内戦（上・下）』晶文社、２００８年。

武藤祥『「戦時」から「成長」へ――１９５０年代におけるフランコ体制の政治的変容』立教大学出版会、２０１４年。

E・メンドーサ（鼓直・松下直弘・篠沢真理訳）『奇蹟の都市』国書刊行会、１９９６年。

R・ライト（石塚秀雄訳）『異教のスペイン』彩流社、２００２年。

若松隆『内戦への道――スペイン第二共和国政治史研究』未來社、１９８６年。

若松隆『スペイン現代史』岩波書店、１９９２年。

Juliá, S., "Orígenes sociales de la democracia en España", en *Ayer*, Nº 15, 1994, pp. 165-188. (https://www.ahistcon.org/PDF/numeros/

ayer15_LaTransicionalaDemocraciaenEspana_Redero.pdf）

第Ⅵ部　自治州国家の歴史的背景

J・H・エリオット（藤田一成訳）『スペイン帝国の興亡——１４６９－１７１６（岩波モダンクラシックス）』岩波書店、２００９年。

J・H・エリオット（内村俊太訳）「複合君主政のヨーロッパ」古谷大輔・近藤和彦編『礫岩のようなヨーロッパ』山川出版社、２０１６年。

黒田祐我「中世イベリア半島で使用された暦について」甚野尚志・益田朋幸編『ヨーロッパ中世の時間意識』知泉書館、２０１２年、49～66頁。

H・ケイメン（立石博高訳）『スペインの黄金時代』岩波書店、２００９年。

W・スウェンデン（山田徹訳）『西ヨーロッパにおける連邦主義と地域主義』公人社、２０１０年。

高橋進『国際政治史の理論』岩波書店、２００８年。

立石博高「『スペイン王国』の構造」立石博高ほか編『スペインの歴史』昭和堂、１９９８年、１３８～１４４頁。

立石博高「国民国家の形成と地域ナショナリズムの擡頭」立石博高・中塚次郎編『スペインにおける国家と地域——ナショナリズムの相克』国際書院、２００２年、11～34頁。

Ch・E・デュフルク（芝修身訳）『イスラーム治下のヨーロッパ——衝突と共存の歴史』藤原書店、１９９７年。

中島晶子『南欧福祉国家スペインの形成と変容——家族主義という福祉レジーム』ミネルヴァ書房、２０１２年。

中塚次郎「多元的国家体制の模索」立石博高・中塚次郎編『スペインにおける国家と地域——ナショナリズムの相克』国際書院、２００２年、35～63頁。

中塚次郎「国家と地域」関哲行・立石博高・中塚次郎編『世界歴史大系スペイン史２　近現代・地域からの視座』山川出版社、２００８年、２５２～２８１頁。

若松隆「スペイン自治権国家の事態と変容——カタルーニャ自治州の事例を中心に」若松隆・山田徹編『ヨーロッパ分権改革の新潮流——地域主義と補完性原理』中央大学出版部、２００８年。

Echevarría Arsuaga, A., *La minoría islámica de los reinos cristianos medievales*, Málaga, 2004.

スペインの歴史を知るためのオンラインリソース

本書に登場する様々な人々や事件を描いた歴史資料を実際に見てみたいと思う読者もおられるだろう。ありがたいことに近年では、多くの資料を自宅に居ながらして見聞きすることができるリソースサイトが充実している。この小欄では、スペイン史を知るために役立つリソースサイトを紹介したい。

◆Biblioteca Digital Hispánica（http://bdh.bne.es/）

スペインの様々な資料の雰囲気を気軽に楽しむためであれば、まずはスペイン国立図書館による電子図書館Biblioteca Digital Hispánica（ＢＤＨ）をお勧めしたい。２００８年に公開されたＢＤＨは、スペイン国立図書館が所蔵する約17万点のデジタル化資料を検索し、そのうち一部資料については閲覧・ダウンロードも可能となっている。面白いのは、いわゆる本や雑誌、新聞だけではなく、歴史写真や古地図、音源データ、さらに数は少ないながらも日本の浮世絵も公開されている点であろう。

Biblioteca Digital Hispánicaトップ画面。セルバンテスに関する資料もまとまっている

◆Hispana（http://hispana.mcu.es/）

もっと資料を、ということであれば、Hispanaというサイトはいかがだろうか。これは、2010年にスペイン文化省が公開した、スペイン内の様々な図書館や文書館、博物館などのデジタル化資料約625万件をまとめて検索できるポータルサイトである。検索結果がやや見づらい仕様ではあるが、スペイン国内のデジタル化資料をまとめて検索できる強力なツールである。

◆Europeana Collections（http://www.europeana.eu/portal/）と Biblioteca Digital del Patrimonio Iberoamericano（http://www.iberoamericadigital.net/es/Inicio/）

スペインの歴史がただイベリア半島だけで完結するものではないように、スペインの歴史に関する資料もスペイン国内だけでは収まらない。最後に紹介するのは、スペイン以外の国々も含めた資料を調べることができるポータルサイトである。

2008年に公開されたEuropeana Collectionsは、ヨーロッパ各国の文化機関が協力して行っているデジタル化資料のポータルサイトで、スペインも先ほどのHispanaを筆頭に

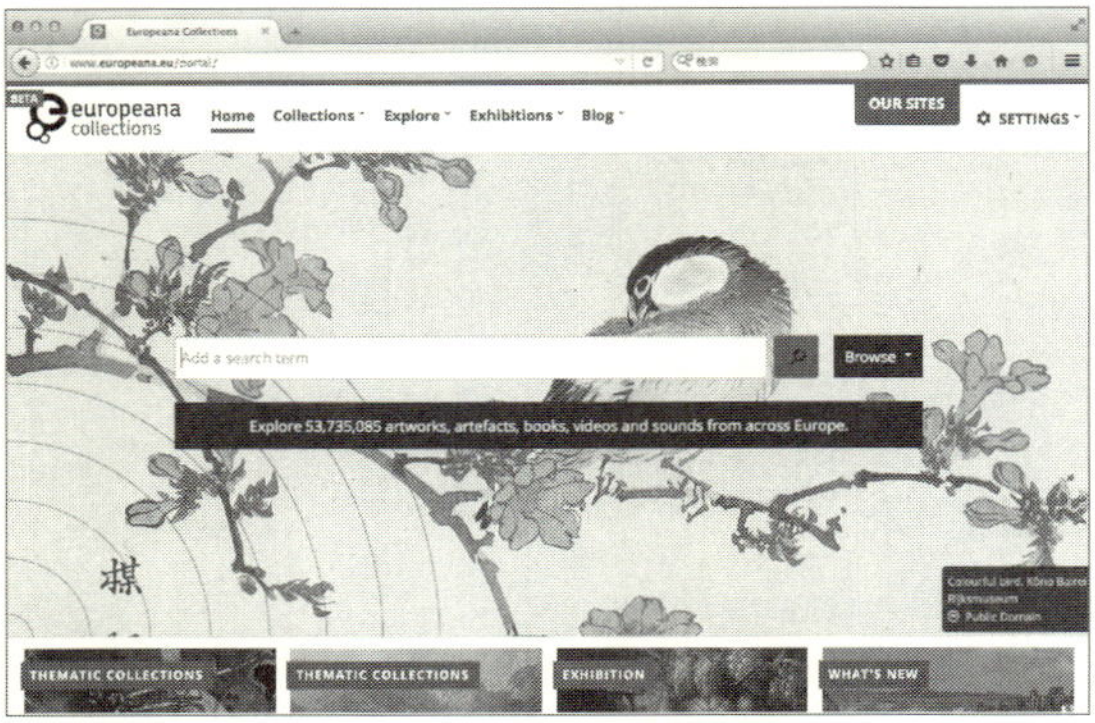

Europeana Collectionsトップ画面。歴史的な音源データや動画なども利用できる

これに積極的に貢献している。サイトでは、約５０００万点という圧倒的な量の資料を、キーワードや国名、言語のほかに、資料の色といった一風変わったカテゴリでも検索できる。また、音源や動画も充実しているほか、Europeana Collectionsは、ウェブ展示が充実しているので、それらを通じて気軽に歴史に親しむのもよいだろう。

Biblioteca Digital del Patrimonio Iberoamericanoは、スペインとポルトガルのほか、両国の旧植民地であったラテンアメリカ各国の国立図書館が共同で運営している電子図書館である。２０１２年に公開され、現在では11の国々の国立図書館が所蔵する貴重な文化遺産が提供されている。検索可能な資料点数は24万点ほどで、ここでは動植物に関するコレクションなど、特徴的な資料を閲覧できる。

本稿で紹介したリソースサイトはごく一部のものに過ぎないが、それでも本書で登場するスペイン史とはまた別の側面を垣間見ることができるだろう。ぜひ資料の森を散策してほしい。　（菊池信彦）

スペインの歴史を知るためのブックガイド

（日本語で書かれた文献で入手しやすいものを中心に紹介）

【通史・事典】

関哲行・立石博高・中塚次郎編『世界歴史体系　スペイン史1　古代〜近世』山川出版社、２００８年。

関哲行・立石博高・中塚次郎編『世界歴史体系　スペイン史2　近現代・地域からの視座』山川出版社、２００８年。

立石博高編『スペイン・ポルトガル史』山川出版社、２０００年。

立石博高・関哲行・中川功・中塚次郎編『スペインの歴史』昭和堂、１９９８年。

立石博高・若松隆編『概説スペイン史』有斐閣、１９８７年。

J・アロステギ・サンチェスほか（立石博高監訳）『スペインの歴史　スペイン高校歴史教科書』明石書店、２０１４年。

P・ヴィラール（藤田一成訳）『スペイン史』白水社（文庫クセジュ）、１９９２年。

A・ドミンゲス・オルティス（立石博高訳）『スペイン――三千年の歴史』昭和堂、２００６年。

立石博高『世界の食文化14　スペイン』農山漁村文化協会、２００７年。

原誠ほか編『スペインハンドブック』三省堂、１９８２年。

池上岑夫ほか監修『新訂増補　スペイン・ポルトガルを知る事典』平凡社、２００１年。

川成洋・坂東省次編『スペイン文化事典』丸善、２０１１年。

【中世】

玉置さよ子『西ゴート王国の君主と法』創研出版、１９９６年。

W・M・ワット（黒田寿郎・柏木英彦訳）『イスラーム・スペイン史』岩波書店、１９７６年。

C・サンチェス・アルボルノス（北田よ志子訳）『スペインとイスラム――あるヨーロッパ中世』八千代出版、１９８８年。

Ch・E・デュフルク（芝修身訳）『イスラーム治下のヨーロッパ――衝突と共存の歴史』藤原書店、１９９７年。

安達かおり『イスラム・スペインとモサラベ』彩流社、１９９７年。

K・B・ウルフ（林邦夫訳）『コルドバの殉教者たち――イスラム・スペインのキリスト教徒』刀水書房、１９９８年。

小澤実・薩摩秀登・林邦夫『辺境のダイナミズム』岩波書店、２００９年。

D・W・ローマックス（林邦夫訳）『レコンキスタ――中世スペインの国土回復運動』刀水書房、１９９６年。

P・コンラ（有田忠郎訳）『レコンキスタの歴史』白水社（文庫クセジュ）、２０００年。

芝修身『真説レコンキスタ――〈イスラームvsキリスト教〉史観をこえて』書肆心水、２００７年。

黒田祐我『レコンキスタの実像――中世後期カスティーリャ・グラナダ間における戦争と平和』刀水書房、２０１６年。

M・R・メノカル（足立孝訳）『寛容の文化――ムスリム、ユダヤ人、キリスト教徒の中世スペイン』名古屋大学出版会、２００５年。

芝修身『古都トレド――異教徒・異民族共存の街』昭和堂、２０１６年。

関哲行『スペインのユダヤ人』山川出版社、２００３年。

関哲行『スペイン巡礼史――「地の果ての聖地」を辿る』講談社現代新書、２００６年。

関哲行『旅する人々』岩波書店、２００９年。

芝紘子『スペインの社会・家族・心性　中世盛期に源を求めて』ミネルヴァ書房、２００１年。

芝紘子『地中海世界の〈名誉〉観念――スペイン文化の一断章』岩波書店、２０１０年。


【近世】


立石博高・関哲行編訳『大航海の時代――スペインと新大陸』同文館出版、１９９８年。

J・H・エリオット（藤田一成訳）『スペイン帝国の興亡――１４６９－１７１６』岩波モダンクラシックス、２００

9年。

H・ケイメン（立石博高訳）『スペインの黄金時代』岩波書店、2009年。

H・ラペール（染田秀藤訳）『カール5世』白水社（文庫クセジュ）、1975年。

J・ペレ（塚本哲也監修、遠藤ゆかり訳）『カール5世とハプスブルク帝国』創元社、2002年。

藤田一成『皇帝カルロスの悲劇——ハプスブルク帝国の継承』平凡社、1999年。

F・ブローデル（浜名優美訳）『地中海』全5巻、藤原書店、1991〜95年。

J・H・エリオット（藤田一成訳）『リシュリューとオリバーレス——17世紀ヨーロッパの抗争』岩波書店、1988年。

佐竹謙一『浮気な国王フェリペ4世の宮廷生活』岩波書店、2003年。

大内一・染田秀藤・立石博高『もうひとつのスペイン史——中近世の国家と社会』同朋舎出版、1994年。

芝修身『近世スペイン農業——帝国の発展と衰退の分析』昭和堂、2003年。

E・ケドゥリー編（関哲行・立石博高・宮前安子訳）『スペインのユダヤ人——1492年の追放とその後』平凡社、1995年。

B・ベナサール（宮前安子訳）『スペイン人——16-19世紀の行動と心性』彩流社、2003年。

清水憲男『ドン・キホーテの世紀——スペイン黄金世紀を読む』岩波書店、1990年。

R・L・ケーガン（立石博高訳）『夢と異端審問——16世紀スペインの一女性』松籟社、1994年。

岡本信照『「俗語」から「国家語」へ——スペイン黄金世紀の言語思想史』春風社、2011年。

網野徹哉『インカとスペイン　帝国の交錯』講談社、2008年。

J・A・トムリンソン（立石博高・木下亮訳）『ゴヤとその時代——薄明のなかの宮廷画家』昭和堂、2002年。


【近現代】


斉藤孝編『スペイン・ポルトガル現代史』山川出版社、1979年。

立石博高編『概説近代スペイン文化史』ミネルヴァ書房、2015年。

Ａ・Ｍ・ベルナル（太田尚樹ほか訳）『ラティフンディオの経済と歴史――スペイン南部大土地所有制の研究』食料・農業政策研究センター、１９９３年。

Ａ・ゴンサレス・トゥロヤーノほか（岡住正秀ほか訳）『集いと娯楽の近代スペイン――セビーリャのソシアビリテ空間』彩流社、２０１１年。

楠貞義・戸門一衛・Ｒ・タマメス・深澤安博『スペイン現代史――模索と挑戦の１２０年』大修館書店、１９９９年。

Ｇ・ブレナン（鈴木隆訳）『スペインの迷路』合同出版、１９６７年。

深澤安博『アブドゥルカリームの恐怖――リーフ戦争とスペイン政治・社会の動揺』論創社、２０１５年。

若松隆『スペイン現代史』岩波新書、１９９２年。

磯山久美子『断髪する女たち――１９２０年代のスペイン社会とモダンガール』新宿書房、２０１０年。

若松隆『内戦への道――スペイン第二共和国政治史研究』未來社、１９８６年。

斉藤孝『スペイン戦争――ファシズムと人民戦線』中公新書、１９６６年。

Ｐ・ヴィラール（立石博高・中塚次郎訳）『スペイン内戦』白水社（文庫クセジュ）、１９９３年。

斉藤孝編『スペイン内戦の研究』中央公論社、１９７９年。

Ｓ・Ｇ・ペイン（小箕俊介訳）『ファランへ党――スペイン・ファシズムの歴史』れんが書房新社、１９８２年。

Ｍ・Ｓ・アレグザンダー、Ｈ・グラハム（山口正之監訳）『フランスとスペインの人民戦線』大阪経済法科大学出版部、１９９４年。

Ｂ・ボロテン（渡利三郎訳）『スペイン内戦』上・下、晶文社、２００８年。

Ｐ・プレストン（宮下嶺夫訳）『スペイン内戦　包囲された共和国１９３６－１９３９』明石書店、２００９年。

Ａ・ビーヴァー（根岸隆夫訳）『スペイン内戦』上・下、みすず書房、２０１１年。

Ｍ・ナッシュ編（川成洋ほか訳）『自由な女――スペイン革命下の女たち』彩流社、１９８３年。

Ｒ・フレーザー（長谷川四郎訳）『壁に隠れて――理髪師マヌエルとスペイン内乱』平凡社、１９７３年。

Ｇ・ブレナン（幸田礼雅訳）『素顔のスペイン』新評論、１９９８年。

Ｒ・ライト（石塚秀雄訳）『異教のスペイン』彩流社、２００２年。

武藤祥『「戦時」から「成長」へ――1950年代におけるフランコ体制の政治的変容』立教大学出版会、2014年。

細田晴子『戦後スペインと国際安全保障』千倉書房、2012年。

R・フレーザー（高橋敦子訳）『スペインタホス村繁昌記――飢えと内乱から観光へ』平凡社、1975年。

C・サンタカナ・イ・トーラス（山道佳子訳）『バルサ、バルサ、バルサ！――スペイン現代史とフットボール1968〜78』彩流社、2007年。

碇順治『現代スペインの歴史――激動の世紀から飛躍の世紀へ』彩流社、2005年。

永田智成『フランコ体制からの民主化――スアレスの政治手法』木鐸社、2016年。

戸門一衛『スペインの実験――社会労働党政権の12年』朝日選書、1994年。

日本スペイン法研究会、Nichiza日本法研究班『現代スペイン法入門』嵯峨野書院、2010年。

【スペインの諸地域・諸言語の歴史】

立石博高『スペイン歴史散歩――多文化多言語社会の明日に向けて』行路社、2004年。

立石博高・中塚次郎編『スペインにおける国家と地域――ナショナリズムの相剋』国際書院、2002年。

坂東省次・浅香武和編『スペインとポルトガルのことば――社会言語学的観点から』同学社、2005年。

大島美穂編『国家・地域・民族』勁草書房、2007年。

樺山紘一『カタロニアへの眼――歴史・社会・文化』刀水書房、1979年。

立石博高・奥野良知編『カタルーニャを知るための50章』明石書店、2013年。

田澤耕『カタルーニャを知る事典』平凡社新書、2013年。

M・ジンマーマン、M・C・ジンマーマン（田澤耕訳）『カタルーニャの歴史と文化』白水社（文庫クセジュ）、2006年。

萩尾生・吉田浩美編『現代バスクを知るための50章』明石書店、2012年。

渡部哲郎『バスクとバスク人』平凡社新書、2004年。

J・アリエール（萩尾生訳）『バスク人』白水社（文庫クセジュ）、1992年。

R・バード（狩野美智子訳）『ナバラ王国の歴史――山の民バスク民族の国』彩流社、１９９５年。

坂東省次・桑原真夫・浅香武和編『スペインのガリシアを知るための50章』明石書店、２０１１年。

立石博高・塩見千加子編『アンダルシアを知るための53章』明石書店、２０１２年。

川成洋・下山静香編『マドリードとカスティーリャを知るための60章』明石書店、２０１４年。

年　代	事　項
2004	マドリード同時列車爆破テロ（11－M）。社会労働党サパテーロ首相（～2011）。
2010	ETAが武装闘争停止を宣言。
2011	国民党ラホイ首相（～2015）。15－M運動の開始。
2010年代	カタルーニャで分離独立論が高揚。
2014	フェリーペ6世即位。
2015	総選挙で国民党が第一党になるも、過半数にはいたらず。ポデモス、市民党が躍進。

年　代	事　項
1848	スペイン初の鉄道開通（バルセローナ＝マタロ間）。
1868	1868年革命により、イサベル2世亡命。
1870	アマデオ1世即位。
1872	第3次カルリスタ戦争（～ 1876）。
1873	アマデオ1世が退位し、第一共和政成立。
1874	王政復古。
1879	スペイン社会労働党（PSOE）発足。
1890	男性普通選挙が確立。
1895	バスク・ナショナリスト党（PNV）発足。
1898	米西戦争。
1901	リーガ（カタルーニャ地域主義連盟）発足。
1909	「悲劇の一週間」。
1914	マンクムニタット（カタルーニャ4県連合体）発足。
1921	スペイン共産党（PCE）発足。
1923	プリモ・デ・リベーラ独裁（～ 1930）。
1931	アルフォンソ13世が亡命、第二共和政成立。「アサーニャの2年間」（～ 1933）。
1932	カタルーニャ自治憲章成立。
1933	「黒い2年間」（～ 1936）。ファランヘ発足。
1934	十月革命（アストゥリアスでの武装蜂起）。
1936	人民戦線が総選挙で勝利、スペイン内戦勃発（～ 1939）。バスク自治憲章承認。
1937	ドイツ空軍がゲルニカ爆撃。
1946	国際連合によるスペイン排斥（～ 1950）。
1953	アメリカ合衆国への基地貸与開始。
1955	国際連合に加盟。
1959	「祖国バスクと自由（ETA）」発足。
1969	フランコがブルボン家フアン・カルロスを国家元首後継者に指名。
1973	ETAがカレーロ・ブランコ首相爆殺。
1975	フランコが死去し、フアン・カルロス1世即位。
1976	アドルフォ・スアレス首相（～ 1981）。政治改革法成立。
1977	1936年以来の民主的総選挙。モンクロア協定。
1978	1978年憲法成立。
1979	カタルーニャとバスクで自治州成立。
1981	クーデタ未遂事件（23－F）。カルボ・ソテーロ首相（～ 1982）。
1982	NATO加盟。社会労働党フェリーペ・ゴンサレス首相（～ 1996）。
1983	全17自治州の成立。
1986	ヨーロッパ共同体（EC）加盟。
1992	セビーリャ万博、バルセローナ・オリンピック開催。
1996	国民党（PP）アスナール首相（～ 2004）。

年 代	事 項
1469	カスティーリャ王女イサベルとアラゴン王子フェルナンド（後のカトリック両王）が結婚。
1492	ナスル朝グラナダ王国が降伏し、レコンキスタ完了。ユダヤ教徒への追放・改宗令。『カスティーリャ語文法』出版。コロンブスが西インド諸島到達。
1502	カスティーリャでのムデハル追放・改宗令（アラゴン連合王国では1526年）。
1515	ナバーラ王国がカスティーリャ王国に編入。
1516	カルロス１世即位により、ハプスブルク朝始まる。
1521	コルテスがアステカ征服。
1533	ピサロがインカ征服。
1568	ネーデルラント諸州、独立戦争を開始（～ 1648）。
1571	レパントの海戦。
1580	フェリーペ２世がポルトガル王即位。
1588	「無敵艦隊」がイングランド艦隊に敗北。
1609	モリスコ追放令（～ 1614）。
1625	オリバーレスが軍隊統合（ウニオン・デ・アルマス）構想を立案。
1640	カタルーニャで反乱勃発（～ 1652）。ポルトガルがブラガンサ朝の下で独立。
1659	ピレネー条約により、フランスに北カタルーニャ等を割譲。
1700	フェリーペ５世即位により、ブルボン朝始まる。
1701	スペイン継承戦争（～ 1714）。
1707	ブルボン軍がアラゴン・バレンシアを制圧し、新組織王令を発布。
1714	ブルボン軍がバルセローナ攻略。
1716	カタルーニャに新組織王令を発布。
1759	カルロス３世が即位し、啓蒙改革始まる。
1766	エスキラーチェ暴動。
1793	フランス革命政府と開戦（～ 1795）。
1796	フランスと同盟し、イギリスと開戦（～ 1797, 1804 ～ 07）。
1805	トラファルガーの海戦。
1808	スペイン独立戦争（～ 1814）。
1812	カディス議会が1812年憲法（カディス憲法）公布。
1814	フェルナンド7世がスペインに帰国し、カディス憲法廃棄。
1820	自由主義軍人リエゴによりカディス憲法復活。「自由主義の3年間」（～ 1823）。
1823	フェルナンド７世が絶対王政を再開。「忌むべき10年間」（～ 1833）。
1833	イサベル２世即位により、第1次カルリスタ戦争勃発（～ 1839）。摂政マリア・クリスティーナは自由主義者と連携。以降、自由主義者は穏健派と進歩派に分裂。
1836	進歩派メンディサバルによる永代所有財産解放令。
1837	1837年憲法成立。この頃、自由主義体制が確立。
1845	穏健派の1845年憲法成立。
1846	第２次カルリスタ戦争（～ 1849）。

◉年 表

年　代	事　項
前3000頃	イベリア人がイベリア半島居住。
前1000頃	ケルト人到来。イベリア人と混交し、ケルティベリア人を構成。
前227	カルタゴがカルタゴ・ノウァ（現カルタヘーナ）建設。
前201	ローマが第２次ポエニ戦争に勝利し、カルタゴをイベリアから駆逐。
前197	ローマが属州ヒスパニア・キテリオル、ヒスパニア・ウルテリオル設置。
前133	ヌマンティア陥落。
前15頃	アウグストゥス帝による属州再編。
1～2世紀	ローマ帝国の下での繁栄。
5世紀初め	ゲルマン人がヒスパニア進出開始。
415	西ゴート人がヒスパニアに進出し、ヴァンダル族を駆逐（416）。
480頃	この頃までに『エウリック法典』成立。
506	『アラリック法典』成立。
585	西ゴート王国がスエヴィ王国を併合。
589	西ゴート王国全体がアリウス派からカトリックに改宗。
654	『西ゴート法典（リーベル・ユーディキオールム）』成立。
711	イスラーム勢力が進出し、西ゴート王国滅亡。
722	アストゥリアス王ペラーヨがコバドンガの戦いで勝利（「レコンキスタ」開始）。
756	後ウマイヤ朝成立。
801	フランク王国がヒスパニア辺境領設置。
820頃	ナバーラ王国成立。
910	アストゥリアス王国がレオンに遷都し、レオン王国成立。
961	カスティーリャ伯領、レオン王国から自立。
1031	後ウマイヤ朝滅亡。
1085	カスティーリャ・レオン王アルフォンソ６世がトレード攻略。
1086	ムラービト朝がアンダルス進出。
1137	バルセローナ伯ラモン・ベレンゲール４世とアラゴン王女ペトロニーラが結婚し、アラゴン連合王国成立。
1212	ラス・ナバス・デ・トローサの戦い（レコンキスタの大勢が決する）。
1230	アラゴン王ハイメ１世がマジョルカ征服。カスティーリャ・レオンの最終的統合により、カスティーリャ王国成立。
13世紀前半	「大レコンキスタ」により、アンダルシーアの大部分が征服。
1245	アラゴン王ハイメ１世がバレンシア地方征服。
1348	ペスト流行が始まり、中世後期の危機深まる。
1369	カスティーリャでトラスタマラ朝始まる。
1391	反ユダヤ暴動（ポグロム）が発生し、ユダヤ教徒が大規模改宗。
1412	アラゴン連合王国でもトラスタマラ朝成立。

＊立石博高（たていし・ひろたか）［コラム1〜13］
編著者紹介を参照。

永田智成（ながた・ともなり）［47〜50］
南山大学外国語学部准教授
専攻：スペイン政治史・比較政治学
主な著書：『フランコ体制からの民主化──スアレスの政治手法』（木鐸社、2016年）、「スペインにおける自治州国家制の導入とその効果」（松尾秀哉・近藤康史・溝口修平・柳原克行編『連邦制の逆説？──効果的な統治制度か』ナカニシヤ出版、2016年）。

中本　香（なかもと・かおり）［21〜24］
大阪大学大学院人文学研究科教授
専攻：スペイン近世史
主な著書：「スペイン継承戦争にみる複合君主政──大きな政体・小さな政体」（古谷大輔・近藤和彦編『礫岩のようなヨーロッパ』山川出版社、2016年）、「七年戦争を契機とするスペインの「帝国再編」」（『Estudios Hispánicos』33号、2009年）、「啓蒙専制期のマドリード社会と女性の衣服」（武田佐知子編『着衣する身体と女性の周縁化』思文閣出版、2012年）。

久木正雄（ひさき・まさお）［28〜31］
法政大学国際文化学部准教授
専攻：スペイン・ポルトガル近世史
主な著書・訳書：『一冊でわかるスペイン史』（共編著、河出書房新社、2021年）、「スペイン複合君主政体下のポルトガルと新キリスト教徒」（立石博高編『スペイン帝国と複合君主政』昭和堂、2018年）、J・アロステギ・サンチェス他『スペインの歴史──スペイン高校歴史教科書』（共訳、明石書店、2014年）。

福山佑子（ふくやま・ゆうこ）［1, 2］
早稲田大学国際教養学部准教授
専攻：古代ローマ史
主な著書・論文：「クラウディウスによる『共生』の模索とカリグラの記憶」（森原隆編『ヨーロッパ・「共生」の政治文化史』成文堂、2013年）、「政治手段としてのダムナティオ・メモリアエ──悪帝ドミティアヌスの形成」（『西洋史論叢』第30号、2008年）。

武藤　祥（むとう・しょう）［32〜38］
関西学院大学法学部教授
専攻：スペイン政治史
主な著書：『「戦時」から「成長」へ──1950年代におけるフランコ体制の政治的変容』（立教大学出版会、2014年）、『概説　近代スペイン文化史──18世紀から現代まで』（共著、ミネルヴァ書房、2015年）、『ヨーロッパの政治経済・入門［新版］』（共著、有斐閣、2022年）。

◉ **執筆者紹介**（50音順、＊は編著者、［　］内は担当章）

＊**内村俊太**（うちむら・しゅんた）［13〜20, 46］
編著者紹介を参照。

加藤伸吾（かとう・しんご）［39〜44］
慶應義塾大学経済学部専任講師
専攻：スペイン現代史
主な論文：「アフリカからの非正規移民に関するスペインのメディア言説の持続と変容——経済危機と政権交代前後の比較」（『上智ヨーロッパ研究』第６号、2014年）、「モンクロア協定と「合意」の言説の生成（1977年6〜10月）：世論、知識人、日刊紙『エル・パイース』」（『スペイン史研究』第28号、2013年）。

菊池信彦（きくち・のぶひこ）［25〜27,オンラインリソース］
国文学研究資料館特任准教授
専攻：スペイン近現代史、デジタルヒストリー、デジタルパブリックヒストリー
主な著書・論文：『19世紀スペインにおける連邦主義と歴史認識』（関西大学出版部、2022年）、「コロナ禍におけるデジタルパブリックヒストリー——『コロナアーカイブ@関西大学』の現状と歴史学上の可能性、あるいは課題について」（『歴史学研究』1006号、2021年）、「スペイン第二共和政期（19311936）における本の日とサン・ジョルディの日の『接続』の分析——新聞記事テキストマイニングを手法として」（『じんもんこん2019論文集』2019巻1号、2019年）。

久米順子（くめ・じゅんこ）［3, 4］
東京外国語大学大学院総合国際学研究院准教授
専攻：スペイン中世美術史
主な著書：「ベアトゥス写本挿絵にみる中世イベリア世界」（『画像史料論　世界史の読み方』東京外国語大学出版会、2014年）、『11世紀イベリア半島の装飾写本』（中央公論美術出版、2012年）。

黒田祐我（くろだ・ゆうが）［5〜12, 45］
神奈川大学外国語学部教授
専攻：中世スペイン・地中海交流史
主な著書・論文：『レコンキスタの実像——中世後期カスティーリャ・グラナダ間における戦争と平和』（単著、刀水書房、2016年）、「中世スペインの辺境都市——暴力と共生とがせめぎあう場」（神崎忠昭・長谷部史彦編『地中海圏都市の活力と変貌』慶應義塾大学出版会、2021年）“Reconquista and Muslim Vassals: Religion, Politics, and Violence on the Medieval Iberian Peninsula”（F. Alfieri and T. Jinno eds., *Christianity and Violence in the Middle Ages and Early Modern Period: Perspectives from Europe and Japan*, Berlin: DeGruyter, 2021）。

◉ 編著者紹介

立石博高（たていし・ひろたか）
東京外国語大学名誉教授（前学長）
専攻：スペイン近代史、スペイン地域研究
主な著書・訳書：『概説 近代スペイン文化史』（編著、ミネルヴァ書房、2015年）、『カタルーニャを知るための50章』（共編著、明石書店、2013年）、『アンダルシアを知るための53章』（共編著、明石書店、2012年）、『世界の食文化14　スペイン』（農文協、2007年）、『スペイン歴史散歩──多文化多言語社会の明日に向けて』（行路社、2004年）、『スペインにおける国家と地域──ナショナリズムの相克』（共編著、国際書院、2002年）、『世界歴史大系　スペイン史1・2』（共編著、山川出版社、2008年）、『スペイン・ポルトガル史』（編著、山川出版社、2000年）、『国民国家と市民──包摂と排除の諸相』（共編著、山川出版社、2009年）、『国民国家と帝国──ヨーロッパ諸国民の創造』（共編著、山川出版社、2005年）、『フランス革命とヨーロッパ近代』（共編著、同文舘出版、1996年）、J・アロステギ・サンチェス他『スペインの歴史──スペイン高校歴史教科書』（監訳、明石書店、2014年）、ヘンリー・ケイメン『スペインの黄金時代』（岩波書店、2009年）、アントニオ・ドミンゲス・オルティス『スペイン 三千年の歴史』（昭和堂、2006年）、リチャード・ケーガン『夢と異端審問── 16世紀スペインの一女性』（松籟社、1994年）など。

内村俊太（うちむら・しゅんた）
上智大学外国語学部准教授
専攻：スペイン近世史
主な訳書・論文：「16世紀スペインにおける修史事業」（『上智大学外国語学部紀要』50号、2015年）、「16世紀スペインにおける王権の歴史意識」（『西洋史学』240号、2011年）、「16世紀カスティーリャにおける商業都市と王国議会」（『スペイン史研究』24号、2010年）、「カスティーリャ近世都市における聖人崇敬」（『スペイン史研究』21号、2007年）、ジョン・H・エリオット「複合君主政のヨーロッパ」（古谷大輔・近藤和彦編『礫岩のようなヨーロッパ』山川出版社、2016年）、J・アロステギ・サンチェス他『スペインの歴史──スペイン高校歴史教科書』（共訳、明石書店、2014年）など。

エリア・スタディーズ　153
〈ヒストリー〉
スペインの歴史を知るための50章

2016年10月31日　初版第1刷発行
2022年 4 月10日　初版第5刷発行

編著者　立　石　博　高
　　　　内　村　俊　太
発行者　大　江　道　雅
発行所　株式会社明石書店
〒101-0021 東京都千代田区外神田6-9-5
電話 03（5818）1171
FAX 03（5818）1174
振替　00100-7-24505
http://www.akashi.co.jp/
装丁／組版　明石書店デザイン室
印刷／製本　日経印刷株式会社

（定価はカバーに表示してあります）　ISBN978-4-7503-4415-7

エリア・スタディーズ

1 **現代アメリカ社会を知るための60章**
明石紀雄、川島浩平 編著

2 **イタリアを知るための62章【第2版】**
村上義和 編著

3 **イギリスを旅する35章**
辻野功 編著

4 **モンゴルを知るための65章【第2版】**
金岡秀郎 著

5 **パリ・フランスを知るための44章**
梅本洋一、大里俊晴、木下長宏 編著

6 **現代韓国を知るための60章【第2版】**
石坂浩一、福島みのり 編著

7 **オーストラリアを知るための58章【第3版】**
越智道雄 著

8 **現代中国を知るための52章【第6版】**
藤野彰 編著

9 **ネパールを知るための60章**
日本ネパール協会 編

10 **アメリカの歴史を知るための63章【第3版】**
富田虎男、鵜月裕典、佐藤円 編著

11 **現代フィリピンを知るための61章【第2版】**
大野拓司、寺田勇文 編著

12 **ポルトガルを知るための55章【第2版】**
村上義和、池俊介 編著

13 **北欧を知るための43章**
武田龍夫 著

14 **ブラジルを知るための56章【第2版】**
アンジェロ・イシ 著

15 **ドイツを知るための60章**
早川東三、工藤幹巳 編著

16 **ポーランドを知るための60章**
渡辺克義 編著

17 **シンガポールを知るための65章【第5版】**
田村慶子 編著

18 **現代ドイツを知るための67章【第3版】**
浜本隆志、髙橋憲 編著

19 **ウィーン・オーストリアを知るための57章【第2版】**
広瀬佳一、今井顕 編著

20 **ハンガリーを知るための60章【第2版】** ドナウの宝石
羽場久美子 編著

21 **現代ロシアを知るための60章【第2版】**
下斗米伸夫、島田博 編著

22 **21世紀アメリカ社会を知るための67章**
明石紀雄 監修　赤尾千波、大類久恵、小塩和人、
落合明子、川島浩平、高野泰 編

23 **スペインを知るための60章**
野々山真輝帆 著

24 **キューバを知るための52章**
後藤政子、樋口聡 編著

25 **カナダを知るための60章**
綾部恒雄、飯野正子 編著

26 **中央アジアを知るための60章【第2版】**
宇山智彦 編著

27 **チェコとスロヴァキアを知るための56章【第2版】**
薩摩秀登 編著

28 **現代ドイツの社会・文化を知るための48章**
田村光彰、村上和光、岩淵正明 編著

29 **インドを知るための50章**
重松伸司、三田昌彦 編著

30 **タイを知るための72章【第2版】**
綾部真雄 編著

31 **パキスタンを知るための60章**
広瀬崇子、山根聡、小田尚也 編著

32 **バングラデシュを知るための66章【第3版】**
大橋正明、村山真弓、日下部尚徳、安達淳哉 編著

33 **イギリスを知るための65章【第2版】**
近藤久雄、細川祐子、阿部美春 編著

34 **現代台湾を知るための60章【第2版】**
亜洲奈みづほ 著

35 **ペルーを知るための66章【第2版】**
細谷広美 編著

36 **マラウィを知るための45章【第2版】**
栗田和明 著

37 **コスタリカを知るための60章【第2版】**
国本伊代 編著

38 **チベットを知るための50章**
石濱裕美子 編著

エリア・スタディーズ

39 **現代ベトナムを知るための60章【第2版】** 今井昭夫、岩井美佐紀 編著
40 **インドネシアを知るための50章** 村井吉敬、佐伯奈津子 編著
41 **エルサルバドル、ホンジュラス、ニカラグアを知るための45章** 田中高 編著
42 **パナマを知るための70章【第2版】** 国本伊代 編著
43 **イランを知るための65章** 岡田恵美子、北原圭一、鈴木珠里 編著
44 **アイルランドを知るための70章【第3版】** 海老島均、山下理恵子 編著
45 **メキシコを知るための60章** 吉田栄人 編著
46 **中国の暮らしと文化を知るための40章** 東洋文化研究会 編
47 **現代ブータンを知るための60章【第2版】** 平山修一 著
48 **バルカンを知るための66章【第2版】** 柴宜弘 編著
49 **現代イタリアを知るための44章** 村上義和 編著
50 **アルゼンチンを知るための54章** アルベルト松本 著
51 **ミクロネシアを知るための60章【第2版】** 印東道子 編著
52 **アメリカのヒスパニック=ラティーノ社会を知るための55章** 大泉光一、牛島万 編著
53 **北朝鮮を知るための55章【第2版】** 石坂浩一 編著
54 **ボリビアを知るための73章【第2版】** 真鍋周三 編著
55 **コーカサスを知るための60章** 北川誠一、前田弘毅、廣瀬陽子、吉村貴之 編著
56 **カンボジアを知るための62章【第2版】** 上田広美、岡田知子 編著
57 **エクアドルを知るための60章【第2版】** 新木秀和 編著
58 **タンザニアを知るための60章【第2版】** 栗田和明、根本利通 編著
59 **リビアを知るための60章【第2版】** 塩尻和子 編著
60 **東ティモールを知るための50章** 山田満 編著
61 **グアテマラを知るための67章【第2版】** 桜井三枝子 編著
62 **オランダを知るための60章** 長坂寿久 著
63 **モロッコを知るための65章** 私市正年、佐藤健太郎 編著
64 **サウジアラビアを知るための63章【第2版】** 中村覚 編著
65 **韓国の歴史を知るための66章** 金両基 編著
66 **ルーマニアを知るための60章** 六鹿茂夫 編著
67 **現代インドを知るための60章** 広瀬崇子、近藤正規、井上恭子、南埜猛 編著
68 **エチオピアを知るための50章** 岡倉登志 編著
69 **フィンランドを知るための44章** 百瀬宏、石野裕子 編著
70 **ニュージーランドを知るための63章** 青柳まちこ 編著
71 **ベルギーを知るための52章** 小川秀樹 編著
72 **ケベックを知るための54章** 小畑精和、竹中豊 編著
73 **アルジェリアを知るための62章** 私市正年 編著
74 **アルメニアを知るための65章** 中島偉晴、メラニア・バグダサリヤン 編著
75 **スウェーデンを知るための60章** 村井誠人 編著
76 **デンマークを知るための68章** 村井誠人 編著
77 **最新ドイツ事情を知るための50章** 浜本隆志、柳原初樹 著

エリア・スタディーズ

78 **セネガルとカーボベルデを知るための60章**
小川了 編著

79 **南アフリカを知るための60章**
峯陽一 編著

80 **エルサルバドルを知るための55章**
細野昭雄、田中高 編著

81 **チュニジアを知るための60章**
鷹木恵子 編著

82 **南太平洋を知るための58章** メラネシア ポリネシア
吉岡政德、石森大知 編著

83 **現代カナダを知るための60章【第2版】**
飯野正子、竹中豊 総監修　日本カナダ学会 編

84 **現代フランス社会を知るための62章**
三浦信孝、西山教行 編著

85 **ラオスを知るための60章**
菊池陽子、鈴木玲子、阿部健一 編著

86 **パラグアイを知るための50章**
田島久歳、武田和久 編著

87 **中国の歴史を知るための60章**
並木頼壽、杉山文彦 編著

88 **スペインのガリシアを知るための50章**
坂東省次、桑原真夫、浅香武和 編著

89 **アラブ首長国連邦（UAE）を知るための60章**
細井長 編著

90 **コロンビアを知るための60章**
二村久則 編著

91 **現代メキシコを知るための70章【第2版】**
国本伊代 編著

92 **ガーナを知るための47章**
高根務、山田肖子 編著

93 **ウガンダを知るための53章**
吉田昌夫、白石壮一郎 編著

94 **ケルトを旅する52章** イギリス・アイルランド
永田喜文 著

95 **トルコを知るための53章**
大村幸弘、永田雄三、内藤正典 編著

96 **イタリアを旅する24章**
内田俊秀 編著

97 **大統領選からアメリカを知るための57章**
越智道雄 著

98 **現代バスクを知るための50章**
萩尾生、吉田浩美 編著

99 **ボツワナを知るための52章**
池谷和信 編著

100 **ロンドンを旅する60章**
川成洋、石原孝哉 編著

101 **ケニアを知るための55章**
松田素二、津田みわ 編著

102 **ニューヨークからアメリカを知るための76章**
越智道雄 著

103 **カリフォルニアからアメリカを知るための54章**
越智道雄 著

104 **イスラエルを知るための62章【第2版】**
立山良司 編著

105 **グアム・サイパン・マリアナ諸島を知るための54章**
中山京子 編著

106 **中国のムスリムを知るための60章**
中国ムスリム研究会 編

107 **現代エジプトを知るための60章**
鈴木恵美 編著

108 **カーストから現代インドを知るための30章**
金基淑 編著

109 **カナダを旅する37章**
飯野正子、竹中豊 編著

110 **アンダルシアを知るための53章**
立石博高、塩見千加子 編著

111 **エストニアを知るための59章**
小森宏美 編著

112 **韓国の暮らしと文化を知るための70章**
舘野晳 編著

113 **現代インドネシアを知るための60章**
村井吉敬、佐伯奈津子、間瀬朋子 編著

114 **ハワイを知るための60章**
山本真鳥、山田亨 編著

115 **現代イラクを知るための60章**
酒井啓子、吉岡明子、山尾大 編著

116 **現代スペインを知るための60章**
坂東省次 編著

エリア・スタディーズ

117 **スリランカを知るための58章**
杉本良男、高桑史子、鈴木晋介 編著

118 **マダガスカルを知るための62章**
飯田卓、深澤秀夫、森山工 編著

119 **新時代アメリカ社会を知るための60章**
明石紀雄 監修　大類久恵、落合明子、赤尾千波 編著

120 **現代アラブを知るための56章**
松本弘 編著

121 **クロアチアを知るための60章**
柴宜弘、石田信一 編著

122 **ドミニカ共和国を知るための60章**
国本伊代 編著

123 **シリア・レバノンを知るための64章**
黒木英充 編著

124 **EU(欧州連合)を知るための63章**
羽場久美子 編著

125 **ミャンマーを知るための60章**
田村克己、松田正彦 編著

126 **カタルーニャを知るための50章**
立石博高、奥野良知 編著

127 **ホンジュラスを知るための60章**
桜井三枝子、中原篤史 編著

128 **スイスを知るための60章**
スイス文学研究会 編

129 **東南アジアを知るための50章**
今井昭夫 編集代表　東京外国語大学東南アジア課程 編

130 **メソアメリカを知るための58章**
井上幸孝 編著

131 **マドリードとカスティーリャを知るための60章**
川成洋、下山静香 編著

132 **ノルウェーを知るための60章**
大島美穂、岡本健志 編著

133 **現代モンゴルを知るための50章**
小長谷有紀、前川愛 編著

134 **カザフスタンを知るための60章**
宇山智彦、藤本透子 編著

135 **内モンゴルを知るための60章**
ボルジギン・ブレンサイン 編著　赤坂恒明 編集協力

136 **スコットランドを知るための65章**
木村正俊 編著

137 **セルビアを知るための60章**
柴宜弘、山崎信一 編著

138 **マリを知るための58章**
竹沢尚一郎 編著

139 **ASEANを知るための50章**
黒柳米司、金子芳樹、吉野文雄 編著

140 **アイスランド・グリーンランド・北極を知るための65章**
小澤実、中丸禎子、高橋美野梨 編著

141 **ナミビアを知るための53章**
水野一晴、永原陽子 編著

142 **香港を知るための60章**
吉川雅之、倉田徹 編著

143 **タスマニアを旅する60章**
宮本忠 著

144 **パレスチナを知るための60章**
臼杵陽、鈴木啓之 編著

145 **ラトヴィアを知るための47章**
志摩園子 編著

146 **ニカラグアを知るための55章**
田中高 編著

147 **台湾を知るための72章【第2版】**
赤松美和子、若松大祐 編著

148 **テュルクを知るための61章**
小松久男 編著

149 **アメリカ先住民を知るための62章**
阿部珠理 編著

150 **イギリスの歴史を知るための50章**
川成洋 編著

151 **ドイツの歴史を知るための50章**
森井裕一 編著

152 **ロシアの歴史を知るための50章**
下斗米伸夫 編著

153 **スペインの歴史を知るための50章**
立石博高、内村俊太 編著

154 **フィリピンを知るための64章**
大野拓司、鈴木伸隆、日下渉 編著

155 **バルト海を旅する40章**　7つの島の物語
小柏葉子 著